全球价值链重构与跨国公司的战略分化

Reconstruction of Global Value
Chain and Strategic Differentiation of
Multinational Corporations

史丹 余菁 等著

中国社会科学出版社

图书在版编目（CIP）数据

全球价值链重构与跨国公司的战略分化 / 史丹等著. —北京：中国社会科学出版社，2022.7
ISBN 978-7-5203-9297-6

Ⅰ.①全… Ⅱ.①史… Ⅲ.①世界经济—研究 ②跨国公司—企业管理—研究—世界 Ⅳ.①F11 ②F276.7

中国版本图书馆 CIP 数据核字（2021）第 225940 号

出 版 人	赵剑英
责任编辑	张 潜
责任校对	胡新芳
责任印制	王 超

出 版	中国社会科学出版社
社 址	北京鼓楼西大街甲 158 号
邮 编	100720
网 址	http://www.csspw.cn
发 行 部	010-84083685
门 市 部	010-84029450
经 销	新华书店及其他书店
印刷装订	北京君升印刷有限公司
版 次	2022 年 7 月第 1 版
印 次	2022 年 7 月第 1 次印刷
开 本	710×1000 1/16
印 张	16
字 数	247 千字
定 价	86.00 元

凡购买中国社会科学出版社图书，如有质量问题请与本社营销中心联系调换
电话：010-84083683
版权所有 侵权必究

目 录

第一章 全球化转向、全球价值链重构与跨国公司的战略分化……… 1
  一 引言 ………………………………………………………… 1
  二 经济全球化、跨国公司的发展与国际生产体系的演化 …… 3
  三 酝酿变化的全球价值链与全球化转向 …………………… 8
  四 全球价值链重构与跨国公司的战略选择 ………………… 16
  五 中国情境下的跨国公司战略分化 ………………………… 23

第二章 仰之弥高，钻之弥坚
      ——三星电子战略调整的特征、动机及启示 …………… 29
  一 半导体产业发展概况 ……………………………………… 29
  二 三星电子基本情况 ………………………………………… 47
  三 三星电子战略调整的特征 ………………………………… 53
  四 三星电子战略调整的动机与影响 ………………………… 60
  五 对中国的启示 ……………………………………………… 66

第三章 大变局下中国新能源汽车驶向何方？
      ——基于对丰田汽车战略调整的研究分析 ……………… 70
  一 新能源汽车全球产业链布局现状 ………………………… 70

二　丰田汽车的基本情况分析 ………………………………… 79
　　三　丰田汽车战略调整的方向与重点 ………………………… 90
　　四　丰田汽车战略调整的影响与启示 ………………………… 96

第四章　示范还是威胁？
　　——特斯拉的全球产业链布局及其启示 ……………………… 102
　　一　智能汽车的全球产业链发展现状 ………………………… 102
　　二　特斯拉的发展历程与产业链布局 ………………………… 110
　　三　特斯拉对中国智能汽车产业的影响 ……………………… 127
　　四　促进中国智能汽车产业发展的建议 ……………………… 138

第五章　跨国公司生产布局对中国石油化工行业的影响分析
　　——以埃克森美孚为例 ………………………………………… 142
　　一　世界石油化工行业现状、特点与产业链特征 …………… 142
　　二　埃克森美孚基本情况分析 ………………………………… 147
　　三　埃克森美孚产业布局战略演变与方向 …………………… 152
　　四　埃克森美孚战略布局调整对中国石化行业的影响 ……… 156

第六章　壳牌集团全球产业链布局的战略调整及对中国的启示 …… 162
　　一　天然气全球产业链布局现状 ……………………………… 162
　　二　壳牌集团全球天然气产业链战略调整 …………………… 168
　　三　对中国天然气产业链发展的启示 ………………………… 172

第七章　"因时而变"与"因势而变"
　　——对法国电力战略调整的分析及启示 ……………………… 177
　　一　全球电力产业链的发展现状与未来趋势 ………………… 178
　　二　法国电力集团的基本情况 ………………………………… 191
　　三　法国电力在产业链变革中的战略调整 …………………… 196
　　四　对中国跨国公司发展的启示与借鉴 ……………………… 204

第八章 归核化战略久久为功
　　——马士基发展战略转型启示 ……………………… 209
　一　世界航运业的发展现状与产业链特征 ……………… 209
　二　马士基的发展战略调整 ……………………………… 214
　三　马士基发展战略调整的影响 ………………………… 226
　四　对中国企业的启示与借鉴 …………………………… 233

参考文献 ……………………………………………………… 237

后　记 ………………………………………………………… 247

第一章

全球化转向、全球价值链重构与
跨国公司的战略分化

跨国公司是两轮现代经济全球化浪潮的产物。在第二轮现代经济全球化浪潮中，跨国公司群体日益走向成熟，主导和推动了全球价值链的形成与发展。过去30年，全球价值链经历了持续快速扩张，再转向小幅收缩。当前的全球价值链重构，已成为左右跨国公司战略选择的至关重要的一个因素，而跨国公司的战略选择又将影响全球价值链重构的未来趋向。

一　引言

考察全球价值链重构与跨国公司的战略分化这一研究主题，需要将其放在全球化的图景中审视。一方面，跨国公司是全球化的重要参与主体，全球价值链是跨国公司参与全球化进程中所做的战略选择的产物，且随全球化进程而处于不断的变化之中。随着跨国公司对世界产出和贸易的贡献越来越大，跨国公司战略必然会对全球化、全球价值链这些变量产生更大影响（John H. Dunning 等，2007）。另一方面，全球化进程也是影响跨国公司战略选择的重要环境因素。全球价值链一旦形成后，跨国公司的战略亦受其影响。在全球化进程及全球价值链动态变化过程中，跨国公司的战略选择是高度分化的，各自基于其所理解的有关全球价值链客观条件约束下的变化而做出主观决策。本书将探讨全球价值链重构与跨国公司战略选择二者之间的作用关系与未来趋向，首先要对全球化的形势做出判断，然后才能结合中国情境来探讨全球价值链重构中的跨国公司战略分化现象。

如何理解当今世界全球化进程所面临的形势，这是一个重要的时代问题。自20世纪90年代起，人类经历了全球化的黄金三十年。在世纪交替之际，很多领域的研究者都在努力拥抱全球化、转向全球化。短短20年，研究风潮骤变，研究者又开始热衷于研究"全球化转向"的问题。2020年5月的《经济学人》以"再见，全球化"为封面标题，直指新冠肺炎疫情肆虐是对早已遇到麻烦的全球化又一次重要冲击。近年间，研究者从不同方面关注到了全球化在性质上正在发生的重大转变。英国《金融时报》首席经济评论员马丁·沃尔夫（Martin Wolf）指出，全球经济一体化的动力停滞，有出现逆转的可能，他将这一变化，称作"全球化大潮正在转向"。如果说，逆全球化只是全球化形势的表面变化，那么，全球化形势变化的深层次原因是什么呢？宋朝龙（2018）指出，资本主义全球化的进程无力应对金融资本的悖论逻辑，由此导致了全球化的危机和转向，在这个过程中，社会主义制度需要发挥其相对于新自由主义的制度优势，引领全球化新阶段的发展。李策划和李臻（2020）指出，以资本积累为目的的全球化正在转向以提高全球协作和社会生产力为目的的全球化。全球化在经济维度上的性质转变，催生了全球化在其他维度上的性质转变。吕乃基（2017）称，2008年国际金融危机是全球化转向的"第一只靴子"，而特朗普当选则是全球化转向的"第二只靴子"，全球化必须从"资本走向世界"的全球化转向"资本与社会的关系再平衡"的全球化。徐坚（2017）认为，逆全球化虽使全球化前行阻力加大、风险增多，但亦可被转化为全球化转型的动力，以促进实现普惠、包容的新型全球化。

本书的研究认为，全球化转向是左右当前全球价值链重构和跨国公司战略选择的深层次因素。已有研究成果主要考察促使全球化转向的人文社会因素，它们跳出了经济分析的掣肘，从更加广泛的社会制度、政治与文化因素来考察全球化转向，这是有积极意义的，但也是不充分的。本书认为，还要从生产技术因素入手来考虑全球化转向。全球化转向之所以有可能成功，必须依赖于重大生产技术创新活动的驱动，否则，仅靠人文社会因素的调节，全球化转向大概率将走向零和博弈与失败。准确认识全球化转向的形势走向，需要我们跳出各种被当前全球化逆转、衰退的表现所困扰的悲观情绪，历史地、客观地考察经济全球化、跨国公司发展与国际生产体系演化的历史进程，从中发现全球化转向的未来远景，进而识别出隐藏在诸多不确定性与风险因素中的可积极作为的发展机遇。

基于上述理解，本书将分析全球化转向的形势特征，再探讨置身于全球化及全球价值链变化中的跨国公司的潜在的战略选择，最后，结合中国情境下跨国公司的战略行动，来揭示在当前形势下，跨国公司战略呈现出来的分化态势。在研究中，我们亦发现，一流的跨国公司有三方面战略共同点：一是不遗余力确保对所处行业的全球价值链的掌控力；二是对前沿技术创新活动和对产业发展前景有举足轻重影响的技术因素保持必要的敏感；三是重视数字化转型给企业组织方式和业务形态带来的新变革。上述战略共识，值得我国企业学习借鉴。由于本书研究侧重于考察跨国公司的战略分化现象，下文对此就不赘述了。

二 经济全球化、跨国公司的发展与国际生产体系的演化

阿尔弗雷德·D.钱德勒（Alfred D.Chandler, Jr.）和布鲁斯·马兹利什（Bruce Mazlish）将当今世界跨国公司比喻为霍布斯（Thomas Hobbes）笔下的"利维坦"（Leviathans）。他们指出，跨国公司不仅仅是指某一类经济实体，更指向多种因素相互作用的一系列复杂现象。跨国公司既是全球市场体系中极其重要的一系列经济发展成就的主要贡献者，又是触发许多尖锐实践问题的始作俑者。这两位研究者将跨国公司看作两轮现代经济全球化浪潮的产物。

（一）两轮现代经济全球化浪潮

第一轮浪潮发生在从19世纪七八十年代至第一次世界大战之间。

其背景是英国通过工业革命建立了帝国霸权,从 19 世纪 40 年代末一直持续到 19 世纪 70 年代,达到了顶峰状态。钱德勒和马兹利什所说的"跨国公司的胚胎状态",正是在英国由盛而衰、转向从经济的全球化中寻找经济增长再平衡的机会这样的时代背景下孕育而生的。也就是说,我们今天所知道的现代跨国公司,是在 19 世纪末工业革命之后才开始出现的。

20 世纪 70 年代至今是现代经济全球化的第二轮浪潮,这一轮浪潮和跨国公司兴盛的背景是美国霸权的确立。作为美国霸权的重要组成部分,20 世纪 50 年代,美国跨国公司开始了全球扩张的进程。到 50 年代末,美国企业的国外资产占了世界对外直接投资的一半,已经与第一次世界大战前英国所拥有的份额相等。从"第二次世界大战"结束到 20 世纪 70 年代,美国贡献了全球 2/3 至 3/4 的外国直接投资。直到这一时期,跨国公司的发展,还不那么引人注目。1965 年,哈佛大学设立跨国公司项目,Raymond Vernon 执掌该项目研究工作 12 年,他一直致力于告知世人,跨国公司已经成为一种不容小觑的政治经济力量。在随后的经济全球化进程中,全球跨国公司逐步发展到了更加成熟的状态——无论是从数量上,还是从经济实力或社会影响力上来评价,皆是如此。

第二轮现代经济的全球化浪潮及跨国公司群体走向成熟的过程,又可以被划分为两个阶段。在第一个阶段中,发达国家是经济全球化的主要受益者。当然,在发达国家内部,出现了利益格局的局部调整。西欧和日本的跨国公司从 20 世纪 60 年代起步发展,在 70 年代,开始对美国主导的经济霸权构成了一定程度的挑战。20 世纪 80 年代初期,几乎所有的世界 500 强企业都是欧美日公司,除个别企业外,如沙特阿美。从 20 世纪 80 年代末起,发展中国家在世界外国直接投资中所占份额开始缓慢但稳步地上升。20 世纪 90 年代初期,发展中国家的跨国公司占全球跨国公司总数的比例不足 10%。[①] 进入 20 世纪 90 年代的第二个阶段后,以中国为代表的新兴经济体快速崛起,使美国的经济全球化领导

---

① 到 2008 年,这一比例已经达到了 28%。参阅联合国贸易和发展会议(UNCTAD)发布的 World Investment Report(2009)。

者地位出现了进一步下滑。经历了二三十年的时间，新兴经济体接受的外国直接投资总量，开始超过了发达国家的水平。2010年，第一次有超过一半的外国直接投资流向了第三世界和转型期经济体。今天，有超过1/3的世界500强企业是来自以中国为代表的新兴经济体的跨国公司。20世纪90年代以来，新兴经济国家跨国公司的崛起，恰逢全球贸易高速增长与跨国公司的蓬勃发展时期。1993年，全球有37000家跨国公司。[①] 到2002年，大约有63000家。根据UNCTAD（2011）的估算，2010年，跨国公司在全球范围内创造的增加值约为16万亿美元，占全球GDP的25.6%，超过1/4。另据OECD（2018）的研究，在全球范围内，跨国公司及其国外分支机构贡献了全球产出的33%、全球GDP的28%、全球就业的23%，以及超过50%的全球出口贸易。目前，全球有超过10万家跨国公司[②]，约为30年前的3倍。

（二）国际生产体系的演化：从GCC转向GVC

在第二轮现代经济全球化中，20世纪90年代以来的第二阶段与前一阶段相比较，跨国公司不仅在经济规模与范围上有了长足的发展，在其推动形成的国际生产体系的典型特征上也表现出既有共性，又有显著的差异性。在共性方面，第二轮现代经济全球化因其生产体系跨国组织的规模之宏大与范围之宽泛，真正进入了国际生产要素资源与能力的链状化融合的新发展阶段；在差异性方面，从第一阶段到第二阶段的演化，可以用从全球商品链（Global commodity chains，GCC）向全球价值链（Global value chains，GVC）的转变来概括。

20世纪70年代，Terence Hopkins和Immanuel Wallerstein提出了商品链（commodity chains）的概念，将其定义为围绕最终可消费的商品而发生的一组相互关联的劳动生产的链式过程。80年代中期，波特（M. E.

[①] 根据UTCAD发布的World Investment Report（2010），1970年，全球有7000家跨国公司。2000年，有38000家。到2008年，非金融类的跨国公司有82000家。

[②] 根据（UNCTAD）发布的World Investment Report（2017），全球有1500家国有跨国企业，占全球跨国企业的1.5%。以此推算，全球跨国公司数量为10万家。从实际情况看，这一数值水平可能偏向于低估。有关数据显示，仅日本就有7万家跨国公司。

Porter）在竞争优势理论中，提出了价值链分析方法。90年代中期，美国杜克大学格里芬（Gary Gereffi）进一步发展了全球商品链的理论，将价值链分析引入其中。格里芬将跨国公司称为"驱动者"，一方面，它们通过组织、协调和控制国际生产供应活动实现全球价值链治理；另一方面，通过不断创造新的高价值的活动片断，来促进全球价值链的不断升级。在格里芬看来，跨国公司正是凭借所掌控的嵌入在国际生产体系中的资源配置权力，加速推动了从GCC向GVC的演化趋势。

　　GVC与GCC有紧密的联系，二者都被用于描述国际生产体系的链状化与网络化的特征。二者的区别在于，GCC勾勒的是商品的跨国流动与链接，对应于20世纪90年代之前传统的经济全球化浪潮下的生产组织方式；GVC强调的是对完整商品交易组织方式的碎片化以及对发达国家和发展中国家各自独立的生产要素体系的解构，使无数高度复杂的生产经营活动片断在大规模精细化分工与重组的基础上实现全新的跨国链接，进而引发了20世纪90年代之后的国际生产体系的系统性重构。在GCC中，发达国家和发展中国家的生产体系是彼此相对独立的。发达国家的富有全球竞争力的跨国公司主要在本国从事生产活动，将商品行销至全球市场。GVC与GCC的根本差异是，在GVC中，跨国公司以更复杂的跨国分工形式对生产活动进行重新组织，将其他国家成本更低的生产要素及相应的生产活动纳入了自身的生产体系。这个过程中，数以亿计的发展中国家劳动力大规模地融入了跨国公司主导的跨国生产体系。这样，一大批发展中国家的劳动力在坚韧地培育制造能力和进行缓慢但持续的资本原始积累的过程中，又不断发展出渐趋熟练与高效的低端企业，并渐进地发展了新生的市场机会。这些生产与消费环节因素的变化，持续加大了新兴经济体对跨国公司的吸引力。那些积极参与其中的跨国公司，获得了更显著的低成本竞争优势，又促使更多跨国公司将其战略布局进一步向新兴经济体倾斜。

　　作为驱动全球价值链演化与发展的主要力量，跨国公司不是生活在真空中的，它们的全球化生产经营活动是在特定环境条件下进行的。当跨国公司的战略方向与国际环境条件保持一致时，后者会助力跨国公司将战略付诸实践。具体而言，跨国公司组织的跨国生产关系的构建与持续稳定发展，需要技术和制度这两方面环境条件因素的支持与配合。20世纪90年代以来的第二阶段的经济全球化进程中，这两方面的因素，总体上有利于跨国公司及其主导的全球价值链的快速发展，有利于促进各国企业参与全球价值链，不断拓展和巩固互惠互利关系。一方面，是技术因素。交通、通信与能源领域的一系列技术变革，使得跨国公司能够显著低成本地推进国际生产体系的跨国重构。另一方面，是制度因素。20世纪90年代的世界政治经济氛围对自由市场经济高度友好。中国坚定走改革开放道路和加入WTO，两德统一与欧盟东扩，全世界弥漫着各种对市场经济的信任与乐观情绪，各国贸易壁垒纷纷出现了主动性的削减，使得世界各国的政治与文化氛围非常有利于越来越多的人口参与到全球市场经济中来。(Antras, 2015)

当然，我们也冷静地看到，国际市场环境下总是充斥着矛盾的因素。跨国公司在复杂环境条件下扮演着多种的不同角色，其战略行动会反作用于其身处其中的环境条件，对后者产生各种各样的经济的与非经济的深远影响，甚至造成跨国公司自身也感觉意外的后果。从理想状态来讲，经济全球化会促进各国经济增长和帮助减少贫困，让所有国家都从贸易繁荣中受益。这可以用2016年9月13日IMF总裁克里斯蒂娜·拉加德（Christine Lagarde）的演讲来概括："让全球化为所有人服务。"然而，现实是骨感的——在经济效率的指挥棒下，世界各国参与跨国公司主导推动的全球价值链的程度与方式非常不均衡。欧美日发达国家主要参与创新与设计环节及一部分高端制造业，中国及斯洛伐克等东欧国家、墨西哥等国家参与相对先进的和中等技术水平的制造业，大多数发展中国家参与低技术制造业，还有一些发展中国家仅仅参与农牧渔业及自然资源产业。

全球化的不平衡参与和利益分配的不均衡，造成了各国人们对全球化认知的严重分歧。一方面，发展中国家即使从全球化中收获了实际的经济利益——根据拉加德引用世界银行的资料，全球贸易的发展，使20世纪90年代以来的30年间，生活在赤贫中的全球人口减少了一半——他们仍然对自身在国际生产体系中相对不利的地位不满意，对跨国公司也不乏敌意的抵制，反对跨国公司给本国经济及社会文化传统带来的冲击。另一方面，发达国家尽管享受了全球贸易带来的消费品价格降低和生活水平提高的益处，却对全球化也不甚满意。发达国家对自身相对于发展中国家的优越感不断缩减不满意，还面临在全球化加速去工业化的进程下受到冲击和利益受损的国内贫困化群体的政治压力。这使得发达国家对全球化及跨国公司的态度也逐渐趋于抵触与保守，既要防范本国跨国公司的资本和就业机会的外流，又要防范其他国家跨国公司竞争力的过快上升。就这样，充斥于世界各国高度不平衡的发展与不公平的利益分享格局中的重重矛盾决定了，跨国公司主导的国际生产体系的演化是不稳定的。

三 酝酿变化的全球价值链与全球化转向

（一）正在变化的全球价值链：基本事实

自20世纪90年代以来，全球价值链经历了从快速扩张向小幅收缩的转变过程。中国有俗语："三十年河东，三十年河西。"30年前，世界为柏林墙倒塌喝彩；30年后的今天，美国斥资几十亿美元修建美墨边境墙。简单的有关"墙"的事实对照揭示了如下的现实：世界政治经济环境已经偏离了2005年托马斯·弗里德曼（Thomas Friedman）写下的《世界是平的》中有关未来世界的理想愿景。与世界政治经济环境的变化相呼应，过去30年，全球价值链先经历了持续快速扩张之后，开始转向小幅收缩。2008年国际金融危机的爆发是一个转折点。在这一年，全球价值链占全球贸易的比重达到了52%的巅峰值，而后，该指标呈现出向下波动的发展态势。与20世纪90年代初40%的水平相比，全球价值链占全球贸易的比重，在近20年时间里提高了12个百分点；而在此前20年里，从70年代到90年代，这一比重只提高了两三个百分点。目前，全球价值链占全球贸易的比重维持在稍低于全球贸易一半的水平（如图1-1所示）。

考察全球价值链的变化可能性，需要对全球化进程的最新变化趋势进行分析。从2008年以来，全球价值链在全球贸易中占比开始下滑，这一现象与全球贸易增长放缓同步发生。Constantinescu等（2015）考

第一章　全球化转向、全球价值链重构与跨国公司的战略分化

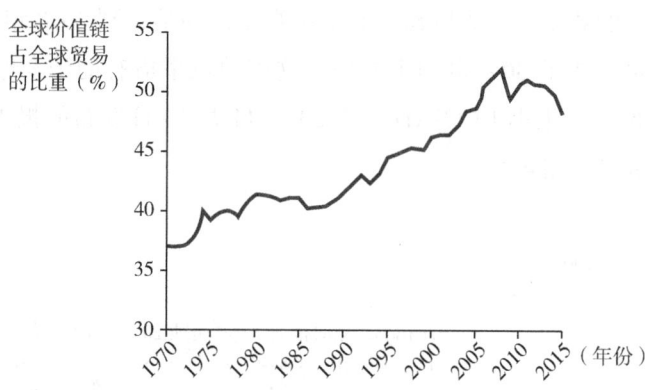

图 1-1　全球价值链占全球贸易的比重

资料来源：世界银行：《2020 年世界发展报告》，前言第 XI 页；https://www.worldbank.org/en/publication/wdr2020。

察了全球贸易增长与 GDP 增长的关系，1986—2000 年，世界实际国内生产总值增长 1%，世界贸易额增长 2.2%。这一时期，世界贸易额增长相对于世界生产值增长的较高弹性，是其在 1970—1985 年和 2001—2013 年弹性的两倍。根据世界贸易组织（WTO）统计数据：从 20 世纪 90 年代以来，除 2001 年外，全球商品贸易增长量一直保持在全球 GDP 增长量的 1.5 倍至 2 倍的水平。进入 21 世纪的第二个十年，情况出现了变化——2012 年和 2013 年，全球商品贸易增长量相当于全球 GDP 增长量；随后 3 年，全球商品贸易增长量低于全球 GDP 增长量；2017 年和 2018 年出现了反弹；2019 年，全球商品贸易在持续的美国与其他国家贸易紧张关系下陷入停滞，并在接近年底时出现下滑，总体小幅下降 0.1%。而今，全球贸易增长率比低迷的全球 GDP 增长率还要低，而在过去的景气时期，全球贸易增长率约为全球 GDP 增长率的两倍。2020 年新冠肺炎疫情，更是对全球贸易造成了巨大冲击，如图 1-2 所示，根据 WTO 的预测，2020 年全球贸易将大幅下降 13%—32%。其中的乐观预测是新冠肺炎疫情后全球贸易的减少幅度与 2008 年国际金融危机时全球贸易减少的幅度相接近，即减少 13%，退回到 2015 年前后的水平；悲观预测是减少 32%，退回到 2008 年国际金融危机后的水平。WTO 对二十国集团国家贸易政策的研究表明，各国因新冠肺炎疫情采取的贸

易便利措施的数量，约为贸易限制措施数量的两倍，到 2020 年 10 月中旬，限制措施中的 30% 也趋于放松。这些政策举措有助于全球贸易在短期内的恢复。根据 UNCTAD 在 2020 年 11 月 19 日发布的报告，2020 年全球经济将收缩 4.3%。

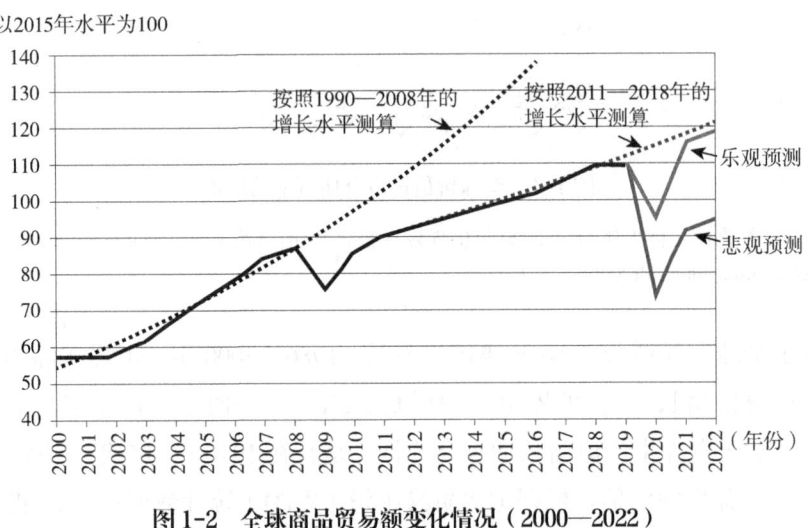

图 1-2　全球商品贸易额变化情况（2000—2022）

资料来源：WTO，2020 年 4 月，https://www.wto.org/english/news_e/pres20_e/pr855_e.htm。

（二）全球化的演进方向：三种基本观点

如何理解全球贸易增长达到阶段性峰值水平后的减速现象呢？有的研究者将这类现象称为"去全球化"（deglobalization）或"逆全球化"（backlash against globalization）。如果将"全球化"和当代一体化的国际生产体系的发展对等起来，那么，有关"去全球化""逆全球化"的论点，看起来就是能够成立的。如果将视野拓宽，将全球化看作一个已经有数百年历史的不断向前发展的进程，那么，我们就还可以发现对全球化最新变化现象的其他解释。本书认为，有三种观点值得关注，从有关它们的对比思考中，我们可以略见全球化未来演进方向的端倪。

第一种观点偏于悲观，主张全球化进入了不可逆的减速和收缩进程。这种观点将全球化看作一个周期性的过程，既有扩张进程，也有收缩进程，在扩张达到权限状态后，会有收缩接踵而来（Branko Milanovic,

2003）。按照这种理论逻辑，当前的全球化收缩或逆全球化现象，是对20世纪末以来经济全球化扩张进程的必然反弹。过去数十年国际生产与贸易的持续快速增长发生在世界政治相对和平的局面下，数以亿计的发展中国家的廉价劳动力顺利加入了国际生产体系，发达国家的跨国公司通过重组生产方式，从中进行了大规模的套利，维持了全球化的繁荣景象。随着这个进程阶段性地接近尾声，跨国公司主导全球价值链扩张的能力达到了极限，无力再对冲来自各国制度冲突的重重压力。

我们可以观察到的变化是，2008年国际金融危机以来，国际经济保护主义发展，不仅远远超越了经济复苏的速度，也超越了传统贸易保护主义的范畴，从传统的对贸易的保护做法，进一步蔓延和扩展至对金融、科技、服务等多个产业和多种生产要素领域的保护与干预。20世纪二三十年代，美国曾经为了保护国内工人的利益，通过了严格限制移民人数的约翰逊－里德法案（The Johnson-Reed Act），还通过了对进口商品征收高额关税的斯姆特－霍利关税法（The Smoot-Hawley Tariff Act）。而今，美国又成了推动新一轮"逆全球化"的始作俑者。国际金融危机的爆发，对美国自由开放经济模式造成了严重的冲击。为应对危机，美国在通过了8190亿美元经济刺激方案的同时，掀起了贸易保护风暴。以此为发端，从2008年下半年开始，各国提起的反倾销诉讼措施明显增加，并纷纷采取了提高关税、支持国内产业发展等保护性和救济性措施。从历史上看，上一轮经济全球化进程大规模收缩最终触发了两次世界大战。悲观的看法容易将人们导向悲观论调的思维。有一些研究者已经将当前全球政治经济现象与第一次世界大战爆发前的情形进行比照，发掘二者之间的共性特征。

针对悲观论调的批评则认为，当今世界，全球贸易与资本的规模与范围与一百年前相比较的话，是不可同日而语的。大范围与深层次的全球经济联系，既是加剧各国发展不平衡矛盾与冲突的负面因素，但在持续性地生发矛盾的同时，也会自觉与不自觉地发挥稳定器和黏合剂的积极作用。基于对全球化进程中相对积极方面的内在推动力的理解，又形成了偏于乐观的第二种观点——主张通过全球化治理变革，来应对与解决全球化进程中出现的重重矛盾与阶段性衰退的挑战。

持这种观点的人们认为，两次世界大战后的世界和平与发展，正是得益于世界银行、国际货币基金组织和关税与贸易总协定（世界贸易组织的前身）等国际组织及一系列全球化治理机制的构建。每次危机的出现，总是推动新的治理形式的发展。比如，在 20 世纪 70 年代石油危机中，国际能源署得以创建。80 年代兴起的全球新自由主义思潮，更是大大消解了各国对全球化治理的制度与认知障碍。这些全球化治理措施缓和了第一轮现代经济全球化进程中积淀下来的各国发展不平衡的矛盾，为第二轮现代经济全球化浪潮的形成以及国际生产网络体系的繁荣打下了坚实的基础。随着越来越多的国家加入，各国对彼此的依存度越来越高，全球化的影响力对各国经济社会影响力与日俱增。也正是在这个进程中，全球化的快速发展凸显了现存的全球化治理机制本身在承载能力上的局限性。今天，世界各国遇到的对移民的限制、对投融资活动的限制、报复性关税等问题，实质上是现存的全球化治理机制驾驭世界复杂冲突时失败的表现。乐观主义者坚持认为，只要对全球化治理机制进行修复与重建，全球化进程将回复到正常的轨道上，他们将全球化治理机制的不断改善，看作应对全球化僵局与困境的出路。只不过，在频繁涌现的全球化治理机制遭遇的挫折表现面前，乐观看法时常显得苍白无力。

除去前两种观点，还有一种观点相对更加辩证，将全球化看作随工业技术革命的动态进程而不断向前演化的现象，强调我们在审视全球化的相关问题时，应该避免扩大全球化的作用与影响。历史地看，全球化从来不是一个恒定的现象，它始终和工业技术革命交织在一起，在动态变化中不断向未来演化。当下，全球化进程与人类面临的新一轮工业革命的时代挑战同频共振，而且，后者所起的作用与影响，可能远远大过前者。在一定程度上，正是在后者的作用下，全球化才能够在危机状态下不断出现新的结构性转向。20 多年前的世纪交替之际，曾经发生过阶段性的和局部性的全球化危机。之前，先是从全球化中受益的东南亚国家受到了金融危机的摧残，失去了进一步融入信息技术革命浪潮的可能性，造成了各国数字鸿沟持续扩大。在信息技术领域遥遥领先的美国，由于投机气氛过重而遭遇了网络经济泡沫。当时，还伴生了对跨国公司的强烈抵制的思潮。直到出现了中国加入WTO这个举足轻重的新变量，此次阶段性危机才得到了有效缓解。中国加入WTO，全面改变了之前全球化主要让发达国家受益的格局。2008年国际金融危机，直接冲击了以美国为代表的发达国家，再次对全球化进程的可持续性构成了挑战。美国政府的强力政策干预，使得那些积淀已久的深层次矛盾，以较为缓慢的方式在近年间才陆续浮出水面。在这个过程中，一方面，中国作为对全球化做出主要增长贡献者的积极因素被发掘得较为充分；另一方面，中国作为高科技领域有挑战美国领导地位的潜在的竞争者的态势亦初具雏形。可以说，全球化在其曲折进程中不断积累矛盾，同时，也在不断积蓄和酝酿变革的力量。

（三）全球化转向的基本判断及其表现

将以上基本事实和三种有关全球化的不同观点合成起来，可以得出本书有关全球化的变化趋向的基本判断：当前的全球化收缩与逆流表象，实质是全球化正在发生转向。在此之前，全球价值链经历了从20世纪末以来的快速扩张转向过去十年间小幅收缩的演变，未来，全球化转向将带动全球价值链的重构。目前，我们至少可以观察到全球化有转向两个方向的迹象和表现。

第一，是从全球化转向区域化（Regionalization）。不少人将区域化看作全球化的替代物，但事实并非如此简单。从20世纪90年代中后期以来，在北美、欧洲和亚洲这样的重要经济区块，出现了区域化和全球化的同步发展。例如，欧洲经济一体化，在加强欧洲经济一体化进程中的区域化特征的同时，也推动了欧洲跨国公司向欧洲之外区域的全球化扩张（John H. Dunning 等，2007）。因此，区域化并不是纯粹的全球化的替代解决方案，而是很有可能与全球化并行不悖的。区域化代表着一种去经济霸权的多中心化的权力结构，它更能够贴合世界各国在不同区域的政治文化背景下发展经济的现实需要，减缓经济竞争对不同地区人类群体的高度差异化的非经济价值意义的强烈冲击。在某些时代条件下，区域化的特征，可能比全球化的特征更加显性化；在另一些时代条件下，全球化的特征，又可能比区域化的特征更加显性化。因此，我们更愿意用"全球化转向"的提法，来概括当前国际生产体系出现局部区域化特征的变化趋势，我们认为，这种局部区域化中正在为更广泛和更深层次的全球化酝酿新的发展动能。

技术变革、环境与制度因素的变化正在推动全球价值链从分散在世界各国的分布结构，转向相对集中于区域性生产网络的方向。首先的一个变化是能源革命。首先，可再生能源、分布式能源与新能源技术的兴起，使得以美国为代表的发达国家不再像以往那样高度依赖全球性的化石能源的配置。这对全球贸易和地缘政治的影响是颠覆性的。在美国可以不依赖世界上大多数的其他国家而独善其身的情况下，其奉行的"四处退群"的策略与"美国优先"的区域化或小团体策略，就不那么难理解了。其次，无人制造、3D打印、人工智能等新技术正在改变很多商品的生产方式和地点，使得一些生产活动可以低成本地向跨国公司母国收缩，或向市场终端消费者靠拢。再次，海啸、疫情等意外灾害与突发事件的频频发生，也在增加冗长的、分工过细和管理复杂的全球价值链的运行成本。供应不稳定的风险，进一步促进全球采购与生产向区域化采购与生产的转变。此次新冠肺炎疫情，明显有助于加快全球价值链区域化的转向进程。最后，从制度因素看，越来越多的制度因素在推动区域性市场的分割。一方面，各国绿色经济政策的推行，像碳边界税（carbon border levies）以及有关生产、运输、监管和合规性问题等方面的政策调整，改变着跨国公司成本计价结构，多区域配置的生产方式在新的政策框架下，正变得越来越不经济。另一方面，随着新兴经济体的快速发展，它们已经在形成能够相对独立运转的区域性市场，这些市场能够容纳不同地域国家因文化习俗差异而形成的制度距离，从而在客观上降低了不同地域对全球化的整体信任水平。大国之间的贸易规则的冲突与排他性区域协定的不断增加，正在加剧这些区域性市场走向进一步的制度性割裂。

第二，是从有形化转向无形化。2016年，麦肯锡发布的研究报告《数字全球化》指出，自2008年以来，全球商品贸易增长趋缓与跨境资本流动大幅下降，并不意味着全球化的逆转，全球化正进入一个由激增的数据和信息流定义的新阶段。20世纪八九十年代以来，信息技术革命、低成本贸易和有利于资本跨越国界自由流动的制度环境，为跨国公司从各国要素成本差异中套利以及加大力度投资无形资产和利用数字技术应用重构国际生产体系创造了有利条件。以美英为代表，从20世纪90年代中后期起，这两个国家的无形资产投资规模开始超过了有形资产投资。信息技术普及应用，对基于信息与知识的生产运营活动提出了越来越高的要求，推动了无形资产投资的激增；各产业无形资产密度的稳步提高又进一步促进了更先进的信息技术应用，这二者又共同促进了领先企业朝着供应链数字化和轻资产特征的方向蓬勃发展。世界知识产权组织（WIPO，2017）的研究报告显示，全球销售的制成品近1/3的价值源于品牌、外观设计和技术等无形资本。全球资本自由化配置加速推动了经济无形化和国际生产体系的数字化变革步伐。UNCTAD的百强跨国公司排名表明，过去十年，百强跨国公司中的轻资产科技型企业数量从2010年的4家快速增加为15家；同时，制造业绿地跨境投资项目金额在10年间下降了20%—25%，亚洲是唯一一个外国直接投资净流入的地区，但其制造业绿地跨境投资项目金额同样出现了下降趋势。经济无形化对全球化的转向，起到间接作用和更加深层次的影响。在经济无形化的前期，它与全球化的关系是相互促进的，但在经济无形化发展达到一定程度后，它所带来的新旧经济的分化效应会将世界割裂，形成一种典型的"双刃剑"式的局面，在源源不断产生对全球化构成巨大助力的技术与制度因素的同时，也在从技术与制度层面产生各种反全球化（anti-globalization）的因素。① 也就是说，经济无形化先是会加速全球化的扩张进程，然后，将推动全球化进程在多重矛盾冲突的状态下实现收缩与转向。

以全球化转向的思路来审视当下的国际生产体系，我们可以得出以下分析结论。首先，在世界政治经济的现存状态下，旧的国际生产组织方式能够实现的全球贸易及国际生产体系的增长潜力基本耗尽了。与旧

---

① 无形资产的兴起，加剧了财富不平等和收入不平等。由于无形资本的流动，往往不受地理位置的限制。因此各国难以再用税收手段对财富分配，重新进行调节。无形经济下取得成功所需要的某些文化特性可能有助于解释导致很多发达国家民粹主义抬头的社会经济矛盾。参阅乔纳森·哈斯克尔《无形经济的崛起》，中信出版社2020年版，第103页。

的国际生产组织方式相匹配的全球化，已经走到了接近尾声的状态，这是当前全球化困境的基本含义，但这不意味着全球化进程本身的终结。其次，当前的全球化困境的性质决定了，各种为解决上一轮全球化进程中的矛盾与问题的治理机制的局部优化与调整不足以支撑当今世界走出全球化的新困境。这些对策措施初衷可能向好，却大有可能造成加剧全球化进程中的对抗与分裂势力的意外后果。简言之，实施全球化治理的变革，不能主要依靠于对世界人民共同福祉的善意，而需要有包括跨国公司在内的各方参与主体提出更加适应于全球化转向的新形势变化的应对举措。最后，全球化的转向之门已然开启，但究竟会转向什么样的实际状态，这仍然将取决于技术与制度两方面因素的变化。正如《世界投资报告（2020）》指出的，据其对国际生产体系与跨国公司持续30年的研究经验来看，国际生产体系正处在十字路口——先是经历了20年的快速增长，在2008年国际金融危机时出现了停滞下滑迹象，又经过了2010年以来十年的暴风雨前的宁静。进入2020年后，新冠肺炎疫情对国际生产体系构成了最大挑战，从现在起至2030年的这十年，将是国际生产体系大转型的十年。

综上所述，未来十年至十五年将会是国际生产体系大转型和全球价值链重构的一段重要时期。面对充斥不确定性和不再平坦的全球市场，跨国公司通过差异化的战略加以应对，这是全球化转向带给各国跨国公司的必然选择。无论是在地域布局上转向区域化，还是在产业布局上转向无形化，在全球化转向给全球市场体系运行和全球价值链重构带来更多不确定性的形势下，跨国公司的全球战略失败的风险将趋于上升。在应对全球市场环境变化的过程中，跨国公司的战略分化还意味着，领先者和滞后者在适应全球化转向上的绩效差距，难免进一步扩大。

四　全球价值链重构与跨国公司的战略选择

（一）跨国公司的作用及其战略特征

跨国公司是推动全球化的最重要的主体，也是掌控与协调全球价值链的最重要的主体。根据UNCTAD（2013）估计，跨国公司通过股权投资和合同制造、服务外包、特许经营和许可以及其他类型合同关系等非股权模式（non-equity modes，NEMs），掌控与协调的全球价值链，贡献了约80%的全球贸易。人们对于跨国公司在全球化及全球价值链发展中扮演的角色性质，有不同的看法。

从积极的角度看，跨国公司的投资活动帮助促进全球经济增长、增加就业机会和发展新技术。海默（Stephen Herbert Hymer）是跨国公司研究的奠基者，在他看来，企业不会仅仅因为国外生产的成本比国内生产的成本低就做出跨国生产经营的决策，他们需要确保内部化决策能够控制海外生产环节，并比从国外企业手中进口更合算，才会做出在其他国家的生产布局安排。最早的跨国公司是在其他国家设立了分支机构企业，也就是在两个及两个以上的多个国家经营的企业（Multinational或MNCs）。如果一个跨国公司在多个不同的区域市场确立竞争优势，它将拥有全球影响力，发展成为超越国别特征的企业（Transnational或TNCs）。有一些研究者看重跨国公司的跨国属性，淡化其国籍属性，并认为在世界上各主权国家的紧张关系中，跨国公司有可能发挥"稳定器"和黏合剂的作用——积极构建相互依赖与互惠的商业合作关系，以弥合竞争与冲突的紧张关系。在全球化浪潮的鼎盛时期，出现了全球性公司（Global Corporations）或全球一体化公司（Globally integrated enterprises）的概念。那些拥有全球性生产经营网络体系的跨国公司，成为各国政府竞相吸引的全球公民。

从消极的角度看，跨国公司的批评者认为，跨国公司凭借在全球市场上的垄断势力实现发展壮大，对世界各国经济社会文化发展起着不确定的影响和作用。斯蒂格利茨（Joseph E. Stiglitz，2007）指出，跨国公司与本国企业不同，它们会利用强大的经济实力创造不公平的竞争环境，比如，通过威胁离开来施加政策影响，争取更有利的税收或放松管制的政策；再如，利用不同国家制度差异的漏洞，或者是利用某一些国家政府治理能力不足或缺乏专家技术支持的弱点，动态地进行资产的全球化配置，最大可能地牟取暴利。海默关注到了跨国公司的国籍问题的重要性，他认为，跨国公司的国籍，会影响到它们的行为方式以及受到的待遇。

全球价值链重构与跨国公司的战略分化

　　无论人们有关跨国公司本身或其活动的性质的问题存在什么样的争议，毋庸置疑的是，面对充满了波动性和不确定性的全球市场，跨国公司需要时刻努力做出恰当的战略选择。跨国公司的全球战略的核心问题是要在不平坦的全球市场上，制定适合自身特点的相对连续与一致的战略，驾驭和把握好游走在各国产业、技术与制度差异之间的平衡点。从实践层面看，跨国公司的战略表现及其性质相当复杂，以下是三个值得关注的趋势性特点。第一，跨国公司普遍对于全球市场的复杂制度环境有很强的适应能力，为追求自身的最大化利益，跨国公司进行各种变通的合约安排。正是通过与为数众多的第三方供应商之间进行复杂的合约安排，跨国公司从战略上重构了国际生产分工体系，使后者呈现了分散化和网络化的特征。第二，跨国公司的战略，普遍表现出日益脱离生产活动的迹象。跨国公司为降低成本、提高运营灵活性和增加利润，大量采用分包的做法，这种企业战略层面的重要转变，使越来越多的跨国公司从传统制造业的领头羊企业，退化为 Gereffi 所说的"不生产自己产品的公司"。英国石油的 CEO 约翰·布朗曾经和蒂莫西·德文尼（Timothy Devinney）谈到他的设想是，英国石油可以不拥有能源价值链中的任何一部分而获得最大的利润和效率（Buckley，2014）。随着跨国公司的组织架构的集团化和跨国化，其高层管理人员越来越脱离实际的生产过程。第三，作为有国际竞争力的市场主体，跨国公司转向控制国际生产体系中的技术研发、产品设计、品牌等高端环节、关键环节和高价值增值的活动（Gereffi 等，2005）。在第二轮现代经济全球化浪潮中，跨国公司增长的主要动力是大幅增加了对企业设计与研发活动的投入，通过有限领域的富有企业家精神的创新活动来适应充满不确定性的全球市场，创造出新的价值（Buckley，2006）。

　　跨国公司在战略上呈现出来的强大制度适应力、脱离生产活动的倾向和对全球价值链的强力控制，为发展中国家的新企业加快融入国际生产体系，带来了前所未有的机遇和挑战。首先，迫于所在国的制度压力，跨国公司会给这些国家的新企业创造一定的发展机会，以换取这些国家的市场机会。其次，跨国公司脱离生产活动的倾向，会使新企业更加容易在生产环节获得发展机会。最后，跨国公司对全球价值链的强力控制，会驱使它们不断放弃和分离出那些全球价值链上价值含量相对低的环节，新企业通过参与这些环节的生产经营活动，来积蓄和巩固自身的竞争优势。可以看到，一方面，跨国公司控制下的全球价值链给新企业打开了原本难以企及的机会窗口，使这些企业能够从最低端的生产制造环节切入，再不断地提高自身的能力，拓展更新更高级的市场机会。另一方面，跨国公司牢牢把持着全球价值链的高端环节，对发展中国家的新企业保持着持续的战略警惕，遏制这些企业向更高级的产业技术领域的攀升。在没有其他因素突变的情况下，发展中国家的新企业要对跨国公司控制下的全球价值链封锁形成突破，其成功的希望是渺茫的。

（二）全球化转向与跨国公司的三种战略选择

进入 21 世纪的第二个十年后，跨国公司的发展及其对全球价值链的战略控制受到了意料之外的因素冲击，呈现出新的变化态势。首先，新跨国公司的形成速度在大大加快。自 20 世纪 90 年代以来，一大批企业作为天生的全球化企业（Born global），受益于发达的国际生产体系和经济无形化趋势所带来的前所未有的全球化运营活动的便利性与低成本。这些企业规模不一定大，但在特定的细分产业领域，依托全球价值链形成了全球性的竞争优势。为数众多的新跨国公司的不断涌现成为改变全球价值链的新的能动因素，使它们能够获取超出在位跨国公司预期的更多的增长收益，也使全球价值链有了向脱离在位跨国公司控制的方面演化的可能性。其次，不同代际和不同成熟度的跨国公司，同时面对着来自数字经济的竞争变革的挑战。到目前为止，数字经济对不同的跨国公司发展前景的影响尚不明朗，数字经济领域后起的跨国公司仍在以前所未有的加速度成长与扩张，原本在位的跨国公司也在努力克服自身的组织惰性，大力推进数字化转型与相应的组织变革，积极探索和融入属于未来的竞争浪潮。Gereffi（2018）指出，供应链日益数字化和以互联网为基础的领导企业的出现标志着全球经济进入了一个新时代。从全球价值链治理角度来看，核心问题是后起的数字经济跨国公司是否会取代那些在位的主导全球价值链的跨国公司或者是对它们起到补充作用，引导全球价值链转向一个数字化的全新轨道。最后，全球化转向，正使信奉向全球一体化战略方向发展的跨国公司渐渐处于失势的状态，它们的既定战略既不兼容于冲突加剧的国际政治关系，也越来越难以容身于全球市场规则差异化特征日益凸显的新形势。近年来，跨国公司的主要经济指标呈现了增长放缓的显著迹象，跨国公司全球战略调整的难度不断加大。过去十年，排名前100位的跨国公司平均跨国指数（TNI）——其海外资产、销售和员工数量占比基本维持在65%上下的水平。UNCTAD的前100家跨国公司正在停滞不前，从跨国指数（TNI）的变化情况看，20世纪90年代，TNI增加了5个百分点；21世纪的前10年，TNI增加了10个百分点；而过去十年，TNI降低了0.4个百分点。2017年1月，在特朗普就任总统一周之际，《经济学人》杂志刊登题为"撤退"的封面文章，描述了跨国公司在全球化新阶段中被迫调整的态势。据UNCTAD调查，2020年，全球最大的5000家跨国公司的收益预计下降40%。

在面对全球化转向和全球价值链重构的新局势时，越来越多的跨国公司日益清醒地认识到这样的现实：尽管许多跨国企业声称推行全球战略，但事实上，大多数跨国企业不是全球性的（Verbeke and Kano，2016）。能够持久地将其在母国的成功经验复制到世界各地的跨国公司少之又少。在全球化转向给全球市场体系运行带来巨大不确定性的形势下，全球战略失败的风险更是趋于上升。面对新形势，跨国公司有三种战略选择，如图1-3所示。

第一，适应全球化的收缩态势，实施聚焦收缩战略，将资源向相对安全可靠区域集中，实施布局调整。实施聚焦收缩战略的跨国公司，其动机有两种理论解释：一是出于组织惯性和路径依赖，将资源配置向自己最熟悉的区域集中和聚焦，实现自我强化；二是出于对全球化进程中最新的制度环境因素变化的敏感反应，对新的价值观念的兴起、分裂的政策与制度环境中持续上升的风险因素，及时做出回避和收缩的应对之策。聚焦收缩战略强调的是跨国公司对全球化转向进程中制度因素的变化的接受与适应，在全球价值链重构的背景之下，跨国公司的主导战略逻辑会发生改变，其相对稳定的业务结构和组织被迫做出调整，从不确定性高的区域退出。例如，欧洲国家增收数字税会影响到美国数字技术

第一章 全球化转向、全球价值链重构与跨国公司的战略分化

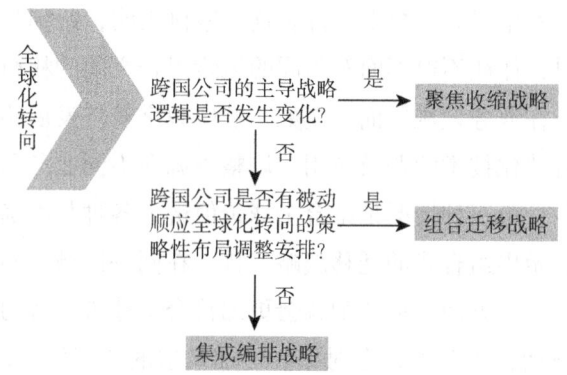

图 1-3 全球化转向与跨国公司的三种战略选择

资料来源：笔者绘制。

领域跨国公司的利益，作为报复，美国对欧洲国家增收关税。身处这种对抗性的制度环境里，欧美跨国公司的战略活动难免受到影响。疫情后，法国奢侈品跨国公司 LVMH 宣布延后、继而放弃，转而又决定降价收购美国品牌 Tiffany，这是一个经济因素与制度环境因素交织在一起而改变企业战略行动的典型例证。聚焦收缩战略的不利方面是，如果全球市场在未来的高增长机会主要在那些不确定性高的区域产生，那么，奉行聚焦收缩战略的跨国公司可能错失这些机会。反之，如果未来的持续增长的市场机会主要出现在安全可靠区域，则企业的聚焦收缩战略将有可能是成功的。

第二，适应全球化的转向态势，实施组合迁移战略，将资源配置重心有计划地从存在一种或一组相对较高的不确定性的区域或领域，转向存在另一种或另一组相对较低的不确定性的区域或领域。实施组合迁移战略，可以沿着全球化转向的两个不同方向来推进。第一种情况发生在区域层面。在中美经贸摩擦的背景下，典型的做法是将中国的业务布局加快向东南亚地区的其他国家转移。移出中国，可以降低受美国对中国的关税制裁与高科技交易限制的不确定性影响；移向东南亚国家，则又难免遭遇在要素资源配套成本与供应短板上的其他方面的不确定性。例如，苹果的代工厂纬创（Wistron）将其 iPhone 中国组装厂出售给了立讯精密，剩下在印度班加罗尔的两座组装厂，但在 2020 年 12 月 14 日，

纬创印度工厂发生了暴力打砸事件。这一案例表明，跨国公司在实施组合迁移战略时，往往不得不面对不同的风险组合之间的权衡与取舍。第二种情况发生在业务领域层面。例如，顺应数字经济发展趋势，通过加快数字化和智慧化技术的普及应用，调整资源在不同业务和不同区域之间的配置结构。第三种情况是结合全球价值链上各种与不确定性和风险相关的因素，做出组合式的迁移战略安排。在同一区域，不同的业务可以有进有退——一方面，资源配置会更加符合全球价值链的内在经济性要求；另一方面，资源配置会对那些更加紧迫的非经济性的干扰因素，做出必要的响应。与聚焦收缩战略相比较，组合迁移战略的特点是坚持主导战略逻辑不变，但会顺应全球市场环境的动态变化，相机做出布局结构调整的策略性安排。

第三，与全球化的转向同步，实施集成编排（orchestration）战略，在全球化转向中，主动寻找各种不同方向和不同性质的有价值的资源进行集成式编排和重组，着力塑造新的竞争优势，进而主导全球价值链的未来变化。Buckley（2011）指出，世界工厂的形成，需要有编排者（orchestrators）对分散在世界各地的企业之间的联系进行协调。Verbeke和Kano（2016）从内部化的分析角度，强调了编排作为一种战略思路的重要性。与聚焦收缩战略和组合迁移战略不同，实施集成编排战略有跨国公司不会有明显的对全球化转向的被动响应的安排，其战略突出强调对新出现的市场机会与未来竞争中有价值的资源的捕捉，而不会将资源过多地耗费于对风险因素的消极避让上。以集成编排战略来应对全球价值链重构，这意味着，理解眼前的全球价值链正在经受的断链、松解和重新布局等种种不可确知的冲击与变化，要超越其表面显露出来的增长放缓和存量收益递减的重重压力，去发掘其深层次的正在酝酿的许多全新的增长与扩张的机会。那些实施集成编排战略的跨国公司，最有可能抓住这些面向未来的发展机会，最大可能地激发自身的创造创新潜力，从而成为牵引和推动全球化转向的决定性力量。

五 中国情境下的跨国公司战略分化

改革开放以来，中国从计划经济向市场经济转型，是一个深度嵌入全球价值链及与之对应的新型国际分工体系的过程，为数众多的中国企业通过融入全球价值链，在整体上实现了生产效率的提升（吕越等，2017）。加入WTO后，中国既奉行进口替代策略，又奉行出口导向策略，通过积极嵌入跨国公司主导的国际生产网络体系，大规模承担其中相对中低端的加工制造环节而发展成为"世界工厂"。在这个过程中，中国既是全球价值链发展的重要受益者，又是支撑促进跨国公司掌控的全球价值链进一步持续扩张的重要参与者，成为助推全球化发展和全球贸易增长的积极力量。直至中美经贸摩擦对中国融入全球价值链的良性发展进程的惯性提出了威胁与挑战。中美经贸摩擦的实质是，中国企业日渐逼近以美国为代表的发达国家设定的技术进步极限水平。于是，美国决意从战略上阻断中国企业借助外向性资源向新技术和复杂技术领域升级的发展路径，将中国企业封锁在全球价值链中低端环节。借助2020年新冠肺炎疫情，美国加快推行对中国的"脱钩"策略，以高技术领域和保障供应安全要求强烈的领域为突破口，以各种政策手段来干预全球价值链的调整，以期全面降低全球价值链对中国企业的依赖。

展望中国及中国企业在未来的全球价值链中的地位与作用，有三种不同的可能性。第一种可能性是全球化转向成功，大国博弈与冲突带来的裂痕得到修复，中国企业因为能够给全球价值链提供不可或缺的经济利益增量而顺利规避了政治上的"脱钩"与"断链"的制度压力，最终实现了向前沿技术领域的攀升与赶超。实现这种可能性，关键是大力促进发展跨国公司与中国市场的经济联系以及中国企业与世界各国的经济联系，进而增进彼此在政治上的合法性认同。如果这种可能性付诸现实，我们将看到，越来越多的跨国公司将针对中国市场与生产资源实施集成编排战略。第二种可能性是在全球化转向过程中，大国博弈与冲突导致了两个平行体系（张宇燕，2020）或者是多极平行体系，分别为全球化及全球价值链重构提供发展动力。苏楠（2020）指出，数字技术与国家安全的紧密关联性，加剧了技术竞争，使此领域的技术在不同地区的割裂正在发生，各国加强数字行业监管引导技术发展方式，这将最终使美国、中国和欧洲形成三张"分裂网"。在电动汽车和无人驾驶等领域，也有类似的问题。为此，各国可以构建两个或多个技术经济系统，分别对接不同制度规则约束下的各个平行体系。各平行体系之间的关系，既有竞争，又有合作。维持两极或多极的平行体系稳定运行，关键是主导平行体系的各个大国，有能力维持彼此平行的发展优势，达成长期均势；否则，这种结构是不稳定的。在多个平行体系并存的情况下，我们将看到，大多数跨国公司推行组合迁移战略，保持在不同的平行体系之间移动与滑行的灵活度。第三种可能性是全球化转向受挫，中国企业被排挤到有限的区域布局空间里，或者是被压制在有限的产业技术领域里孤立发展。在这种状态下，越来越多的跨国公司将被迫实施聚焦收缩战略和选择退出中国市场——这种带着"去中国化"烙印的"全球价值链"，注定是残缺的和非全球化的，是没有可持续发展前景的。

在中国情境下，每个跨国公司都需要在不确定性条件下进行独立的战略决策，为有效应对截然不同的未来图景做出相应的战略安排。从跨国公司的经营活动上，我们可以观察到战略动向的分化。一方面，像苹果、三星、台积电等跨国公司在主动地或被动地响应制度因素的不利变化，实施组合迁移战略或聚焦收缩战略。另一方面，像埃克森美孚、法国电力、特斯拉、马士基、丰田等跨国公司则在坚持自己的战略主导逻辑，实施集成编排战略，积极化解全球市场运行的不确定性，大力发掘面向未来的增长潜力。

有些跨国公司实施战略调整，加大了向亚洲范围内其他国家布局的力度。近两三年，以印度、越南为代表的东南亚国家推行积极的招商引资政策，加快了一些跨国公司向其转移生产能力的进程。像苹果这样的在价值链上有较强影响力的跨国公司，在实施自身的布局调整时，会敦促其供应商将生产一并转移。2019年，苹果公司减少了在中国30%的非流动资产（non-current assets），还要求其制造业合作伙伴鸿海等对供应链的多元化选择进行评估，以减少过度集中生产的风险。苹果还希望较小的制造商，如AirPods组装商Luxshare发挥更大作用，以减少对其主要供应商富士康的过度依赖。2020年，苹果公司30%最畅销的AirPods耳塞在越南生产。除前文提及的纬创的案例外，和硕（Pegatron）也加大了在印度的生产，并计划在越南和印度尼西亚建新工厂。

有些跨国公司在2018年中美经贸摩擦之初，已经着手针对形成两个平行体系的可能性进行战略准备。像以台积电为代表的中国台湾的芯片制造企业，在中美两国大市场和大产业体系中都有重要经济利益。台积电的工厂布局集中在台湾地区，在上海设有松江工厂，后来，在南京投资了16nm晶圆厂，2018年量产，成为其最快实现盈利的一个工厂。2020年5月，迫于美国芯片禁令升级的压力，原本不计划在美国设厂的台积电，宣布计划将在州政府和美国联邦政府的支持下，在亚利桑那州建造一座价值120亿美元的工厂。台积电的经营活动，明显受各方面政策影响的较大牵制。

有的跨国公司在不同业务板块做出了差异化的布局战略安排。例如，三星电子也把部分生产线搬迁到了越南和印度等地。从三星电子的整体布局情况看，近年间，公司向韩国聚焦收缩的迹象明显，在其他国家和地区的子公司数量绝对减少、雇用员工数量和营业收入占比基本都在下降，唯有在韩国的各项经济指标占比在全面上升。这一转变，既和国际市场环境变化有关，也和韩国政府的经济政策转变有关。不过，在中国市场有巨大吸引力及自身竞争优势更加显著的集成电路领域，三星并没有响应美国的"脱钩"政策，其布局战略显著区别于其在移动终端的布局战略。在台积电（TSMC）有战略收缩迹象时，三星表现出来了大举增加投资的战略扩张倾向。三星案例带给我们的启示是，收缩性的布局战略往往是跨国公司在华业务竞争失利的伴生物。

有些跨国公司始终在坚持自己的战略主导逻辑，继续加强向需求市场布局的全球化战略。例如，埃克森美孚面临全球石油产业的激烈竞争，在美国本土市场受政策限制的情况下，做出了将主营产业转向全球，通过加速全球化来扩大业务区域、降低运营成本的战略决策。自2000年开始，公司的海外地区净利润占总体净利润占比过半。埃克森美孚在16个国家拥有化工产业链，是世界上最具盈利能力的国际化工公司之一。中国是全球最大的化工产业市场，在全球增长中发挥主导性作用。2020年，埃克森美孚在华投资百亿美元的惠州乙烯项目正式开工，成为美国企业在华独资建设的首个重大石化项目。再如，特斯拉将中国作为除美国之外的第二大市场，称中国为"特斯拉的第二故乡"。2020年第二季度，特斯拉在销量最大的本土市场美国，营业收入下滑11%至30.9亿美元，在欧洲及其他市场，营业收入下降29%至15.5亿美元，但公司第二季度营收总体仅同比小幅下降5%，这主要得益于其在中国的营业收入达到14亿美元，同比大幅增长103%。受新冠肺炎疫情影响，特斯拉弗里蒙特工厂的生产和交付一度处于停工状态，但上海超级工厂全面投产，使得特斯拉第二季度在中国交付了3.17万辆汽车，约占据其全球销量的35%。

还有些跨国公司通过积极构造以自身技术为核心的开放竞争生态体系，加快数字化转型，有效克服了中美经贸摩擦与2020年新冠肺炎疫情对其所处全球价值链和中国市场业务所造成的冲击，表现出卓越的战略适应性，并在努力抢占未来市场竞争的制高点。例如，丰田公司在全球汽车产业经济下行以及多家同业跨国公司业绩明显下滑的不利环境下，保持了业绩平稳。面向未来的新技术竞争，丰田公司更是在电动汽车、无人驾驶、氢能源领域做了大量投入，并做出重大决策，无偿向业界提供所持有的关于电机、电控、系统控制等车辆电动化技术的专利使用权约23740项，其中包括燃料电池技术相关约8060项，以加快构建技术创新生态系统。在自动驾驶领域，过去五年丰田公司的投资已接近50亿美元。2019年，加入了由百度主导的"阿波罗计划"自动驾驶开发联盟。丰田公司还是当今在氢能源领域投入最大、押注最多的汽车厂商。再如，法国电力在全球战略布局调整中，一直致力于寻求最有增长潜力的区域或国家来开展业务，以求最大可能的可持续增长。在核工业领域，法国电力是中国的长期伙伴。2019年9月，中法能源领域在华最大的合作项目——台山核电一期工程全面建成，建有两台三代核电技术的压水堆核电机组，每台机组的单机容量为175万千瓦，是世界上单机容量最大的核电机组。在欧洲经济相对低迷的情况下，法国电力在部分市场出售了海外资产，同时，也在继续为后续进入寻找转型探索的切入点。2020年，法国电力正在探索与中国企业合作，将其开源工业软件应用于中国工业互联网与数字化市场。

在笔者看来，跨国公司的不同战略选择，不仅是与其在现实的制度环境约束下的经济利益取向相一致的选择，还能够折射出跨国公司有关中国情境下全球价值链重构的未来走向的理解。中国参与全球价值链重构的程度，与中国市场在未来可能为跨国公司贡献的增长机会的多寡息息相关。中国市场的增长机会一方面取决于中国在区域化存量市场中所可能发挥的作用，另一方面取决于中国在数字化领域所可能释放的新的增长潜力。如果中国丧失了数字化领域的增长潜力，那么，中国在区域化市场中的存量增长终究是有限的。这也就是美国为何要在数字经济的基础产业技术领域，频频施加阻滞中国企业发展的政策手段的缘由所在。

面对政策环境的变化，不排除有少数的跨国公司因为暂时无法绕开美国政策限制而被迫妥协和实施布局调整；也不排除有少数跨国公司乐于从对中国企业的限制性政策中获取立竿见影的利益。这些屈从于政策环境变化的跨国公司没有看到，或者说，不太愿意在战略远景中纳入中国企业在极其不利的政策环境下被激发出更多创造力与积极变化的可能性。展望未来，我们认为，那些实施聚焦收缩战略的跨国公司，将表现出全球化战略收缩或减弱的特征。至于实施组合迁移战略的跨国公司，即使它们将海外投资转向印度或其他亚洲国家，也不证明其全球化战略在整体上必然发生了收缩或减弱；只要中国市场有足够大的吸引力，它们在有足够竞争力的情况下，随时可能加大对中国的投资布局力度。相比之下，那些实施集成编排战略的跨国公司愿意将中国市场看作一个充满变化可能性和活力的因素，它们更加有意愿来分担参与中国市场增长中的不确定性，更有意愿运用前沿技术手段，来发掘中国为其提供更加丰富的资源聚合与价值增值机会的巨大潜力——这些跨国公司与中国经济利益相关度相对更高，与全球化转向的系统关联性更强。以彭罗斯的企业成长观来考察，跨国公司的成长是多方面因素整体作用的结果（Danchi Tan 等，2020），在不同时代，都有卓越的跨国公司能够超越短时间周期的经济发展的阻碍与波动，走向更广阔的全球化的新图景。在

全球价值链重构与跨国公司的战略分化

未来的全球价值链重构中,实施集成编排战略的跨国公司,比其他跨国公司更有可能争取到企业成长的主动权,它们大有可能克服当下全球化转向给各国政治经济运行带来的种种扰动因素,引领更多的企业进入能够更好承载和谐发展和可持续发展要求的新的国际生产体系。

第二章

仰之弥高，钻之弥坚
——三星电子战略调整的特征、动机及启示

半导体产业不仅是现代高科技产业的核心，也是决定未来国家竞争力的关键。然而，当前半导体产业的战略高地始终掌握在欧、美、日、韩等发达国家手中。近年来，为了遏制我国发展壮大，以美国为首的发达国家建立起较为广泛的"反华"联盟，不仅大范围、高频率地发起经贸摩擦，还逐渐加大对我国半导体产业的技术输出力度，使国内众多企业面临技术断代、产品难更、生产停滞、研发终止等危机。如何解决我国半导体产业遭遇的"卡脖子"问题，已成为当前及未来一段时间内社会各界关注的焦点。本章以三星电子为例，从微观角度出发，分析其近年来战略调整的特征与动机，以期能为政府部门促进半导体产业发展和相关企业提高自身竞争力带来一定启示。

一 半导体产业发展概况

半导体是导电性介于导体和绝缘体之间的物质。常见的半导体物质有硅、锗、砷化镓等。其中，硅是最广泛也最具影响力的半导体物质之一。一般而言，由半导体物质制成的元件产品被称为芯片，而集成电路、分立器件、光电子器件、传感器等则是芯片元件产品的重要形式，也构成了半导体产业的主要组成部分。由于在各类消费电子、移动通

信、照明发电等领域中有着广泛应用,且具有性能高、成本低等特性,半导体产业不仅是电子产业的核心,也是现代高科技产业的重要支撑,更是国民经济的基础性、先导性产业。

(一)半导体产业发展历程

半导体产生的理论基础是莱布尼茨于18世纪所建立的二进制算法。然而,直到20世纪上半叶,随着真空管电子学、无线电通信技术、机械制表机以及固体物理等学科或技术的发展,半导体产业才真正发展起来。以下分别从产品演进、产业转移、技术升级三个视角简要分析半导体产业发展历程。

1. 产品演进视角

从产品演进的视角看,半导体产业发展经过了四个阶段(如图2-1所示)。

第一阶段为20世纪初期到20世纪中期,产生了以真空管为代表的第一代半导体,典型产品包括Fleming所发明的真空二极管、Forest所发明的真空三极管以及美国军方所开发的第一台电子计算机ENIAC。

第二阶段为20世纪50年代,产生了以晶体管为代表的第二代半导体,典型产品包括Shockley、Bardeen和Brattain所发明的固态晶体管,以及仙童半导体公司所研制的平面晶体管。

| 第一代半导体:真空管 | 第二代半导体:晶体管 | 第三代半导体:集成电路 | 第四代半导体:大规模集成电路 |

20世纪初期 ——— 20世纪中期

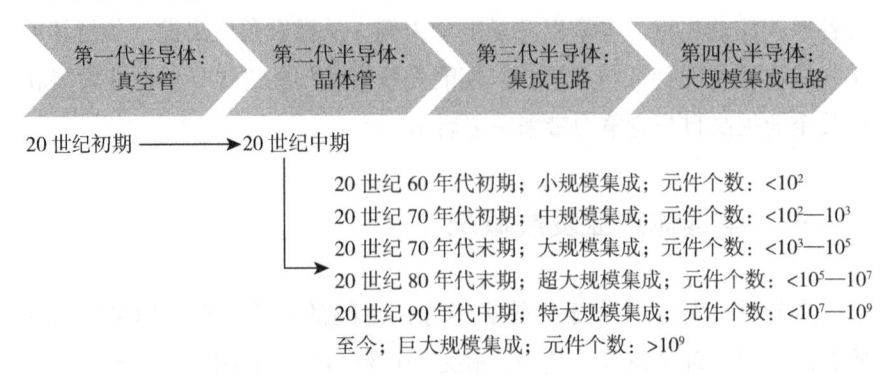

20世纪60年代初期;小规模集成;元件个数:<10^2
20世纪70年代初期;中规模集成;元件个数:<$10^2—10^3$
20世纪70年代末期;大规模集成;元件个数:<$10^3—10^5$
20世纪80年代末期;超大规模集成;元件个数:<$10^5—10^7$
20世纪90年代中期;特大规模集成;元件个数:<$10^7—10^9$
至今;巨大规模集成;元件个数:>10^9

图2-1 产品演进视角下的半导体产业发展历程

资料来源:Quirk M. and Serda J.,《半导体制造技术》,韩郑生等译,电子工业出版社2020年版;建投华科投资股份有限公司:《中国智慧互联投资发展报告(2018)》,社会科学文献出版社2018年版。

第三阶段为20世纪50年代末期至70年代初期,产生了以小规模集成电路和中规模集成电路为代表的第三代半导体,典型产品包括Kilby发明的以锗半导体材料为基础的集成电路和Noyce发明的以硅半导体材料为基础的集成电路。

第四阶段为20世纪70年代初期至今,产生了以大规模集成电路、超大规模集成电路、特大规模集成电路、巨大规模集成电路为代表的第四代半导体,典型产品包括英特尔的Core i系列处理器、超威半导体的Mobility Radeon系列处理器和英伟达的GeForce系列处理器。

2. 产业转移视角

从产业转移的视角看,半导体产业发展经过了三个阶段(如图2-2所示)。

第一阶段为20世纪70年代,美国的半导体企业逐渐将封装、测试等环节转移至日本。日本则在美国的大力支持下,发挥政府的积极作用,通过推动建立以企业为主体的产学合作创新机制以及出台与半导体产业链相关的支持政策,使自身在动态存储器(DRAM)的技术研发与市场份额上很快赶超美国。如1978年、1980年,日本研发的64K DRAM、256K DRAM分别领先美国同行半年、两年时间;而到1985年,日本半导体产品在全球市场中的份额也超过了美国。

美国	日本	韩国 中国台湾	中国大陆
20世纪中期 →	20世纪70年代 →	20世纪80年代 →	20世纪90年代

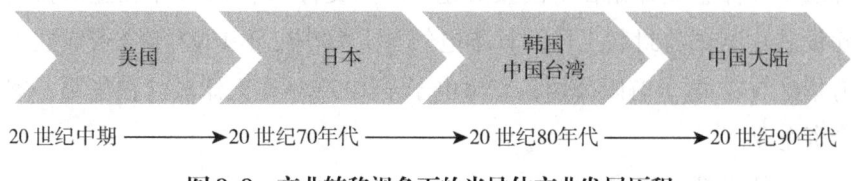

图2-2 产业转移视角下的半导体产业发展历程

资料来源:李鹏飞:《全球集成电路产业发展格局演变的钻石模型》,《财经智库》2019年第4期。连一席、谢嘉琪:《全球半导体产业启示录》,《恒大研究院研究报告》,2018年。

第二阶段为20世纪80年代,美国、日本的半导体企业逐渐将设计、制造等环节转移至韩国、中国台湾。对韩国而言,通过建立政府支持下的财阀主导型技术创新模式,即"吸收—模仿—超越",以及对人才、设备、生产线的大规模投资,使自身在专利数量、产品价格等方面具备了较大的竞争优势,从而奠定了韩国半导体产业发展的基础。对中国台湾而言,通过切入制造环节以避开与美国、日本、韩国的直接竞争,制定广泛的产业政策以吸引投资者广泛进入,并在形成产业集聚效应后向价值链高端环节稳步攀升,从而成为全球半导体产业中的重要力量之一。到20世纪90年代,以三星为代表的韩国半导体企业和以台积电为代表的中国台湾半导体企业已经处于全球半导体创新网络中的主导位置。

第三阶段为20世纪90年代,美国、日本、韩国的半导体企业逐渐将制造、封装等环节转移至中国大陆。在20世纪90年代以前,中国就已经开始在半导体产业引进外资技术,如通过合资建厂的方式成立了包括上海贝岭微电子制造有限公司(1988年成立,现为上海贝岭股份有限公司)、上海飞利浦半导体公司(1988年成立,现为上海先进半导体制造有限公司)、中国华晶电子集团公司(1989年成立,现为华润微电子有限公司)等。然而,受制于彼时国际社会意识形态的限制,中国所引进或购买的技术、设备、生产线等基本上是陈旧、落后的。20世纪90年代,随着邓小平发表著名的南方谈话并提出要建立社会主义市场经济体制的目标,以及"909工程"的开始实施,以英特尔为代表的美国半导体企业、以日本电气为代表的日本半导体企业和以三星电子为代表的韩国半导体企业开始在中国投资建厂。如英特尔于1994年在上海投资建设芯片测试与封装工厂,日本电气与上海华虹于1997年合资成立上海华虹NEC电子有限公司,三星电子于1992年在天津成立在华第一家合资企业。

3.技术升级视角

从技术升级的视角看,半导体产业发展经过了两个阶段(如图2-3所示)。

第一阶段为2011年以前,衡量半导体制造复杂性水平的最小特征尺寸按照摩尔定律演变,即每隔18—24个月,半导体产品性能会提高一倍且价格会下降一半。这一时期,半导体制程工艺水平按照7%左右的递减速率从20世纪50年代的125μm到21世纪初的0.13μm再到2010年左右的22nm,逐渐形成了成熟制程阶段。

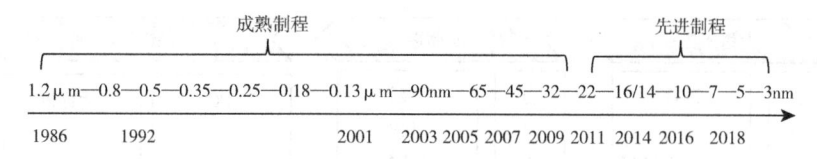

```
        成熟制程                           先进制程
┌─────────────────────────────────┐   ┌──────────────────────┐
1.2μm—0.8—0.5—0.35—0.25—0.18—0.13μm—90nm—65—45—32—22—16/14—10—7—5—3nm  →

1986    1992                    2001  2003 2005 2007 2009 2011 2014 2016 2018
```

图 2-3 技术升级视角下的半导体产业发展历程

资料来源：徐涛、胡叶倩雯、晏磊：《先进制程，路在何方录》，《中信证券研究报告》，2018年。

第二阶段为2011年之后，衡量半导体制造复杂性水平的最小特征尺寸在很大程度上不再按照摩尔定律演变，或摩尔定律下制程工艺水平递减速率受众多因素的影响而出现减小趋势，从而使28nm半导体制程工艺水平在成本、性能、需求等组合上仍具有较高的性价比优势。如相比于40nm半导体制程工艺水平，28nm半导体制程工艺水平在频率、功耗、散热、尺寸等方面具有明显优势；而相比于16nm/14nm半导体制程工艺水平，28nm半导体制程工艺水平在设计成本、制造设备费用等方面具有明显优势。这一时期，半导体制程工艺水平从2014年的16nm/14nm到2016年的10nm再到2018年的7nm，逐渐形成了先进制程阶段。

（二）半导体产业链概况

半导体产业链非常复杂，每一个细分环节也有相应的子产业链。以下分别从上游支撑、中游制造、下游应用三个环节对半导体产业链进行简要介绍（如图2-4所示）。

1. 上游支撑环节

如图2-4所示，半导体产业链上游支撑环节主要包括半导体材料、半导体设备、电子设计自动化（EDA）工具、知识产权（IP）核四个部分。

对半导体材料而言，从应用角度看，可分为制造材料和封装材料。制造材料包括硅片、靶材、CMP抛光材料、光刻胶、湿电子化学品、电子特种气体、掩膜板等；封装材料包括引线框架、封装基板、包封树脂、键合金属线和芯片粘贴材料等。

半导体产业链概况

上游支撑	中游制造	下游应用
半导体材料：硅片、靶材、CMP抛光材料、光刻胶、湿电子化学品、电子特种气体、封装材料……	分立器件：二极管、三极管、晶体管、电阻、电容、电感……	PC、医疗、电子、通信、物联网、信息安全、汽车、新能源、工业……
半导体设备：单晶炉、CVD设备、PVD设备、光刻机、刻蚀机、离子注入、检测设备……	传感器	计算机、通用电子、通信设备、内存设备、显示视频……
电子设计自动化工具	光电子器件	
知识产权核	集成电路：模拟电路、微处理器、逻辑电路、存储器	
	设计 制造 封装	

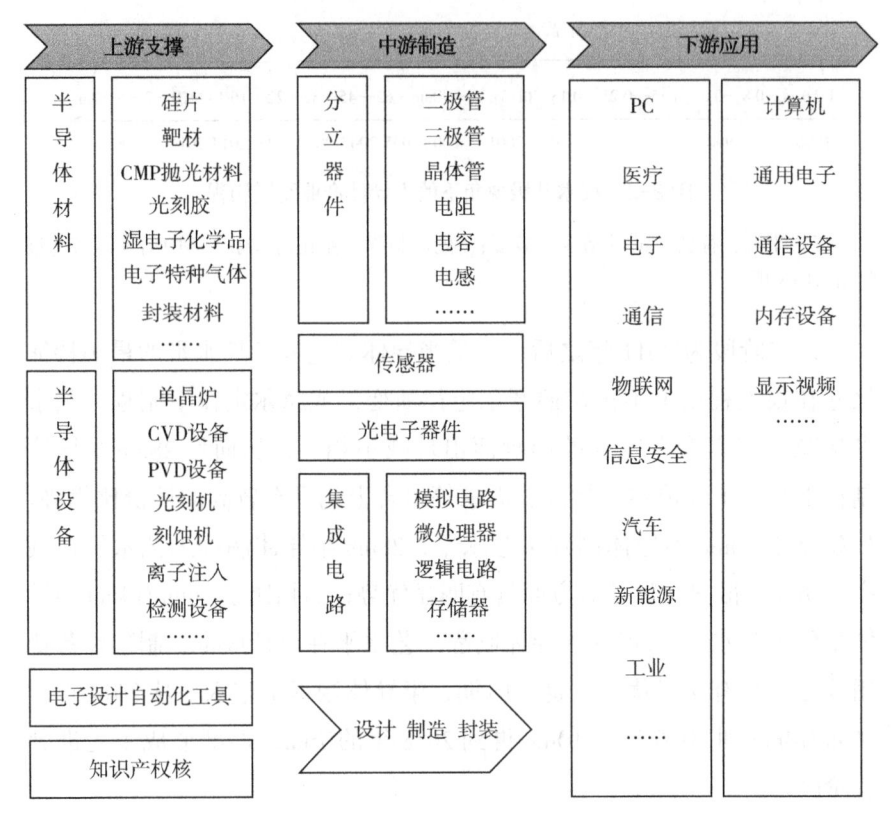

图 2-4 半导体产业链概况

资料来源：根据网络资料整理得到。

对半导体设备而言，从应用角度看，可分为硅片制备、圆晶加工、封装测试等环节所需设备以及其他辅助设备等。硅片制备环节所需设备包括单晶炉、减薄机、研磨机等；圆晶加工环节所需设备包括热处理设备、光刻机、刻蚀机、离子注入设备、CVD 设备、PVD 设备、清洗设备等；封装测试环节所需设备包括切割机、装片机、键合机、测试机、分选机、探针台等设备；其他辅助设备包括超净服、净化间等。

对电子设计自动化而言，它被广泛用于芯片设计过程，是由工程师在程式规划芯片功能后，通过特定的工具将其转化成实际的电路设计图的过程。从应用角度看，可分为前端设计和后端设计。前者的流程包括规格制定、详细设计、HDL 编码、仿真验证、逻辑综合、静态时序分析、形式验证等；后者的流程包括可测性设计、布局规划、时钟树生成、布线、各层物理图形的设计规则检查、版图和电路网表的综合比较、流片制造等。

对知识产权核而言，它是芯片设计过程中经过反复验证、包含特定指令集、具有特定功能、可以重复使用的宏模块。从应用角度看，可分为软核、硬核和固核。软核是独立于制造工艺的寄存器传输级代码，不涉及具体电路元件的物理信息，一般是以 HDL 语言形式存在的逻辑描述、帮助文档等；硬核是通过系统设计验证、物理版图验证并进行工艺制造所最终得到的以版图形式存在的半成品或成品；固核介于软核与硬核之间，是对软核进行参数化后以网表形式存在的仅对逻辑描述功能中一些关键路径进行预先布局布线的功能模块。

2. 中游制造环节

如图 2-4 所示，半导体产业链中游制造环节主要包括经设计、制造、封装等流程后所得到的四类半导体产品，即分立器件、传感器、光电子器件和集成电路。

从流程角度看，中游制造的商业模式可分为整合制造模式和垂直分工模式。当半导体产品设计、制造、封装、测试、销售等所有环节都集中在单一企业内时，就形成了整合制造模式；而当半导体产品设计、制造、封装、测试、销售等环节被剥离并分散到不同企业时，就形成了垂直分工模式。在整合制造模式中，典型的企业包括英特尔、三星电子、德州仪器、镁光科技等；在垂直分工模式中，ARM 是典型的 IP 核企业，高通、博通、英伟达、超威半导体、联发科、海思、赛灵思、美满等企业是典型的芯片设计企业，台积电、格罗方德、联电、中芯国际、高塔半导体等企业是典型的代工企业，日月光、安靠、矽品、长电科技等企业是典型的封装测试企业。

从产品角度看，分立器件是实现电能处理与转换的元器件，通常只具有功率控制、电流开关等单一功能，包括二极管、三极管、晶体管、电阻、电容、电感等。传感器是将收集到的数据信息转化为电信号后再直接进行简单处理或转由其他半导体产品进行处理的装置，通常由处理热、光、声、力等在内的敏感元器件，处理电压、电阻、电流、脉冲等在内的转换元器件以及以振荡器、变换器、放大器为代表的调节元器件组成。光电子器件是实现光电转换、电光转换的功能器件，通常包括发光二极管、红外光源、激光器和光敏电阻、光电池、紫外线成像器件等。集成电路是将具有一定功能的半导体元器件及连接导线集成于硅片并将其封装在一个管壳内的电子器件，通常包括模拟电路、微处理器、逻辑电路、存储器等。

3. 下游应用环节

如图2-4所示，半导体产业链下游应用环节主要包括移动通信、电子设备、物联网、信息安全、新能源、汽车等领域。

从制程工艺角度看，先进制程中10nm及以下的半导体产品通常被率先应用于高端手机AP或Soc、个人电脑或服务器的CPU以及矿机ASIC等；10nm至20nm的半导体产品通常被应用于中高端手机AP、基带、CPU、显卡GPU、FGPA等；20nm至28nm的半导体产品通常被应用于中低端手机与平板、数字电视、游戏主机、路由器、可穿戴设备及物联网等。相比之下，成熟制程中的90nm及以上的半导体产品通常被用于入门级MCU、物联网MCU、汽车MCU、智能卡等；55nm至90nm的半导体产品通常被用于移动设备、电脑、可穿戴设备、物联网MCU、汽车MCU等；28nm至45nm的半导体产品通常被用于Wi-Fi、蓝牙芯片、硬盘驱动IC、汽车电子、网络设备、基站、FPGA等。

从产品分类角度看，分立器件通常被用于LED面板、消费电子、汽车电子计算机及外设、网络通信等领域；传感器通常被用于工业自动化、遥感测试、工业机器人、家用电器、医疗保健、生物医药工程等领域；光电子器件通常被用于手机摄像头、数码相机、指纹识别、医学检测、微光摄像机、红外探测、红外制导、红外遥感、导弹探测等领域；集成电路通常被用于智能手机、平板电脑、工业机器人、移动通信、摇杆控制等领域。

（三）半导体产业链全球布局概况

半导体产业链全球布局情况在不同产业链环节呈现出差异化的特征，因此，以下分别从整体布局、上游布局、中游布局、下游布局四个方面展开简要介绍。

1. 整体布局

从企业角度看,美国、欧盟、韩国、日本的企业在半导体产业中处于领先地位。如图2-5所示,在2019年全球半导体企业市场份额排名前十位中,美国有5家企业,分别是英特尔、镁光科技、博通、高通、德州仪器,市场份额分别为15.7%、4.8%、3.7%、3.2%、3.2%;欧盟有2家企业,分别是意法半导体、恩智浦,市场份额分别为2.2%、2.1%;韩国有2家企业,分别是三星电子、海力士,市场份额分别为12.5%、5.4%;日本有1家企业,为铠侠,市场份额为2.1%。

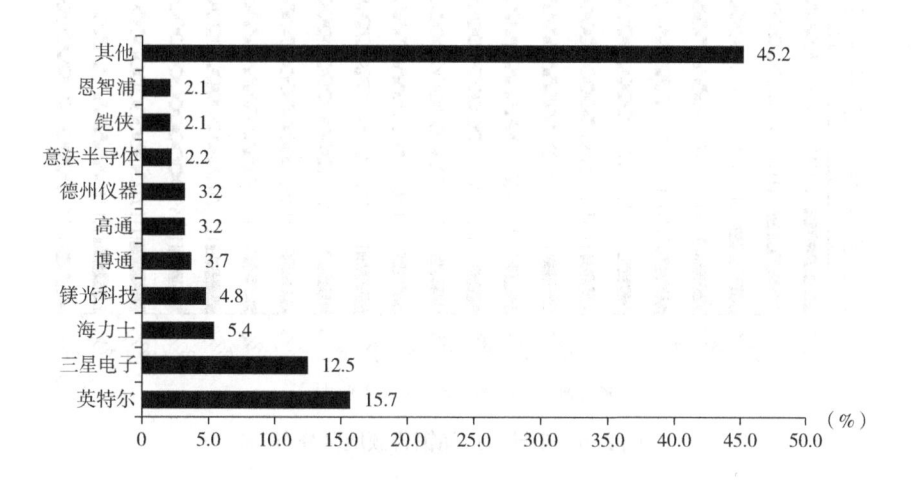

企业	市场份额(%)
其他	45.2
恩智浦	2.1
铠侠	2.1
意法半导体	2.2
德州仪器	3.2
高通	3.2
博通	3.7
镁光科技	4.8
海力士	5.4
三星电子	12.5
英特尔	15.7

图2-5 2019年全球半导体企业市场份额

资料来源:全球半导体协会(SIA)。

从市场角度看,亚太地区半导体产品市场处于领先地位。如图2-6所示,在2019年全球半导体产品销售额地区分布中,亚太地区(除日本外)销售额为2579.74亿美元,在全球总销售额中的占比为63.08%;美洲地区销售额为754.69亿美元,在全球总销售额中的占比为18.45%;欧洲地区销售额为400.08亿美元,在全球总销售额中的占比为9.78%;日本销售额为355.36亿美元,在全球总销售额中的占比为8.69%;

2. 上游布局

从EDA环节看,北美地区市场规模处于领先地位,美国企业占据绝对主导地位。如图2-7所示，在2019年EDA全球市场规模分布中，北美地区市场规模达到了42.7%，亚太地区市场规模为34.6%，欧洲、中东和非洲地区市场规模为13.3%，日本市场规模为9.4%；在2018年EDA软件企业市场份额中，Synopsys、Cadence、Mentor Graphics三大企业处于绝对主导地位，市场份额分别为32.1%、22%、10%，其他企业市场份额加起来约为35.9%。

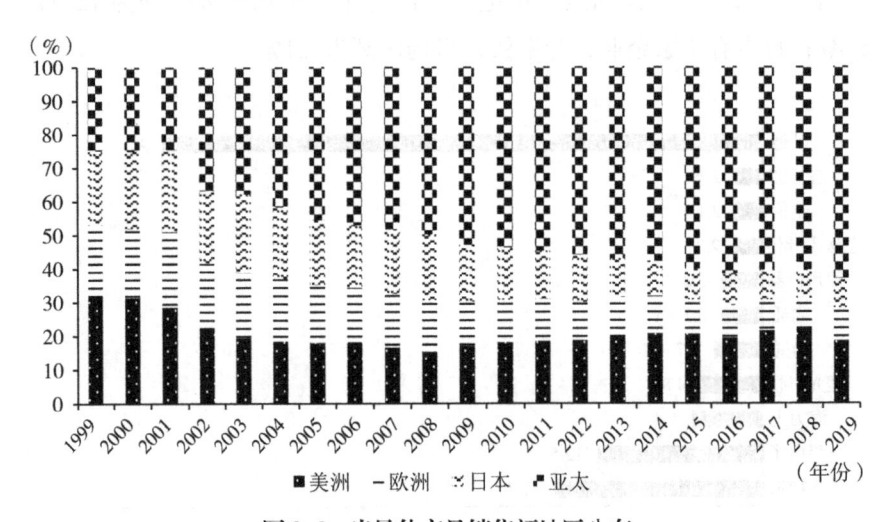

图2-6　半导体产品销售额地区分布

注：此处亚太地区不包括日本。

资料来源：世界半导体贸易统计组织（WSTS）。

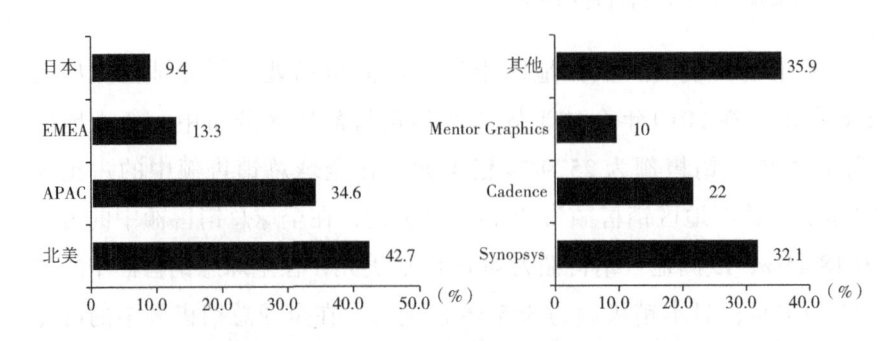

图2-7　EDA环节市场规模分布和企业市场份额

注：左图为市场规模分布，是2019年数据；右图为企业市场份额，是2018年数据；APAC代表亚太地区；EMEA代表欧洲、中东和非洲地区。

资料来源：WSTS。

从 IP 核环节看,欧美的企业占据绝对主导地位。如图 2-8 所示,在 2019 年 IP 核企业市场份额排名前十位中,英国虽然只有 1 家企业,但 ARM[①] 的市场份额达到了 40.8%;美国有 6 家企业,分别是 Synopsys、Cadence、SST、Imagination、Achronix、Rambus,市场份额分别为 18.2%、5.9%、2.9%、2.6%、1.3%、1.2%,中国有 2 家企业,分别是芯原微电子(中国大陆)、力旺电子(中国台湾),市场份额分别为 1.8%、1.2%,以色列有 1 家企业,为 Ceva,市场份额为 2.2%。

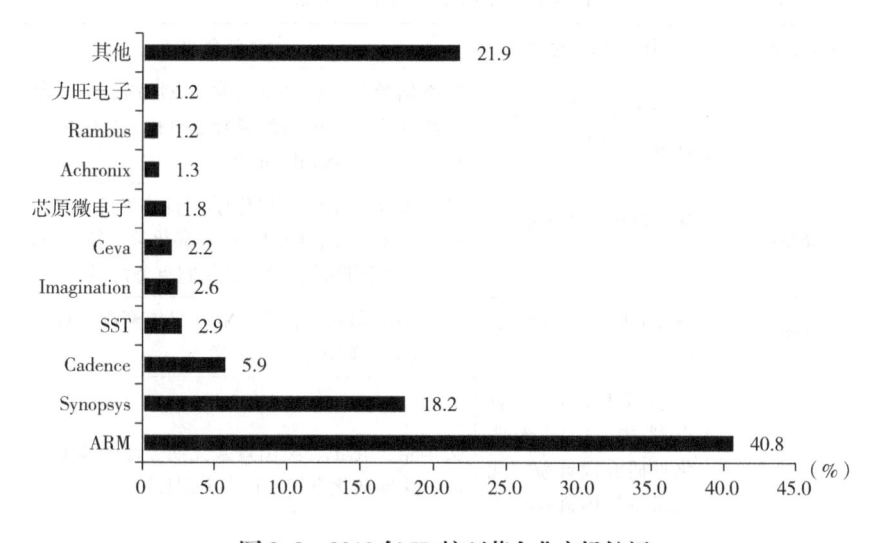

企业	市场份额(%)
其他	21.9
力旺电子	1.2
Rambus	1.2
Achronix	1.3
芯原微电子	1.8
Ceva	2.2
Imagination	2.6
SST	2.9
Cadence	5.9
Synopsys	18.2
ARM	40.8

图 2-8　2019 年 IP 核环节企业市场份额

资料来源:IPnest。

从半导体材料环节看,日本的企业占据绝对主导地位,美国、德国企业的优势地位十分突出,韩国、中国台湾企业的优势也比较明显。如表 2-1 所示,在全球半导体核心材料生产企业中,日本的企业数量较多,代表性企业包括信越化学、三菱住友胜高、住友化学、三菱化学、JSR、东京应化、富士胶片等;美国的代表性企业包括陶氏化学、弗尼克斯、普莱克斯、霍尼韦尔等;德国的代表性企业包括世创电子、默克

---

① 日本软银集团于 2016 年收购了 ARM 公司,但后者的总部仍在英国,因此,此处将其看作英国企业。

公司、巴斯夫、林德集团等；韩国的代表性企业包括 SK Siltron、LG 化学、ACE 等；中国台湾的代表性企业包括环球晶圆、合晶科技、长兴化学等。以硅片领域为例，如图 2-9 所示，在 2018 年全球市场销售份额中，日本信越化学、三菱住友胜高的市场份额分别为 27.58%、24.33%，中国台湾环球晶圆的市场份额为 16.28%，德国世创电子的市场份额为 14.22%，韩国 SK Siltron 的市场份额为 10.16%。

表 2-1　　　　　　　　全球半导体核心材料生产企业

半导体材料	国内龙头企业	国际龙头企业
硅片	上海新昇、中环股份、有研半导体	日本信越化学、日本三菱住友胜高、中国台湾环球晶圆、中国台湾合晶科技、德国世创电子、韩国 SK Siltron 等
光刻胶	北京科华、苏州瑞红、南大光电	日本 JSR、日本信越化学、日本东京应化、日本富士胶片、中国台湾长兴化学、韩国 LG 化学、美国陶氏化学、德国默克公司等
掩膜板	路维光电、清溢光电、中芯国际	日本凸版印刷、日本 DNP、日本豪雅、日本 SK 电子、美国弗尼克斯等
电子气体	中船重工 718 所、雅克科技、中昊光明化工研究设计院、北京绿菱气体科技有限公司	美国空气化工、美国普莱克斯、德国林德集团、法国液化空气、日本大阳日酸等
湿化学品	江化微、晶瑞股份、光华科技	德国巴斯夫、德国汉高、德国默克集团、美国霍尼韦尔、美国亚什兰、美国 ATMI、美国空气产品、日本住友化学、日本三菱化学、日本东京应化、日本宇部兴产等
溅射靶材	江丰电子、有研新材、阿石创、隆华节能	日本日矿金属、日本住友化学、日本爱发科、日本三井矿业、日本东曹、美国霍尼韦尔、美国普莱克斯等
CMP 抛光材料	安集科技、鼎龙股份	美国陶氏化学、美国卡博特、美国杜邦、日本 Fujimi、日本 Hinomoto Kenmazai、韩国 ACE 等

资料来源：曹旭特：《疫情之下　材料崛起——半导体材料行业深度报告》，《申港证券研究报告》，2020 年。

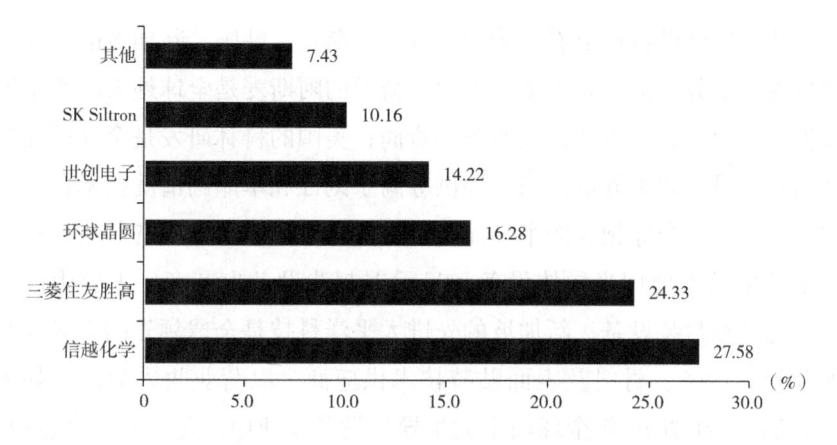

```
其他          7.43
SK Siltron    10.16
世创电子       14.22
环球晶圆       16.28
三菱住友胜高   24.33
信越化学       27.58
```
（单位：%，横轴 0 – 30.0）

图 2-9　2018 年硅片环节企业市场份额

资料来源：虞小波、张兴宇、莫凯文：《日本新材料产业优势及经验启示》，《财通证券研究报告》，2020 年。

表 2-2　　　　　　　　　　全球半导体核心设备生产厂商

设备厂商名称	国家	简介
应用材料公司	美国	半导体、平板显示和太阳能光伏行业精密材料工程解决方案供应商
阿斯麦	荷兰	为半导体生产商提供光刻机及相关服务，其 TWINSCAN 系列是目前世界上精度最高、生产效率最高、应用最为广泛的高端光刻机型
科林研发	美国	面向全球半导体行业提供晶圆制造设备和服务的主要供应商，提供等离子刻蚀和单晶圆清洗技术
科磊	美国	专精制程良率和提供制程控管量测解决方案
迪恩仕	日本	研究开发各项半导体设备、液晶生产设备及专业级印刷设备，目前正在研发印刷领域及世界领先的高科技领域的印刷技术数字化设备
东京电子	日本	半导体制造设备和液晶显示器设备的制造商，世界第三大 IC 和 PFD 设备制造商
细美事	韩国	韩国最大的预处理半导体设备与显示器制造设备生产商，主要生产清洗、光刻和封装设备
日立高科	日本	主要生产沉积、刻蚀、检测设备，以及封装贴片设备
日立国际电气	日本	主要生产热处理设备
大幅	日本	主要提供自动化洁净室输送与存储系统
先进太平洋科技	新加坡	半导体装配及封装设备、材料及表面贴装技术供应商

资料来源：张馨元、钱海、陈莉敏、胡健：《全球半导体周期的 60 年兴衰启示录》，《华泰证券研究报告》，2020 年。

全球价值链重构与跨国公司的战略分化

从半导体设备环节看，美国、日本、荷兰、韩国、新加坡的企业的优势地位十分突出。如表 2-2 所示，荷兰的阿斯麦是全球绝大多数半导体生产厂商的光刻机及相关服务供货商；美国的科林研发是全球领先的晶圆制造设备和服务供应商，提供等离子刻蚀和单晶圆清洗技术；日本的东京电子是全球领先的半导体制造设备和液晶显示器设备制造商；韩国细美事是预处理半导体设备和显示器制造设备生产商，主要生产清洗、光刻和封装设备；新加坡的先进太平洋科技是全球领先的半导体装配及封装设备、材料及表面贴装技术供应商。以营业收入为例，如表 2-3 所示，在 2019 年全球前十大半导体设备企业中，美国有 4 家企业，分别是应用材料、科林研发、科磊、泰瑞达，营业收入分别为 110.49 亿美元、95.48 亿美元、39.13 亿美元、15.53 亿美元；日本有 4 家企业，分别是东京电子、思科半导体、爱德万测试、日立高科，营业收入分别为 103.38 亿美元、22 亿美元、18.53 亿美元、14.12 亿美元；荷兰有 1 家企业，为阿斯麦，营业收入为 108 亿美元；新加坡有 1 家企业，为先进太平洋科技，营业收入为 17.70 亿美元。

表 2-3　　2019 年全球前十大半导体设备企业

排名	企业	营业收入（百万美元）	总部
1	应用材料	11049	美国
2	阿斯麦	10800	荷兰
3	东京电子	10338	日本
4	科林研发	9548	美国
5	科磊	3913	美国
6	思科半导体	2200	日本
7	爱德万测试	1853	日本
8	先进太平洋科技	1770	新加坡
9	泰瑞达	1553	美国
10	日立高科	1412	日本

资料来源：芯思想研究院（ChipInsights）。

3. 中游布局

从芯片设计环节看，美国的企业占据绝对主导地位，中国台湾的企业也具有较强优势。如表 2-4 所示，在 2019 年全球前十大芯片设计企业中，美国有 6 家企业，分别为博通、高通、英伟达、超威半导体、赛灵思、美满，营业收入分别为 172.46 亿美元、145.18 亿美元、101.25 亿美元、67.31 亿美元、32.36 亿美元、27.08 亿美元；中国台湾有 3 家企业，分别为联发科、联咏、瑞昱，营业收入分别为 79.62 亿美元、20.85 亿美元、19.65 亿美元；英国有 1 家企业，为戴乐格半导体，营业收入为 14.21 亿美元。

表 2-4　　　　　2019 年全球前十大芯片设计企业

排名	企业	营业收入（百万美元）	总部
1	博通	17246	美国
2	高通	14518	美国
3	英伟达	10125	美国
4	联发科	7962	中国台湾
5	超威半导体	6731	美国
6	赛灵思	3236	美国
7	美满	2708	美国
8	联咏	2085	中国台湾
9	瑞昱	1965	中国台湾
10	戴乐格半导体	1421	英国

注：博通仅计入半导体部门营业收入；高通仅计入 QCT 部门营业收入；英伟达不计入 OEM/IP 营业收入。

资料来源：拓墣产业研究院。

从芯片制造环节看，中国台湾的企业占据绝对主导地位，韩国、中国大陆、美国、以色列企业的优势地位也比较突出。如表 2-5 所示，在 2020 年第二季度全球前十大晶圆代工企业中，中国台湾有 4 家企业，分别为台积电、联电、力积电、世界先进，营业收入分别为 101.05 亿美元、14.4 亿美元、2.98 亿美元、2.65 亿美元，市场份额分别为 51.5%、7.3%、1.5%、1.4%；韩国有 2 家企业，分别为三星、东部高科，营业收入分别为 36.78 亿美元、1.93 亿美元，市场份额分别为 18.8%、1%；中国大陆有 2 家企业，分别为中芯国际、华虹半导体，营业收入分别为 9.41 亿美元、2.2 亿美元，市场份额分别为 4.8%、1.1%；美国、以色列各有 1 家企业，分别为格罗方德、高塔半导体，营业收入分别为 14.52 亿美元、3.1 亿美元，市场份额分别为 7.4%、1.6%。

表 2-5　　　　2020 年第二季度全球前十大晶圆代工企业

排名	企业	营业收入（百万美元）	市场份额（%）	总部
1	台积电	10105	51.5	中国台湾
2	三星	3678	18.8	韩国
3	格罗方德	1452	7.4	美国
4	联电	1440	7.3	中国台湾
5	中芯国际	941	4.8	中国大陆
6	高塔半导体	310	1.6	以色列
7	力积电	298	1.5	中国台湾
8	世界先进	265	1.4	中国台湾
9	华虹半导体	220	1.1	中国大陆
10	东部高科	193	1	韩国

注：三星计入 System LSI 及晶圆代工事业部营业收入；格罗方德计入 IBM 业务营业收入；力积电仅计入晶圆代工业务营业收入。

资料来源：拓墣产业研究院。

从芯片封测环节看，中国台湾、中国大陆的企业占据绝对主导地位，美国的企业也具有一定的优势。如表 2-6 所示，在 2020 年第一季度全球前十大封测企业中，中国台湾有 6 家企业，分别为日月光、矽品、力成、京元电子、南茂、欣邦，营业收入分别为 13.55 亿美元、8.06 亿美元、6.24 亿美元、2.32 亿美元、1.85 亿美元、1.77 亿美元，市场份额分别为 23%、13.7%、10.6%、3.9%、3.1%、3%；中国大陆有 3 家企业，分别为长电科技、通富微电、天水华天，营业收入分别为 8.18 亿美元、3.1 亿美元、2.42 亿美元，市场份额分别为 13.8%、5.3%、4.1%；美国有 1 家企业，为安靠，营业收入为 11.53 亿美元，市场份额为 19.5%。

表 2-6　　　　2020 年第一季度全球前十大封测企业

排名	企业	营业收入（百万美元）	市场份额（%）	总部
1	日月光	1355	23	中国台湾
2	安靠	1153	19.5	美国
3	长电科技	818	13.8	中国大陆
4	矽品	806	13.7	中国台湾
5	力成	624	10.6	中国台湾
6	通富微电	310	5.3	中国大陆
7	天水华天	242	4.1	中国大陆
8	京元电子	232	3.9	中国台湾
9	南茂	185	3.1	中国台湾
10	欣邦	177	3	中国台湾

资料来源：拓墣产业研究院。

4. 下游布局

从 NAND Flash 产品看，韩国、美国、日本企业的优势地位十分突出。如表 2-7 所示，在 2020 年第一季度全球 NADN Flash 品牌企业排行榜中，韩国有 2 家企业，分别为三星、海力士，营业收入分别为 45.01 亿美元、14.47 亿美元，市场份额分别为 33.3%、10.7%；美国有 3 家企业，分别为西部数据、镁光科技、英特尔，营业收入分别为 20.61 亿美元、15.14 亿美元、13.38 亿美元，市场份额分别为 15.3%、11.2%、9.9%；日本有 1 家企业，为铠侠，营业收入为 25.67 亿美元，市场份额为 19%。

表 2-7　　　　2020 年第一季度全球 NAND Flash 品牌企业

排名	企业	营业收入（百万美元）	市场份额（%）	总部
1	三星	4501	33.3	韩国
2	铠侠	256.7	19	日本
3	西部数据	2061	15.3	美国
4	镁光科技	1514	11.2	美国
5	海力士	1447	10.7	韩国
6	英特尔	1338	9.9	美国
7	其他	154.1	1.1	

资料来源：集邦咨询半导体研究中心。

从智能手机产品看,韩国、中国、美国的企业占据主导地位。如表 2-8 所示,在 2020 年第一季度全球智能手机企业出货量排行榜中,韩国有 1 家企业,为三星,出货量为 5830 万部,市场份额为 21.1%;中国有 3 家企业,分别为华为、小米、vivo,出货量分别为 4900 万部、2950 万部、2480 万部,市场份额分别为 17.8%、10.7%、9%;美国有 1 家企业,为苹果,出货量为 3670 万部,市场份额为 13.3%。

表 2-8　　　　2020 年第一季度全球智能手机企业出货量

排名	企业	出货量(百万部)	市场份额(%)	总部
1	三星	58.3	21.1	韩国
2	华为	49	17.8	中国
3	苹果	36.7	13.3	美国
4	小米	29.5	10.7	中国
5	vivo	24.8	9	中国
6	其他	77.5	28.1	

资料来源:IDC。

从平板电脑产品看,美国、韩国、中国的企业占据主导地位。如表 2-9 所示,在 2020 年第一季度全球平板电脑企业出货量排行榜中,美国有 2 家企业,分别为苹果、亚马逊,出货量分别为 960 万部、280 万部,市场份额分别为 29.8%、8.6%;韩国有 1 家企业,为三星,出货量为 470 万部,市场份额为 14.6%;中国 2 家企业,分别为华为、联想,出货量分别为 300 万部、160 万部,市场份额分别为 9.4%、4.9%。

表 2-9　　　　2020 年第一季度全球平板电脑企业出货量

排名	企业	出货量(百万台)	市场份额(%)	总部
1	苹果	9.6	29.8	美国
2	三星	4.7	14.6	韩国
3	华为	3	9.4	中国
4	亚马逊	2.8	8.6	美国
5	联想	1.6	4.9	中国
6	其他	10.6	32.7	

资料来源:IDC。

二　三星电子基本情况

三星电子是三星集团旗下最大的子公司，后者则是韩国最大的企业集团。作为半导体产业链中游制造环节的整合制造商之一，三星电子的业务涉及半导体产品设计、制造、封装、测试、销售等所有环节，并在众多环节中具有较强的竞争优势。如在2019年全球半导体企业市场份额排名前十位中，三星电子的市场份额为12.5%，排名世界第二位，比第一位的英特尔低3.2个百分点，比第三位的海力士高7.1个百分点。由于三星电子的发展经历了从跟跑到领跑的全过程，因此，在中美经贸摩擦、科技战的现实背景下，研究三星电子的成长过程和近年来战略调整动向，不仅能够为中国科技企业成长提供借鉴，也能为应对当下日益严峻的外部环境提供策略启示。

（一）发展历程

三星电子成立于1969年，其发展历程主要经历了四个阶段：第一阶段为20世纪70年代，三星电子以家电产品为主开拓海外市场；第二阶段为20世纪80年代，三星电子加大对半导体业务的投资力度；第三阶段为20世纪90年代，三星电子以技术创新引领半导体业务赶超；第四阶段为21世纪以来，三星电子成为半导体领域的创新引领者。[①]

1. 第一阶段：以家电产品为主开拓海外市场

第一阶段是20世纪70年代，三星电子主要承接日本转移的家电产品，并以此为基础开拓海外市场。如在1969年12月，三星电子与日本三洋电器合作设立三星三洋电器；1970年1月，与日本NEC合作设立三星NEC；1973年8月和12月，进一步设立三星三洋电机和三星康宁。由此，三星电子建立了包括电视、冰箱、空调、洗衣机、电风扇等在内的家电产品生产线。1971年，三星电子开始向巴拿马出口黑白电视机；1977年，开始出口彩色电视机；1978年，在美国成立首个海外办事处（SEA）。由此，开始了海外市场开拓的步伐。这一时期，三星电子

---

① 四个阶段划分及相关资料主要来源于三星电子官网。

开始涉足半导体产业。如 1970 年，三星电子开始生产晶体管；1974 年，三星电子收购韩国半导体公司 50% 的股权。然而整体上，受制于技术水平的约束和包括仙童、东芝等企业的市场竞争影响，三星电子在半导体产业链中所从事的仍然是加工、组装环节。

2. 第二阶段：加大对半导体业务的投资力度

第二阶段是 20 世纪 80 年代，三星电子不仅加大了对家电产品海外市场的开拓力度，还开始在半导体业务上发力。在家电产品海外市场开拓方面，三星电子于 1982 年在葡萄牙建立了首个海外生产工厂制造彩色电视机，之后，又于 1983 年、1987 年、1989 年分别在美国、英国、印度尼西亚建立了生产工厂制造彩色电视机、电子烤箱、冰箱。在半导体业务方面，三星电子于 1983 年决定加大对内存芯片的投资规模，并在美国的扶持下，建立了首个半导体工厂。同年，在获得镁光科技 64K DRAM 技术和夏普加工工艺的基础上，三星电子开启了追赶之路。1983 年 11 月，三星电子成功研发出 64K DRAM，并于次年进入量产阶段，从而标志着韩国半导体进入大规模集成时代；1984 年 10 月，三星电子研制出 256K DRAM，并于次年开始量产；1985 年、1988 年，三星电子又分别成功研制出 1M DRAM、4M DRAM，将与日本的技术差距缩短至 6 个月。

3. 第三阶段：以技术创新引领半导体业务赶超

第三阶段是 20 世纪 90 年代，三星电子在技术创新上不断取得突破，实现了半导体业务的赶超。如 1992 年，三星电子研制出世界上第一个 64M DRAM，在技术水平上与日本企业同步；1993 年，三星电子成为全球最大的存储器芯片制造商；1994 年，三星电子率先开发出 256M DRAM，由此开始，在该领域始终处于全球领先水平。这一时期，三星电子的技术创新还延伸到 Flash 和移动手机领域。如在 Flash 领域，三星电子在 1992 年获得东芝 NAND Flash 设计授权后，加快学习与赶超步伐，并于 1994 年推出首个 NAND Flash 器件、1998 年开发出 128M Flash。在移动手机领域，三星电子于 1991 年开始开发移动手机，1993 年开发移动手机系统，到 1999 年，推出了世界上第一款带 mp3 播放功能的移动手机。值得注意的是，三星于 1992 年在中国天津成立了第一家在华合资企业,而为了加强在华业务往来,于1995年成立了三星中国总部。

4. 第四阶段:成为半导体领域的创新引领者

第四阶段是21世纪以来,三星电子各项业务全面发展,成为全球半导体领域的创新引领者。如在Flash领域,三星电子于2005年开发出50nm级16GB NAND Flash、2015年批量生产256GB V-NAND Flash、2016年发布技术先进的UFS移动存储卡产品线;在DRAM领域,三星电子于2006年开发出50nm级1GB DRAM、2013批量生产20nm级4GB超高速移动DRAM、2015年批量生产12GB LPDDR4 DRAM、2019年批量生产12GB LPDDR5移动DRAM;在制程工艺上,三星电子晶圆厂技术节点于2003年达到90nm、2009年达到45nm、2015年达到14nm、2018年达到10nm;在智能手机领域,三星电子于2010年推出Galaxy系列智能手机、2015年初次展示配有双曲面屏幕的Galaxy S6、2019年发布全球首款折叠手机Galaxy Fold。在电视领域,三星电子于2014年初次展示85寸可弯曲超高清电视、2016年推出量子点电视产品线、2019年推出首款支持8K HDR10+内容的电视。

(二)业务构成

三星电子细分产品种类较多,但业务构成并不复杂。其中,以电视、智能手机等为代表的产品在各自行业中的市场份额较高。

1. 业务部门及相关产品

目前,三星电子的业务单元主要分为四个部门。第一个部门是消费电子部门,包括了三大业务,分别是视觉显示业务、数字家电业务和医疗健康业务,相关产品包括电视、显示屏、冰箱、洗衣机、空调、超声波诊断仪等。第二个部门是IT与移动通信部门,包括了两大业务,分别是移动通信业务和网络业务,相关产品包括智能手机、可穿戴设备、平板电脑、个人电脑、5G网络系统等。第三个部门是设备解决方案部门,包括了三大业务,分别是存储器业务、系统LSI业务和代工业务,相关产品包括DRAM、Flash、移动图像传感器、移动SoC、OLED智能手机面板、LCD电视面板等。第四个部门是哈曼国际部门,相关产品包括音响主机、信息娱乐系统、车载智能通信、音箱等。

表 2-10　　　　　　　三星电子的业务部门及相关产品

部门	产品
消费电子	电视、显示屏、冰箱、洗衣机、空调、超声波诊断仪等
IT 与移动通信	智能手机、网络系统、电脑等
设备解决方案	DRAM、NAND Flash、移动图像传感器、OLED 智能手机面板、LCD 电视面板等
哈曼国际	音响主机、信息娱乐系统、车载智能通信、音箱等

资料来源：三星电子官网。

2. 代表性产品的行业地位

从行业地位角度看，三星电子以电视、智能手机、DRAM、智能手机面板、音响主机为代表的相关产品的市场份额在各自领域中均排名第一位。然而，不同产品近年来市场份额的变化趋势并不一样。如电视产品在 2019 年的市场份额为 30.9%，分别比 2017 年、2018 年增加了 4.4 个百分点、1.9 个百分点；智能手机产品在 2019 年的市场份额为 20%，分别比 2017 年、2018 年降低了 1.7 个百分点、0.8 个百分点；DRAM 产品在 2019 年的市场份额为 43.7%，分别比 2017 年、2018 年降低了 2.1 个百分点、0.2 个百分点；智能手机面板产品在 2019 年的市场份额为 43.6%，分别比 2017 年、2018 年降低了 0.2 个百分点、4 个百分点；音响主机产品在 2019 年的市场份额为 24.8%，比 2017 年降低了 0.6 个百分点，比 2018 年增加了 6 个百分点。

表 2-11　　　　　　　代表性产品的市场份额及排名情况

	2017		2018		2019	
	市场份额（%）	排名（位）	市场份额（%）	排名（位）	市场份额（%）	排名（位）
电视	26.5	1	29	1	30.9	1
智能手机	21.7	1	20.8	1	20	1
DRAM	45.8	1	43.9	1	43.7	1
智能手机面板	43.8	1	47.6	1	43.6	1
音响主机	25.4	1	18.8	1	24.8	1

资料来源：三星电子官网。

(三)经营情况

三星电子的经营情况可以从技术优势、品牌价值、财务绩效三个方面展开分析。

1. 技术优势

从专利角度看,三星电子在技术上有着较强的竞争优势。如图2-10所示,在世界知识产权组织(WIPO)公布的PCT申请人(企业)情况中,三星电子的PCT申请数量和排名都呈现显著的上升趋势。如2014年,三星电子的PCT申请数量仅为1381件,排名第11位;到2019年,PCT申请数量增长至2334件,排名上升至第3位。不仅如此,三星电子的专利还广泛分布于不同国家和地区。如图2-11所示,2019年底,三星电子在全世界范围内掌握了180035件专利。其中,在美国掌握的专利数量最多,为71718件,占比为39.84%;在韩国掌握的专利数量为36787件,占比为20.43%;在中国掌握的专利数量为16513件,占比为9.17%。

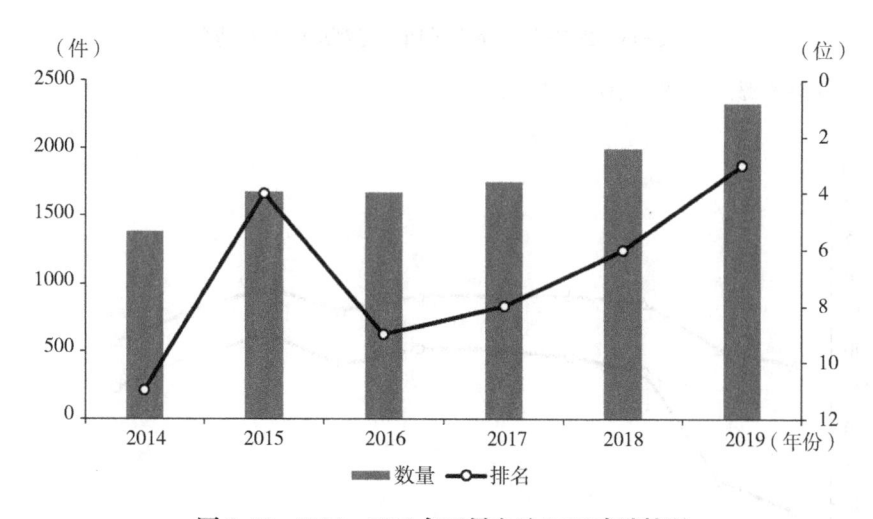

图2-10 2014—2019年三星电子PCT申请情况

资料来源:WIPO。

2. 品牌价值

从品牌角度看,三星电子作为世界500强企业,在全球范围内具有较高的品牌价值。如图2-12所示,2010年,三星电子在世界500强排行榜中位列第 22 位，当年品牌价值为 194.91 亿美元，在全球最具价值品牌排行榜中位列第 19 位；到 2019 年，三星电子在世界 500 强排行榜中位列第 19 位，当年品牌价值为 610.98 亿美元，在全球最具价值品牌排行榜中位列第 6 位。

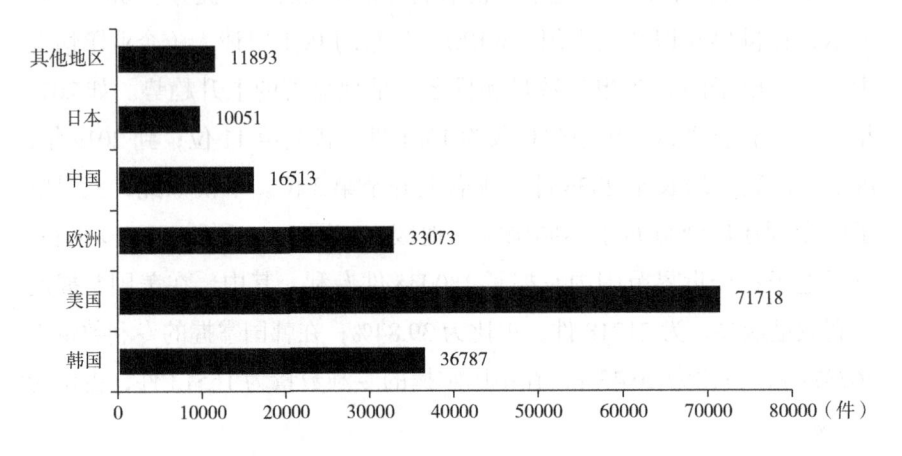

图 2-11　2019 年三星电子所有专利地区分布情况

资料来源：三星电子官网。

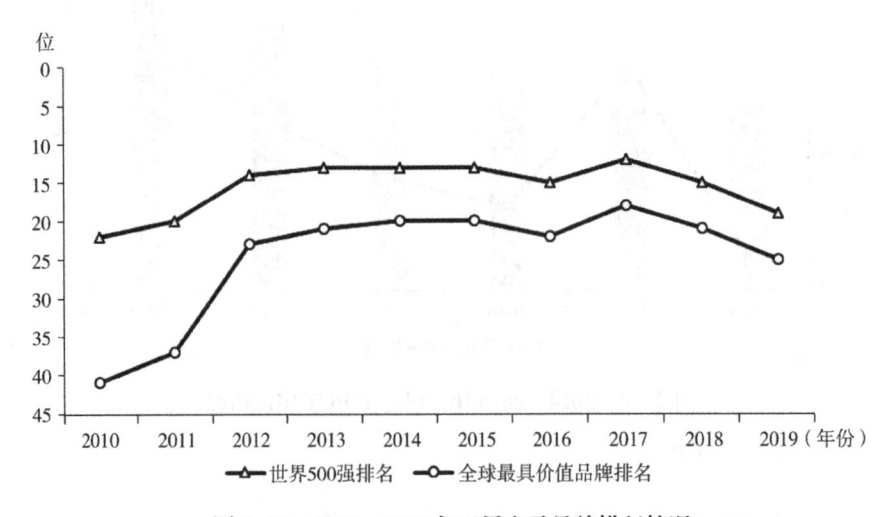

- 其他地区：11893
- 日本：10051
- 中国：16513
- 欧洲：33073
- 美国：71718
- 韩国：36787

图 2-12　2010—2019 年三星电子品牌排行情况

资料来源：三星电子官网和 Interbrand 官网。

— 52 —

3. 财务绩效

从财务角度看,三星电子营业收入和净利润在近年来呈现较大的波动状态。如图2-13所示,2010—2013年,三星电子的营业收入和净利润分别从154.63万亿韩元、16.15万亿韩元增长至228.69万亿韩元、30.47万亿韩元;然而,随后两年却连续出现回落,到2015年,分别降为200.65万亿韩元、19.06万亿韩元;2016—2018年,连续三年出现增长,到2018年,分别增长至243.77万亿韩元、44.34万亿韩元;2019年,又出现回落,分别降为230.4万亿韩元、21.74万亿韩元。

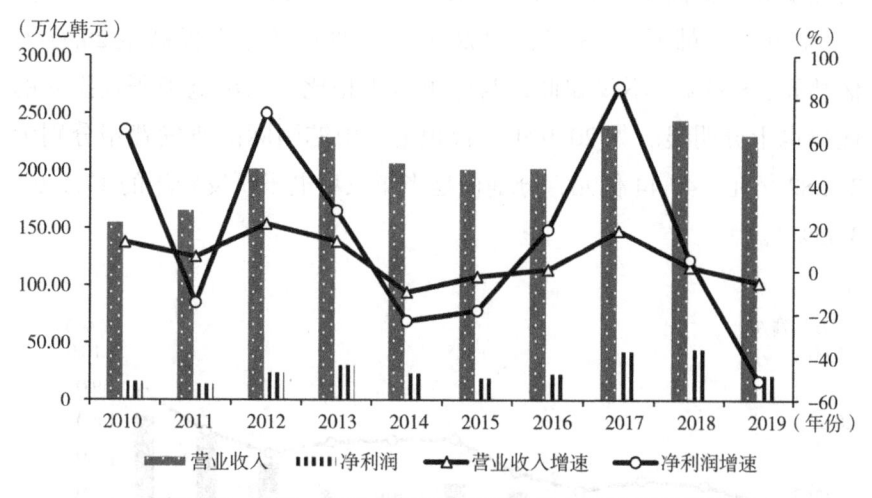

图2-13 2010—2019年三星电子营业收入和净利润情况

资料来源:三星电子官网。

三 三星电子战略调整的特征

对企业而言,战略调整并非单方面的,往往会牵一发而动全身。作为电子产业中的创新引领者和半导体产业中的整合制造商,三星电子嵌入价值链的程度较深、制造的产品种类较多、市场的覆盖范围较广,因此,战略调整也会在多个层面同时发生。以下从技术、业务、布局三个层面对三星电子近年来的战略调整特征展开分析。

(一)技术层面的战略调整

三星电子是高科技企业。为了保持技术上的领先优势,三星电子近年来不断增加研发投入,持续开发出新技术。不仅如此,三星电子还以核心技术为基础,逐渐跨越企业边界,将技术应用范围扩大到其他产业链中,推出一系列新产品。

1. 研发投入

从研发投入角度看,2009—2019 年,三星电子研发费用和研发强度均呈现波动式上升趋势(见图 2-14)。如 2009 年,三星电子的研发费用为 7.6 万亿韩元,研发强度为 5.57%;到 2014 年,研发费用和研发强度分别提高至 15.33 万亿韩元、7.43%;到 2016 年,两者分别降至 14.79 万亿韩元、7.33%;到 2019 年,两者又分别提高至 20.21 万亿韩元、8.77%。不仅如此,与竞争对手相比,三星电子研发投入的优势也十分明显。如 2019 年,台积电、中芯国际的研发费用分别为 212.82 亿元、47.44 亿元,分别仅是当年三星电子研发费用的 17.46%、3.89%[①]。

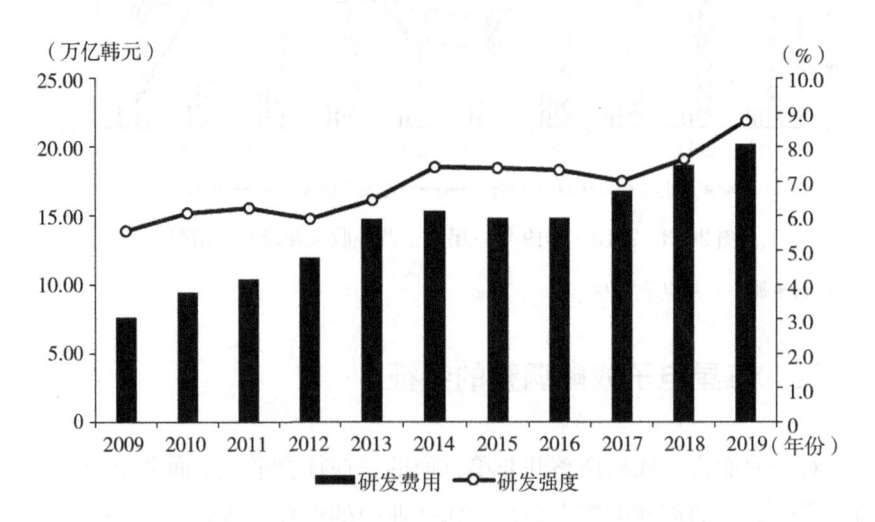

图 2-14 2009—2019 年三星电子研发投入情况

资料来源:三星电子官网。

---

① 2019 年人民币与韩元的期末汇率:1 单位人民币 =165.78 单位韩元。

2. 新技术

从新技术角度看,三星电子近年来在半导体制造中的先进制程工艺与 NAND Flash 制造中的储存单元堆叠生产技术持续发力,已经在行业内建立了较高的技术壁垒。以半导体制造中的先进制程工艺技术(小于等于 28nm)为例,三星电子具有较强的竞争力。如在 10nm 级制程工艺技术中,目前仅有台积电、三星电子、英特尔三家企业掌握先进技术;而在 5nm 级制程工艺技术中,目前仅有台积电、三星电子两家企业掌握先进技术。再以 NAND Flash 制造中的存储单元堆叠生产技术为例,2020 年 4 月,在长江存储宣布攻克 128 层 3D NAND Flash 技术后,三星电子很快宣布即将完成 160 层 3D NAND Flash 技术的研发,而这距离其量产 128 层 3D NAND Flash 芯片的时间不到一年。

3. 新产品

从新产品角度看,三星电子近年来持续推出新产品,已经在产品设计、性能、规格等方面建立了较强的竞争优势。如在手机产品方面,三星电子以柔性屏制造技术为基础,于 2019 年发布 Galaxy Fold 折叠屏手机,创造了一个全新的手机产品种类;之后又在设计、性能、规格等方面加大研发力度,循序推出了 Galaxy Z Flip、Galaxy Z Flip 5G 等产品,成为手机行业的创新引领者。再如,在电视产品方面,三星电子以显示和图像处理技术为核心,于 2018 年发布第一代 8K 电视;2019 年,三星电子成功研发量子点 8K 处理器芯片,实现各种分辨率内容向 8K 画质的升级;2020 年,三星电子在电视产品中加入音画追踪 OTS+ 技术、智能控声技术、HDR 10+ 技术等研发成果,推出了第二代 8K 电视。

(二)业务层面的战略调整

以技术层面的战略调整为基础,三星电子近年来在业务层面也展开了一系列调整,突出表现在兼并收购、出售资产、内部整合等方面。

1. 兼并收购

从兼并收购角度看,三星电子近年来在移动通信、移动支付、云服务、高端家电、虚拟助理服务、高级音响产品、多镜头制造商、半导体封装等业务领域频频出手,试图加强半导体产业链众多环节的竞争优势。如在中游环节，随着三星电子加快向 7nm、5nm 先进制程工艺水平的发展速度，封装技术的重要性也与日俱增。在此情况下，三星电子于 2019 年收购了三星电机的 PLP 事业，将后者的面板级扇出型封装（FOPLP）技术全面应用于芯片制造流程，能够有效提升芯片性能。再如，在下游环节，三星电子于 2016 年收购虚拟助理服务公司 Viv Labs，并开发出 Bixby 智能语音助手，成为苹果 Siri、微软 Cortana、谷歌 Assistant 以及亚马逊 Alexa 的直接竞争对手。在此基础上，三星电子还将 Bixby 智能语音助手应用到智能手机、智能音箱、智能电视等各类终端产品上，不仅加强了智能终端产品的竞争优势，还有效带动了芯片产品的制造与销售。

表 2-12　近年来三星电子兼并收购、出售资产的重要事件

日　期	事　件	业务领域
2015 年 1 月	三星电子美国公司兼并三星电信美国公司	移动通信
2015 年 2 月	三星电子美国公司收购 LoopPay100% 股权	移动支付
2016 年 1 月	三星电子出售三星信用卡 37.5% 股权	信用卡
2016 年 6 月	三星电子美国公司收购 Joyent100% 股权	云服务
2016 年 9 月	三星电子美国公司收购 Dacor100% 股权	高端家电
2016 年 10 月	三星电子美国公司收购 Viv Labs100% 股权	虚拟助理服务
2017 年 3 月	三星电子美国公司收购哈曼国际 100% 股权	高级音响产品
2017 年 11 月	三星电子出售打印业务子公司 100% 股权	打印机及软件
2018 年 5 月	三星电子出售 NexusDx100% 股权	医疗设备
2019 年 1 月	三星电子比荷卢公司收购 Corephotonics 股权	多镜头制造商
2019 年 6 月	三星电子收购三星电机 PLP 事业	半导体封装

资料来源：三星电子官网。

2. 出售资产

从出售资产角度看，三星电子近年来开始加快对信用卡、打印机及软件、医疗设备、液晶面板等非核心部门业务的清理和缺乏竞争优势业务的退出。如在非核心部门业务的清理方面，2015 年，三星电子将三星信用卡 37.5% 的股权出售给三星生命保险；2017 年，三星电子

将2016年分拆并成立的以打印业务为核心的子公司出售给惠普；2018年，三星电子将以医疗设备为核心业务的NexusDx公司出售给Sphingo Tec GmbH。在退出缺乏竞争优势业务方面，三星电子近年来一直在逐渐减少LCD面板的产能；2020年，三星电子宣布将于年底前关闭位于中国和韩国的所有LCD面板生产线，并在全面退出LCD市场后，全力向QLED、OLED技术和产能转型。

3. 内部整合

从内部整合角度看，三星电子近年来不断调整业务部门结构，试图通过对各业务部门的有效整合，增强经营活力，提升管理效能。如三星电子于2005年成立了晶圆代工业务部门，但直到2017年，才将其从系统LSI中独立出来，开始加强为包括苹果、高通、超威半导体、英伟达等全球范围内的知名企业客户制造非存储芯片产品的力度。再如，三星电子于2017年收购哈曼国际100%股权后，将其作为一个独立的业务部门，并迅速在美洲、欧洲、亚洲的众多国家或地区进行广泛布局。然而，到2018年、2019年，三星电子开始对哈曼德国公司、哈曼芬兰公司、哈曼丹麦公司、哈曼马来西亚公司、哈曼大连公司、哈曼法国公司、哈曼日本公司、哈曼新加坡公司、哈曼北京公司等进行深度整合。

（三）布局层面的战略调整

以技术层面和业务层面的战略调整为基础，三星电子近年来在布局层面也展开了一系列调整，突出表现在子公司地区分布、营业收入地区分布与雇用员工地区分布等方面。具体来说包括以下三方面。

1. 子公司地区分布

从子公司地区分布角度看，三星电子近年来在全球范围内大幅增加子公司后，开始进入结构调整期。如2017年，三星电子在全球范围内的子公司数量为270家，比2011年增加了114家。其中，在美洲，欧洲、中东、非洲与独立国家联合体，亚洲（除中国与韩国），中国的子公司数量分别为63家、109家、38家、38家，分别比2011年增加了37家、58家、13家、8家；在韩国的子公司数量为22家，比2011年减少了2家。然而，到2019年，三星电子在全球范围内的子公司数量变为 240 家，比 2017 年减少了 30 家。其中，在美洲、欧洲、中东、非洲与独立国家联合体，亚洲（除中国与韩国），中国的子公司数量分别减少了 9 家、15 家、8 家、4 家，而在韩国的子公司数量则增加了 6 家。

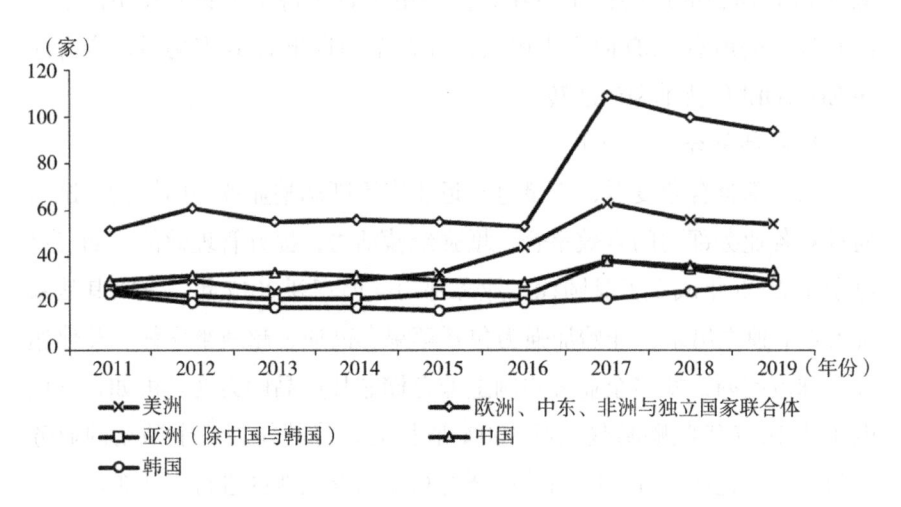

图 2-15　2011—2019 年三星电子子公司地区分布情况

资料来源：三星电子官网。

2. 雇用员工地区分布

从雇用员工地区分布角度看，三星电子近年来在全球范围内大幅增加招聘后，开始进入结构调整期。如 2016 年，三星电子在全球范围内雇用的员工数量为 30.87 万人，比 2011 年增加了 8.7 万人。其中，在亚洲（除韩国、中国和中东部分国家）、中东、非洲（除中东部分国家）雇用的员工数量比重分别为 43.53%、0.91%、0.27%，分别比 2011 年增加了 24.82 个百分点、0.39 个百分点、0.03 个百分点；在韩国、中国、美洲、欧洲与独立国家联合体雇用的员工数量比重分别为 30.19%、12.01%、8.42%、4.68%，分别比 2011 年减少了 15.8 个百分点、6.58 个百分点、1.29 个百分点、1.57 个百分点。到 2019 年，三星电子在全球范围内雇用的员工数量为 28.74 万人，比 2016 年减少了 2.13 万人。其中，在亚洲（除韩国、中国和中东部分国家）、中国、非洲（除中东部分国家）雇用的员工数量比重分别为 42.38%、7.18%、0.2%，分别比 2016 年减少了 1.15 个百分点、4.82 个百分点、0.07 个百分点；在韩国、美洲、欧洲与独立国家联合体、中东雇用的员工数量比重分别为 35.51%、8.79%、4.89%、1.05%，分别比 2016 年增加了 5.32 个百分点、0.37 个百分点、0.21 个百分点、0.14 个百分点。

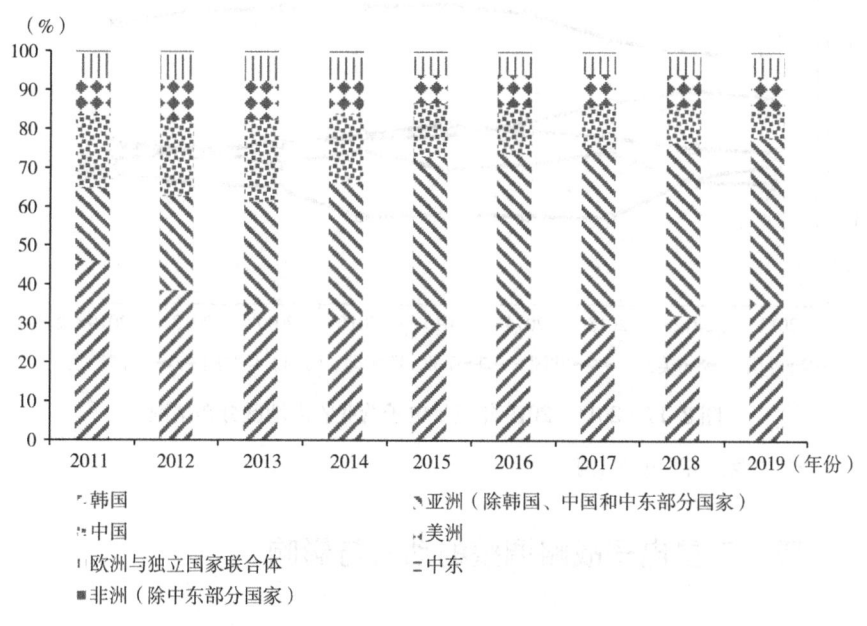

图 2-16　2011—2019 年三星电子雇用员工地区分布情况

资料来源：三星电子官网。

3. 营业收入地区分布

从营业收入地区分布角度看，三星电子近年来在全球范围内的经营重心也开始进入结构调整期。如 2016 年，三星电子在美洲、亚洲（除中国、韩国）与非洲、中国的营业收入在总营业收入中的比重分别为 34.05%、19.37%、17.63%，分别比 2011 年增加了 5.24 个百分点、1.9 个百分点、3.65 个百分点；在欧洲、韩国的营业收入在总营业收入中的比重分别为 18.85%、10.01%，分别比 2011 年降低了 4.73 个百分点、6.07 个百分点。然而，到 2019 年，三星电子在美洲、欧洲、亚洲（除中国、韩国）与非洲、中国的营业收入在总营业收入中的比重分别变为 32.05%、18.54%、18.06%、16.51%，分别比 2016 年降低了 1.99 个百分点、0.41个百分点、1.31个百分点、1.12个百分点；在韩国的营业收入在总收入中的比重变为14.84%，比2016年增加了4.83个百分点。

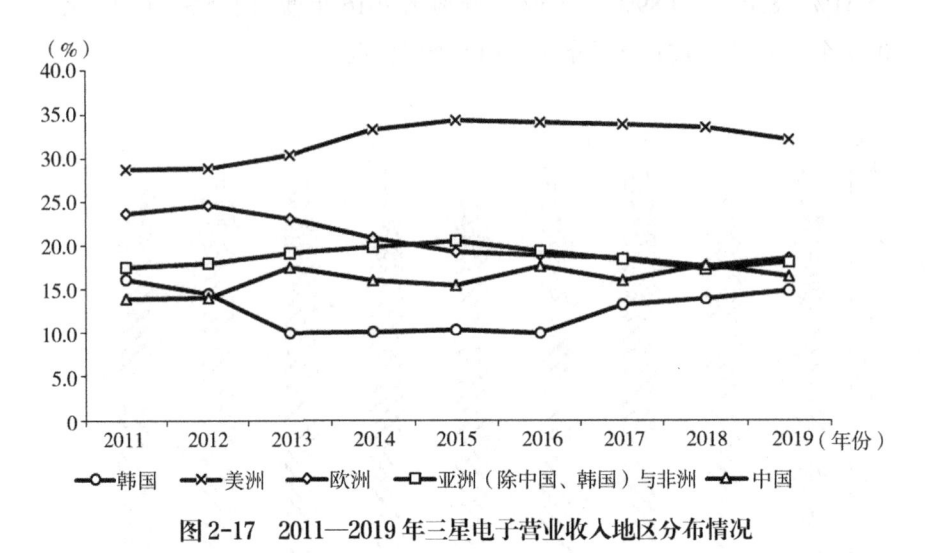

图2-17　2011—2019年三星电子营业收入地区分布情况

资料来源：三星电子官网。

四　三星电子战略调整的动机与影响

企业的战略调整不可能无缘无故，也不会无的放矢。一般而言，由于战略调整牵涉企业多方面、深层次、长时间的结构性变动，其动机与影响可能会非常复杂。对三星电子近年来在技术层面、业务层面、布局层面的一系列战略调整而言，更是如此。

（一）三星电子战略调整的动机

电子行业的市场竞争激烈、技术更新较快、产品换代迅速，往往需要企业密切关注国内外政治、经济环境的变化以及行业技术水平与竞争格局的变化。对三星电子而言，以世界经济增速放缓、国际分工秩序重塑、国际贸易争端不断为代表的国际环境变化，以国内经济发展动能转换、国内经济政策转变为代表的国内环境变化，以技术水平显著提升、应用范围越发广泛、市场竞争程度加剧为代表的产业革命，以及以电池爆炸事件、行贿事件为代表的危机事件等是其近年来加快战略调整进度的主要动机。

1. 国际环境发生深刻变化

国际环境发生深刻变化是推动三星电子近年来进行战略调整的重要原因。具体来看，近年来国际环境所发生的深刻变化突出表现在以下三个方面。

一是世界经济增速放缓。如世界银行数据显示，近年来世界经济增速始终处于低迷状态。尽管2017年全球GDP增速为3.26%，创2011年以来新高；然而，到2019年，全球GDP增速降至2.48%，创2011年以来新低。这不仅意味着消费者整体收入水平增速出现下降趋势，也意味着消费者整体消费能力不如以往。在市场前景整体趋悲观以及经济增速存在地区差异的情况下，三星电子近年来加快了在子公司数量、员工雇用等方面的战略调整进度。

二是国际分工秩序重塑。自2008年国际金融危机后，发达国家提出"再工业化"战略，试图通过推进制造业回流、建立新型高端工业体系等方式，重塑现有国际分工秩序。与此同时，随着部分国家劳动力成本不断上升，企业依靠廉价劳动力的传统优势逐渐丧失，也在很大程度上倒逼企业做出产能迁移的决策。受此影响，三星电子近年来加快了在生产线搬迁、非核心资产出售等方面的战略调整进度。

三是国际贸易争端不断。贸易争端在全球经济一体化过程中始终存在，然而近年来，这一现象却有逐渐加重的趋势。如2018年，美国对中国发起经贸摩擦，并在很短时间内愈演愈烈，最终上升为前者对后者的全面遏制。尤其在半导体领域，美国酝酿并出台了一轮又一轮制裁措施，不断加重对中国相关企业在设备、软件、零组件等方面的限制力度。与此同时，2019年日本、韩国的贸易争端再起，且不断升级，已从半导体产业扩大到汽车、零售、旅游等众多产业。受此影响，三星电子近年来加快了在新技术、新产品、子公司数量、员工雇用等方面的战略调整进度。

2. 国内环境发生较大变化

国内环境发生较大变化是推动三星电子近年来进行战略调整的关键

原因。具体来看，近年来国内环境所发生的较大变化突出表现在以下两个方面。

一是国内经济发展动能转换。韩国经济发展高度依赖进出口贸易。然而近年来，受美国贸易保护主义及与日本贸易争端的影响，韩国的进出口贸易面临较大压力，从而使经济增速遭遇下滑风险。如2011年，韩国商品和服务出口贸易额在GDP中的比例为53.3%，2017年则降为40.9%，2019年又进一步降为39.9%。在此背景下，文在寅政府提出三项主要的对外经济合作政策构想，即"朝鲜半岛新经济地图构想""新北方政策"和"新南方政策"，试图通过降低对美国、中国、日本的贸易依存度，增加进出口市场的多元化等方式，为韩国经济发展提供新动能。受此影响，三星电子近年来加快了在子公司地区分布、雇用员工地区分布、兼并收购以及出售资产等方面的战略调整进度。

二是国内经济政策发生转变。2017年，文在寅当选韩国总统后，为了创造"以人为本的经济增长"，开始大力实施包括增加公共部门就业、扩大社会安全网、限制财阀掌控经济等在内的一系列政策措施。2018年，文在寅总统在印度出席三星电子新工厂竣工仪式时，会见副会长李在镕，并希望后者能在韩国本土增加更多投资、创造更多岗位。当天，三星电子就表示，要在未来增加180万亿韩元的投资，其中，约有130万亿韩元将投资于韩国本土。在此情况下，三星电子近年来加快了在研发投入、子公司地区分布、雇用员工地区分布等方面的战略调整进度。

3. 产业革命发生巨大变化

产业革命发生巨大变化是推动三星电子近年来进行战略调整的根本原因。具体来看，近年来产业革命所发生的巨大变化突出表现在以下三个方面。

一是技术水平显著提升。以台积电先进制程工艺演进为例，2011年提供了全球首个28nm通用工艺技术并率先实现量产，2014年成为全球首家采用双模式20nm技术量产芯片产品的企业，2017年采用10nm技术并大规模量产芯片产品，2020年确认5nm已进入大规模投产中。可见，近年来芯片制造环节中的技术水平已经有了显著提升。而与之相对应，随着前沿技术研发难度越来越高，所需投入的规模也越来越大。在此情况下，三星电子近年来不得不加快在研发投入、新技术等方面的战略调整进度。

二是应用范围越发广泛。近年来，半导体产业应用范围已经从早期个人电脑及周边产品逐渐扩展到智能手机、液晶电视、视听设备、汽车电子、信息娱乐系统等，其背后的驱动力量主要源自物联网、5G 通信、人工智能、云计算和大数据等新技术所催生的新业态、新模式。而与之相对应，随着应用范围越发广泛，市场对芯片产品在技术、性能、功耗等方面的要求也越来越高。在此情况下，三星电子近年来不得不加快在研发投入、新技术、新产品等方面的战略调整进度。

三是市场竞争程度加剧。近年来，半导体产业市场竞争程度不断加剧。如在上游 EDA 环节，尽管 Synopsys、Cadence、Mentor Graphics 三大巨头处于绝对主导地位，但华大九天、芯愿景、芯禾科技等企业也开始展露生机；在中游封测环节，尽管日月光、安靠两大巨头市场占有率较高，但长电科技、通富微电、天水华天等企业也在不断追赶；在下游智能手机环节，三星、华为、苹果、小米、vivo 等品牌在全球市场中的角逐异常激烈。为了能够保持竞争优势，三星电子近年来不得不加快在研发投入、新技术、新产品、兼并收购、出售资产、内部整合等方面的战略调整进度。

4. 应对危机的客观需要

应对危机是推动三星电子近年来进行战略调整的客观原因。具体来看，近年来三星电子经营过程所发生的危机事件突出表现在以下两个方面。

一是电池爆炸事件。2016 年，三星电子推出 Galaxy Note7 手机。然而，在一个多月时间内，全球范围内就发生数十起因电池缺陷造成的爆炸和起火事故。由于存在安全隐患，在事件发生后不久，多个国家的航空公司和民航局明确禁止乘客在飞机上使用该手机。与此同时，由于存在"粉饰""地区差别对待"等问题，三星电子受到了消费者的广泛质疑与抵制。在此情况下，三星电子决定在全球范围内停止生产和销售 Galaxy Note7 手机，并认为该事件是公司历史上"最耻辱的事件之一"。为了应对电池爆炸事件所导致的手机业务下滑以及消费者对企业的不信任后果，三星电子近年来加快了在研发投入、新技术、新产品等方面的战略调整进度。

二是行贿事件。2016年，韩国爆发总统"亲信干政门"风波。随着该风波愈演愈烈，三星电子也深陷其中。2017年，韩国首尔中央地方法院决定批捕三星电子副会长李在镕，后者被特别检察组以行贿、贪污、向海外转移资产、隐瞒犯罪收入、作伪证五项罪名提起诉讼，并被判处有期徒刑五年。2018年，韩国首尔高等法院二审改判李在镕有期徒刑两年零六个月，缓刑四年。尽管李在镕被当庭释放，但2019年，韩国最高法院对该案件做出发回重审决定；2020年，李在镕又被卷入"不正当交易""操纵市场""违反上市公司外部审计相关法"等事件中。受此影响，三星电子的企业形象遭遇了较大危机，日常经营决策也受到了显著影响。而为了缓和与文在寅政府的关系，三星电子近年来加快了在研发投入、子公司地区分布、雇用员工地区分布等方面的战略调整进度。

（二）三星电子战略调整的影响

三星电子战略调整的影响可以从产业层面和国家层面进行分析。其中，产业层面的影响主要来源于技术层面、业务层面的战略调整；而国家层面的影响主要来源于布局层面的战略调整。

1. 产业层面的影响

三星电子在技术层面的战略调整能提升产业整体创新能力。一方面，三星电子通过增加研发投入，可以直接促进相关领域新技术、新产品的不断产生。另一方面，三星电子通过竞争效应带动其他企业加入新技术、新产品的研发队伍中，可以间接提升产业发展活力。如在芯片制造领域，三星电子持续增加研发投入，将先进制程工艺水平不断提升，目前已量产基于极紫外光刻技术的7nm芯片，并开始建设计划于2021年下半年投入使用的5nm芯片生产线。不仅如此，为了超越台积电在芯片制造领域的地位，三星电子正着手修改芯片先进制程工艺路线图，试图从5nm直接跃迁至3nm。

三星电子在业务层面的战略调整对产业链不同环节的影响存在差异。一方面，三星电子在半导体产业链的上游、中游、下游兼并收购关联性较强的资产,此举能够强化企业自身的竞争优势,形成产业链不同环节间相互促进的正循环效应。如三星电子于 2012 年收购 ASML 3% 的股权以及近期寻求收购 ARM 少量股权,就是为了更便利地获得芯片制造所需的上游设备、降低芯片设计过程中所需支出的特许权使用费;于 2016 年收购 Viv Labs、2017 年收购哈曼国际,其重要目的之一也是拓展芯片产品的应用范围。而当三星电子半导体产品竞争优势得以增强时,也会反过来增加上游原材料研发、芯片设计等投入,并促进下游相关产品在质量、性能、功耗等方面的改善。另一方面,三星电子的内部整合和兼并收购也可能会对原来产业的发展带来冲击。如 2015 年,三星电子成立汽车业务部门,开始关注车载信息娱乐系统、卫星导航服务与自动驾驶技术;2017 年,三星电子收购哈曼国际,意图将消费电子、移动通信、自动驾驶技术深度融合;2018 年,三星电子分别在西安扩建动力电池生产线、在天津新建动力电池生产线,意图扩大动力电池产能。这些战略调整可能会产生较强的冲击效应,进而改变高端音响设备产业、自动驾驶产业、动力电池产业甚至电动汽车产业的现有竞争格局。

2. 国家层面的影响

三星电子在布局层面的战略调整主要表现为生产线的迁移,会在产业、税收、技术、就业等多方面对搬离国与迁入国产生差异化影响。

从产业角度看,三星电子生产线的迁移可能会对搬离国造成相关产业的空洞化危机,相反,却可能会对迁入国相关产业的发展产生积极促进作用。如近年来,三星电子在中国持续关闭多条智能手机生产线。2019 年 10 月,三星电子宣布关闭位于中国惠州的最后一家智能手机工厂,这意味着三星手机将不会再在中国境内进行生产。与之相比,三星电子近年来不断加大在泰国、越南、印度的投资力度,并逐渐迁入智能手机、手机显示屏与电池以及其他电子零配件生产线。显然,前者会对中国智能手机制造业产生消极影响,而后者却会对泰国、越南、印度相关产业发展产生积极影响。

从税收角度看,三星电子生产线的迁移可能会对搬离国的税收造成负面影响,但在短时间内却不一定会对迁入国的税收产生积极影响。例如，惠州三星电子有限公司成立于1992年，1993年正式投产，2006年引进手机生产线，经过27年发展，到2019年，早已经过了享受各种税收优惠的阶段。因此，其智能手机工厂的关闭会对当地税收产生显著负面影响。泰国、越南、印度等国由于要通过各种优惠政策吸引外资，因此，短时间内并不一定会获得足额税收。如越南太原省政府为三星电子于2013年投资建厂创造了十分便利的环境，包括提供企业所得税4年减免、12年减半的税收政策以及补贴50%比例的100公顷土地租用费等优惠条件。

从技术角度看，三星电子生产线的迁移可能并不会对搬离国的技术进步产生显著影响，但却可能会在短时间内提升迁入国的技术水平。如近年来，三星电子搬离中国的生产线涉及智能手机、显示器、电脑等产业。而在这些产业内，包括华为、小米、vivo、京东方、华电科技在内的中国企业已经迅速崛起，在很大程度上已经追赶甚至超过三星电子的技术水平，使后者在中国的市场份额一减再减，因此，其生产线的搬离并不会对中国相关产业的技术进步产生显著影响。与之相比，泰国、越南、印度等国家在相关产业发展上存在较多不足，而三星电子生产线的及时迁入能够通过人员培训、知识流动、业务合作等方式迅速提高相关产业的技术水平。

从就业角度看，三星电子生产线的迁移可能会对搬离国的就业水平造成负面影响，相反，却可能会对迁入国的就业水平产生积极促进作用。如近年来，三星电子持续关闭中国境内部分生产线，在经过一波又一波裁员行动后，2019年在中国雇用员工数量为2.06万人，比2013年减少了65.77%，仅是亚洲（除韩国、中国和中东部分国家）雇用员工数量的16.95%。与之相比，迁入的生产线多为劳动密集型，因此，在很大程度上提升了当地的就业水平。如三星电子在印度设有两个制造基地、五个研发中心、一个设计中心，雇用员工总数达到了7万人。

五 对中国的启示

对半导体产业发展概况的分析以及对三星电子基本情况及近年来战

略调整动向的考察，能够为中国政府部门和相关企业提供诸多启示。

（一）对政府部门的启示

一是要充分认识发展半导体产业的重要性。半导体产业在以数字化、信息化、智能化为代表的新一代信息技术发展中发挥着关键作用，而后者是建设制造强国、助推新旧动能转换、实现经济高质量发展的关键。可以说，半导体产业不仅是电子产业的核心，也是现代高科技产业的重要支撑，更是国民经济发展的基础性、先导性、战略性产业，因此，发展半导体产业必须被提高至国家战略高度。

二是要充分认识发展半导体产业的自主性。历史经验和近年来典型事实都表明，发展半导体产业不能"等靠要"，"等别人施舍""靠别人帮忙""要别人赞助"不仅是不现实的、被动的、一厢情愿的，也难逃"被收割""被俘获"以及被遏制的结局，只有迎头赶上、奋起直追、坚持不懈，实现半导体产业发展的自主可控，才能"闲庭信步"，增加在贸易战、科技战中的话语权。

三是要充分认识发展半导体产业的差距性。中国半导体产业起步较晚，但自20世纪90年代以来，依靠丰富的劳动力资源和低廉的雇用成本，在承接发达国家（或地区）产业转移的过程中，不断积累技术和人才，已经取得了突出成就。然而，随着技术不断演进，中国虽然已经成为全球最大的电子产品制造基地，但在半导体产业链的EDA、IP核、半导体材料与设备、芯片设计、制造等环节上，与发达国家相比仍有较大差距，在很大程度上仍面临"卡脖子"难题。

四是要充分认识发展半导体产业的系统性。半导体产业链很长，上游包括EDA、IP核、半导体材料、半导体设备等，中游包括芯片设计、制造、封测等，下游包括智能终端、存储设备、移动通信等。由于每一个环节的技术要求都很高、投资规模也很大，目前没有任何一个国家拥有完整的半导体产业链。即使是美国，在光刻机、晶圆代工等领域也依然缺乏。对中国相关企业而言，表面上只受到美国的制裁，但实际上，由于美国掌握了关键环节的核心技术，且利用"长臂管辖权"要求其他国家加入对中国相关企业的制裁中，已使遏制从单方面到全方位、从局部到系统。因此，未来中国发展半导体产业可以在短期内寻求与日本、韩国等国家的局部合作，但在长期，必须要实现全方位和系统性的突破。

五是要充分认识发展半导体产业的政策性。日本、韩国、中国台湾半导体产业发展的历史经验表明，支持性政策体系能够发挥重要作用。支持性政策体系不仅包括与半导体产业发展密切相关的产业政策，也包括财政、税收、金融、贸易、教育等一系列政策措施。2020年8月，国务院印发《新时期促进集成电路产业和软件产业高质量发展的若干政策》，从财政、投资融、研发、进出口、人才、知识产权、市场应用、国际合作等八面提出了数十条措施。未来要在避免"盲目冒进"的同时，进一步结合中国半导体产业内相关企业的发展实际，针对每一个细分环节，制定更加精准的支持性政策。

（二）对相关企业的启示

一是回归核心业务，共建产业生态。半导体产业链的环节众多，没有单一企业的业务范围能覆盖全部环节。尽管中游制造环节存在以英特尔、三星电子为代表的整合制造商，但更多企业仍嵌入垂直分工模式中，在芯片设计、制造、封装、测试等细分环节占据一定位置。这些中游制造环节企业与上游支撑环节企业、下游应用环节企业一起，共同构成了半导体产业的生态。对中国相关企业而言，在国内巨大消费市场稳定增长的前提下，不能操之过急，追求大而全的整合制造模式也并不现实。一个较为可行的路径是，相关企业要逐渐回归核心业务，利用专业化分工优势，共建产业生态，循序实现细分领域内各环节上从点到面的突破与赶超。

二是聚焦竞争优势，增加研发投入。尽管中国相关企业在整体上与发达国家领先企业仍存在较大差距，但在半导体产业链的部分环节，如华大九天、芯愿景、中环股份、中芯国际、华虹半导体、长电科技、通富微电、长江存储、华为、小米等企业逐渐崭露头角，并具备了一定的竞争优势。以从事晶圆代工的中芯国际为例，目前已掌握14nm先进制程工艺技术，而在此级别上仅有其他五家企业，分别为联电、格罗方德、台积电、三星电子、英特尔。当然，台积电和三星电子已经掌握了7nm、5nm先进制程工艺技术，并正在研发3nm先进制程工艺技术。因此，对中国相关企业而言，未来想要在技术领域实现追赶甚至超越，唯有尊重技术演变规律，聚焦竞争优势，增加研发投入。

　　三是吸引顶尖人才，培育人才梯队。三星电子在半导体业务崛起过程中，用三倍薪酬挖日本东芝公司的工程师，在短时间内提升了企业的整体技术水平；在半导体业务赶超过程中，用三倍薪酬与私人飞机待遇挖台积电梁孟松，帮助其凭借14nm先进制程工艺技术拿下苹果A9处理器的订单。近年来，中国相关企业也加速了吸引顶尖人才的进程，如中芯国际于2017年聘请梁孟松负责研发业务，使先进制程工艺水平从28nm提高到14nm，同时使芯片生产优良率从3%提高到95%。然而，相对于中国半导体产业发展的远期目标而言，人才缺口依然巨大。对中国相关企业而言，未来要加大吸引顶尖人才的力度，舍得花重金从半导体产业链各环节领先企业引进核心人才。与此同时，也要积极与高等院校、科研机构合作，通过定向招聘、参与实习、开放实验室平台等方式培育人才梯队。

第三章

大变局下中国新能源汽车驶向何方？
——基于对丰田汽车战略调整的研究分析

当今世界正面临百年未有之大变局。处在支柱产业地位的新能源汽车领域更加深刻地体会到了大变局背景下的冲击与挑战。汽车产业是一个国家的基础工业，具有产业链条长、关联领域多等典型特征，在促进经济发展、解决社会就业等方面发挥着重要的支柱作用。伴随新一轮能源革命和科技革命浪潮，新能源汽车成为全球汽车产业发展的必然趋势，也是我国从汽车大国走向汽车强国的战略方向。当前，我国在新能源汽车电池和整车制造领域具有一定竞争实力，但是在电机和电控系统等核心零部件领域，与美、日、德等发达国家仍然存在差距。近年来，以丰田汽车为代表的大型跨国公司，加快调整战略方向和全球布局，加大了新能源汽车领域前沿核心技术的研发强度，在产业链上下游具有较强的控制力。本章聚焦新能源汽车产业，选择丰田汽车公司开展案例研究，重点分析新能源汽车全球产业链布局现状，考察跨国公司战略布局调整的方向与特征，旨在对中国新能源汽车产业发展有所借鉴和启示。

一 新能源汽车全球产业链布局现状

新能源汽车是指采用非常规燃料作为动力系统的汽车。新能源汽车的产业链构成主要包括上游的矿产资源等主要原材料、中游的"三电"

系统即动力电池、电机和电控、下游的整车制造、配套基础设施和相关服务业。其中，最核心的"三电"系统占新能源汽车总成本的一半左右。从全球布局现状来看，全球市场总体处于垄断竞争格局，德、日、美依然占据优势地位。

（一）新能源汽车产业链概况

新能源汽车按照动力系统的技术路线差异，可分为混合动力电动汽车、纯电动汽车和燃料电池电动汽车等多种类型。以下重点分析纯电动汽车和氢燃料电池汽车的产业链构成情况。

1. 新能源汽车主要类型

新能源汽车是相对传统燃油动力汽车而言，是指采用非常规的车用燃料作为动力来源（或使用常规的车用燃料、采用新型车载动力装置），综合车辆的动力控制和驱动方面的先进技术所形成的技术原理先进、具有新技术、新结构的汽车（工业和信息化部，2017）。从国际市场来看，新能源汽车的发展起步较早，自1834年第一辆电动汽车诞生开始，新能源汽车就受到了各国车企的青睐，至今走过了将近两个世纪的曲折历程。根据动力系统技术路线不同，可将新能源汽车划分为多种类型，主要包括四大类：混合动力电动汽车（HEV）、纯电动汽车（BEV，包括太阳能汽车）、燃料电池电动汽车（FCEV）、替代燃料汽车（天然气、乙醇、甲醇）等。当前，在新能源汽车的细分领域中，全球市场占有率比较高的是混合动力电动汽车、纯电动汽车和燃料电池电动汽车（彭至然，2019）。

（1）混合动力电动汽车

混合动力电动汽车由内燃机和电动机提供动力。与传统燃油汽车相比，混合动力电动汽车具有节约能源、减少污染的优势。与纯电动汽车相比，混合动力电动汽车本身具有动力源，因此对储能装置的电能储存需求更低，较好地克服了电动汽车续航能力不足的问题。但是，由于同时安装两套驱动系统，导致混合动力电动汽车的结构更加复杂，对控制技术的要求也更高，相应的成本也会更高。同时，因为使用了传统的内燃机作为动力源之一，仍然会消耗一定的不可再生能源，在能效和环保

(2) 纯电动汽车

纯电动汽车是使用电动机作为动力源，蓄电池作为能量的存储单元。由于不使用传统的内燃机，纯电动汽车具有许多明显的优势，如不需要依赖石油等不可再生资源，具有更好的可操作性能和更高的运行效率等。对于纯电动汽车而言，动力电池在成本中所占比重最高，其次是电机和电控系统等核心零部件。从实际推广效果来看，制约纯电动汽车发展的主要"瓶颈"是电池性能和成本。目前，占市场主流的锂离子电池成本依然高昂，这是限制纯电动汽车大规模应用的核心障碍，此外，电池的性能和安全问题也是关键的影响因素。

(3) 燃料电池电动汽车

燃料电池电动汽车是由电动机提供动力，使用氢能源作为燃料，用燃料电池作为能量转换装置。这类电动汽车具有较高的能量转换效率，并且表现出较好的环保性和安全性，非常适合长距离行驶和高速行驶的应用场景，因而主要应用于大客车等商用车领域。因此，燃料电池电动汽车被认为是最清洁高效的运输工具，许多国内外专家也指出燃料电池技术将成为新能源汽车技术的核心。尽管氢能源资源十分丰富，其难点在于氢燃料的储存和运输等环节，同时还需要更加复杂的控制系统。长期来看，燃料电池电动汽车具有较大的发展潜力。

2. 纯电动汽车产业链构成

纯电动汽车产业链的上游主要是锂、钴、镍、石墨、稀土等矿产资源，以及正极材料、负极材料、电解液和隔膜等辅助产品。其中，锂作为动力电池中最主要的成分，对电池的成本起决定性作用。动力电池中锂的含量普遍在50%以上，部分电池中锂含量达到80%，其他成分含量相对较少。从原材料环节的市场格局来看，基本都是一些处于寡头垄断的大型矿业公司占有；另外一个特点就是周期性，原材料价格随着生产端的变化而变化，寡头企业拥有较强的定价权。

产业链中游最为关键的是"三电"系统，即动力电池、电机和电控。此外，还包括智能网联系统以及底盘、车身、轮胎、座椅、玻璃、内饰、外饰等成千上万种汽车零部件。在纯电动汽车成本构成中，电池、电机、电控合计占成本的 50% 左右，其中电池占成本的 40% 左右，是纯电动汽车成本占比最高的部分。同时，由于动力电池领域进入门槛较高，因此行业集中度也比较高。

产业链下游是整车制造环节以及充电桩、充电站等配套设施与运营。整车制造企业主要来源于两大类，一类是由传统车企转型而来的企业，另一类是新兴成长起来的新能源汽车企业。充电设施建设滞后、车桩比较低、运营水平不高，是制约纯电动车产业发展的重要因素。进一步向下游延伸，则是一些配套服务业，包括应用软件开发、导航等车载服务、智慧出行服务、数据开发与服务等。当前，很多大型车企都在从制造环节向服务环节延伸和转移，生产企业服务化、智能化趋势日益明显。

上游	锂、钴等原材料 正极材料、负极材料、电解液和隔膜等
中游	动力电池、电机、电控、智能网联系统 底盘、车身、轮胎、座椅、玻璃等汽车零部件
下游	汽车整车制造 充电桩、充电站等配套设施建设与运营 配套服务业，包括应用软件开发、导航等车载服务、智慧出行服务、数据开发与服务等

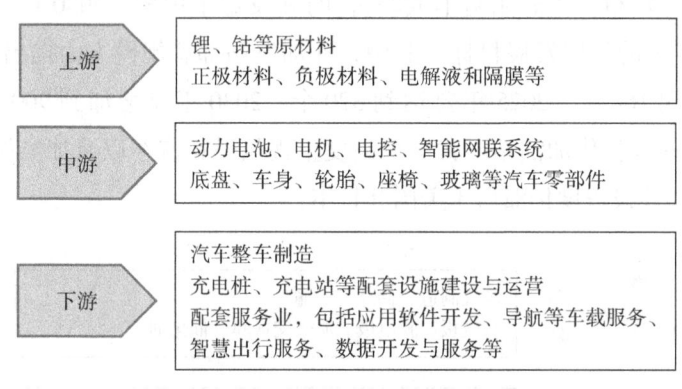

图 3-1 纯电动汽车产业链构成情况

资料来源：根据相关资料整理而成。

3. 氢燃料电池汽车产业链构成

氢燃料电池汽车产业链与纯电动汽车类似，主要差异在于上游原材料和中游动力系统有所不同。总体来讲，制氢、储氢、运氢和加氢的相关技术还尚未成熟，限制了氢能源在汽车领域的大规模应用。以制氢环节为例，目前有多种制氢方式，其中电解水制氢是一种比较主流的方式，也是一种比较环保的方式。相比而言，利用风、光、水等可再生能源制氢才是未来的发展方向，美国、德国、日本等国家都在积极推动风电制氢，同时还能够有效解决风电领域的大面积弃风问题。

产业链中游的核心环节是氢燃料电池的生产制造。氢燃料电池是新能源汽车发展的重要方向，氢燃料电池的性能决定着车辆的质量。从世界主要发达国家对氢燃料电池汽车的建设规划可知，各国的建设重心侧重点略有不同。例如，美国、韩国、法国注重建设氢燃料汽车电池产业的基础设施，如建设运输路线、建设氢站；而日本则更重视氢能源技术的发展，如氢能基本战略涵盖了氢能研发基础以及储运技术等，日本的思路则更倾向于在氢燃料电池技术上取得领先地位，从而引领国际标准，在国际的竞争中取得先机。

产业链下游主要是整车制造、加氢站等配套领域以及相关服务行业，主要为汽车维修、汽车美容、汽车保险、软件开发与应用等多个方面。近年来，美国、日本等都非常重视加氢站的建设。例如，日本经济产业省发布了《氢能基本战略》，明确设定了中期（2030年）、长期（2050年）的氢能发展目标。其中，在加氢站部署规模方面提出，2020年要达到160个，2025年要达到320个，2030年要增加到900个，到2050年逐步替代加油站。我国也高度重视氢燃料汽车以及加氢站建设，但是整体建设进度仍滞后于美国和日本。

环节	内容
上游	氢气制造、储存与运输 双极板、膜电极、质子交换膜、催化剂等
中游	氢燃料电池、电机、电控、智能网联系统 底盘、车身、轮胎、座椅、玻璃等汽车零部件
下游	汽车整车制造 加氢站等配套设施建设与运营 配套服务业，包括应用软件开发、导航等车载服务、智慧出行服务、数据开发与服务等

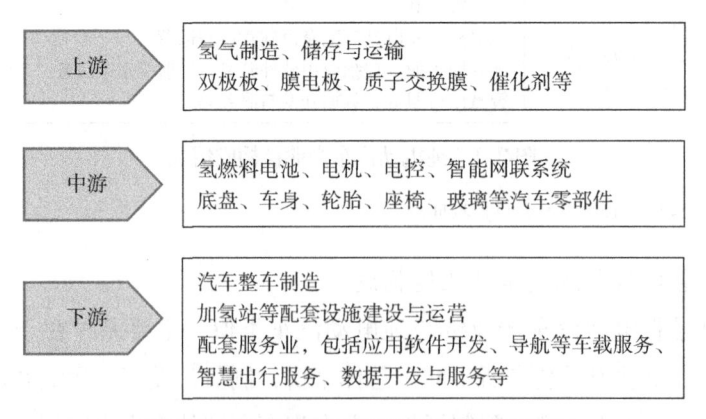

图3-2 氢燃料电池汽车产业链构成情况

资料来源：根据相关资料整理而成。

（二）核心零部件领域全球布局现状

"三电"系统是新能源汽车的核心部件。近年来动力电池行业集中度持续提升，行业竞争日益激烈。电机系统技术含量较高，目前占据全球供应商主导地位的仍然是德国、日本和美国企业，中国新能源汽车电机系统的国内产业链配套能力较弱。电控系统主要以内部配套模式为主，中国大多采用合资研发方式，整体对外依存度仍然较高。

1. 动力电池全球布局现状

动力电池是电动汽车的核心部件，也是占电动汽车成本最高的部分。与集成电路类似，动力电池也是一个重度资本密集行业，行业进入门槛非常高，因此也导致了垄断竞争格局。巨额的资金投入阻碍了潜在竞争对手的进入，现有的头部企业凭借核心技术不断提升效率，在动力电池领域塑造自身的比较竞争优势。同时，整车厂出于对动力电池安全性的考量，在选择动力电池供应商时通常经过长时间（一般长达2—3年）的测试、验证和筛选，一旦纳入供应链便不会轻易更换供应商，这将进一步巩固和扩大行业领先者优势，促使行业形成寡头竞争。

招商银行研究院发布的报告显示，动力电池的行业竞争程度逐步提高，国际市场正呈现中、日、韩三足鼎立新格局（招商银行研究院，2020）。近年来，动力电池行业集中度持续提升，2018年和2019年CR10分别达到了81.2%、88.9%，行业竞争日益激烈。从主要国家来看，TOP10全部来自中、日、韩三国。2019年TOP10市场占比中，中、日、韩占比分别为41.8%、31.4%、17.3%，中国市场份额呈下滑趋势，日、韩呈上升趋势。这主要是由于中国电池企业对国内市场依赖度较高，海外市场表现较佳的宁德时代2019年的电池出口额仅占营收的5.6%。近两年随着欧美新能源汽车市场的快速增长，与其深度绑定的日韩企业得到了迅速发展。从动力电池企业来看，2019年头部企业宁德时代及松下竞争优势明显，合计占比达52%。但LG增长较快，位列第三，同比增速达39.7%。国内企业除宁德时代之外，整体下滑明显，其中比亚迪跌出前三，市场占有率同比下滑27.9个百分点，降幅显著。该报告还预测，动力电池市场规模有望达860亿元，未来拥有一定的增量空间。

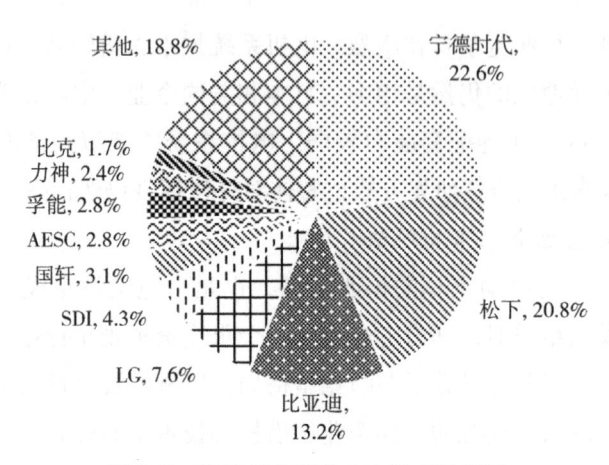

图 3-3　2018 年全球动力电池市场份额

资料来源：高工锂电，招商银行研究院。

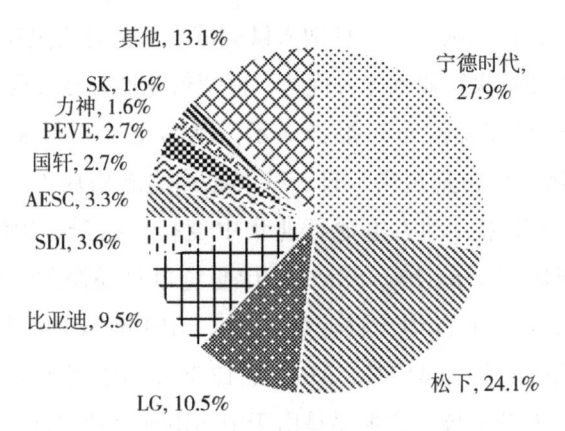

图 3-4　2019 年全球动力电池市场份额

资料来源：OFweek，招商银行研究院。

2. 电机系统全球布局现状

新能源汽车用电机取代发动机，并在电机控制器控制下将电能转化为机械能来驱动汽车行驶。驱动电机是新能源汽车的三大核心部件之一，控制和驱动特性决定了汽车行驶的主要性能指标。相比传统工业电机，新能源汽车驱动电机有更高的技术要求。新能源汽车电机主要有四种类型：直流电机、交流异步电机、永磁同步电机和开关磁阻电机，其中永磁电机以其高功率密度、高峰值效率等优势成为市场的主流。从全球范围来看，驱动系统集成化、永磁化和数字化成为驱动电机三大主要发展趋势。总体而言，电机系统的技术含量较高，需要长期的技术研发与积累，中国也逐步加大这一领域的技术研发与创新投入力度。据中汽协统计，2018年我国驱动电机自主配套比例有95%以上，新能源公交、纯电动卡车、纯电动物流车等领域全部实现国产化（恒大研究院，2019）。

一览众信息咨询公司发布的报告显示，国内外主要新能源乘用车企业电机及控制器供应商主要来自德国、日本和美国，中国仅有一家台湾地区的公司和一家中德合资公司（一览众咨询，2019）。排在第一位的西门子，拥有全球领先的驱动技术，可提供具有各种性能级别和设计形式的电机，功率从0.06kW至100兆瓦应有尽有，能满足客户所有电机需求。排名第二位的富田电机，主要产品包括风力发电机、电动车、船、飞机之动力设备，与美国特斯拉公司携手合作完成全世界第一台上市电动跑车。排名第三位的日立汽车系统成立于2009年，产品有发动机管理系统、电子传动系统、行驶控制系统等。在日本制造业中是仅次于丰田自动车公司的第二大制造业公司，在日本全行业中也仅排在丰田、日本邮政、日本电信之后为日本第四大公司。从表3-1中可以看出，德国、日本和美国都基本实现了本国企业自主的产业链配套，中国新能源乘用车电机系统的自主配套能力仍有待提升。

表3-1　　主要新能源乘用车企业电机及控制器配套供应商

序号	企业/品牌	国别/地区	产品及应用	典型客户
1	西门子（SIEMENS）	德国	动力总成 电机 混合动力系统 变频器	沃尔沃
2	富田电机（FUKUTA）	台湾	交流异步电机及驱动	特斯拉
3	日立汽车系统（Hitachi Automotive Systems）	日本	电驱动系统和混合动力系统 变频器、交流电机 48V系统	本田
4	联合汽车电子（UAES）	中/德	电机及驱动	上汽、奇瑞

续表

序号	企业/品牌	国别/地区	产品及应用	典型客户
5	大陆集团（Continental AG）	德国	电励磁同步电机 永磁同步电机 感应电机	戴姆勒
6	雷米国际公司（Remy）	美国	交流发电机 起动机 动力传动	通用汽车、福特、戴姆勒克莱斯勒
7	博世（BOSCH）	德国	汽车电子 动力总成 传动系统	戴姆勒奔驰、保时捷、大众、标致、雪铁龙
8	电装（DENSO）	日本	电驱动系统和混合动力系统 变频器、交流电机 汽车电子	丰田
9	麦格纳（Magna）	加拿大	动力总成 汽车电子系统	福特、加拿大麦格纳国际的子公司
10	佩特来（Prestolite Electric）	美国	汽车电子系统、军用品，已被大洋电机收购	戴姆勒、卡特彼勒、康明斯、福特、沃尔沃、大众等
11	采埃孚（ZF）	德国	三相永磁同步电机	奥迪、宝马公司混合动力车
12	伊顿（EATON）	美国	液压混合动力系列动力系统 商用车混合动力驱动系统	北汽福田

资料来源：一览众咨询《2018—2022年新能源汽车电驱动系统市场及企业调研报告》。

3. 电控系统全球布局现状

电控系统被称为新能源汽车的"大脑"。作为三大核心部件之一，电控系统包括电机控制系统和电池管理系统。电控系统一般由主机厂参与研发，电控系统技术对产品市场竞争有很大的影响。从全球范围来看，很多国家都在积极发展和引导新能源汽车，这也为电控系统的发展带来了战略契机，近年来新能源汽车电控的产销量呈增长趋势。

在国外市场，很多电控系统主要是为内部配套，例如特斯拉、宝马、本田、日产等的电控系统均为体系内的供应商直接供货。另外，还有一种情况，整车厂和零部件供应商共同参与，比如福特和麦格纳联合开发电控系统。目前，全球比较知名的新能源汽车电控供应商主要包括西门子（德国）、日立汽车系统（日本）、大陆集团（德国）等。

就国内而言，目前有为主机厂配套的新能源汽车电控研发的厂家为数不多，现有的厂家中大多以合资研发的方式为主。整车厂中，比亚迪新能源汽车电控实现了自主配套。国内自主与合资的知名厂家有华域汽车电动、上海联动电子、北汽大洋电机、浙江智慧电装、上海大郡、上海电驱动等。

在我国相关政策的扶持下，一些实力较强的企业，正从电机控制系统或是电池管理系统向新能源汽车电控方向发展。当前，我国在电控领域的部分核心零部件已取得国产突破，但整体对外依存度仍然较高。新能源汽车电控系统包含三部分，分别是整车控制器、电机控制器和电池控制器（BMS）。其中，我国在新能源整车控制器、BMS 领域相对成熟，电机控制器领域相对落后，主要是因为核心零部件 IGBT 90% 以上依赖进口。在这个领域，销量占全球市场份额较高的企业包括：英飞凌、三菱、富士电机、安森美、ABB 等。

二 丰田汽车的基本情况分析

丰田汽车公司（Toyota Motor Corporation，以下简称"丰田汽车"或"丰田"）成立于 1937 年，距今已有 80 多年的历史。丰田从一家纺织机械厂起步，逐渐发展成全球汽车行业的领军企业。丰田汽车公司的主营业务是汽车制造与销售，除传统燃油汽车之外，丰田还逐步进入了多个新能源汽车领域。丰田深入实施国际化发展战略，海外员工人数占比超过 40%，海外汽车产量占比超过 50%，海外汽车销量占比达到四分之三。近 10 年来，丰田汽车一直稳居世界 500 强前 10 行列，同时位居汽车行业全球最具价值品牌榜首，彰显出超强竞争实力和持续发展能力。

（一）发展历程

丰田创立初期以制造纺织机械为主，1896年发明了日本第一台自动织机，1933年开始进入汽车行业，1937年成立了现在的丰田汽车公司，第二次世界大战结束之后迎来了快速成长期，此后逐步向全球市场拓展业务。如今，丰田已经发展成一家全球化经营的跨国公司，近10年稳居世界500强前10位。长期以来，中国一直是丰田的主要海外市场，丰田在中国的事业可追溯至1964年对华出口首批CROWN皇冠轿车，后来逐渐从出口转向对外直接投资方式。截至2019年12月底，丰田已在中国设立28家主要的独资和合资公司，近年来销量呈现持续增长态势，2019年在华汽车销量达到162万辆，为在华历史最好成绩。

1. 初始创业期（1937—1954年）

丰田公司早期以制造纺织机械为主，创始人丰田喜一郎1933年在纺织机械制作所设立汽车部，并将一间仓库的一角划作汽车研制的地点，从而开启了丰田制造汽车的历史。经过两年的研究，丰田于1935年造出了第一辆A1型轿车和G1型卡车，奠定了丰田在汽车行业的基础。1937年，汽车部宣告从丰田自动织机制作所独立出来，现在丰田汽车公司的前身"丰田汽车工业株式会社"正式成立，地址在爱知县举田町，初始资本金1200万日元，员工300多人，当年生产汽车超过4000辆。

日本是个自然资源贫乏的国家，因此丰田喜一郎认为，开发燃耗功率高、可靠耐用的汽车对日本汽车工业来说乃是至关重要的课题。1939年，公司成立了蓄电池研究所，开始着手电动汽车的研制。1940年，丰田生产了约15000辆汽车，其中98%是客货两用车。但是，受到第二次世界大战的影响，日本的工业生产设施几乎毁坏殆尽，丰田的工厂也在战争中受到了严重的破坏，20世纪30年代和40年代丰田发展比较缓慢，到了第二次世界大战之后才加快了发展步伐。战后头几年，日本经济处于一片混乱之中，为了将汽车工业作为和平时期发展经济的支柱产业完成重建，丰田于1945年9月决定在原有的卡车批量生产体制的基础上组建新的小型轿车工厂。1947年1月，第一辆小型轿车的样车终于试制成功，到了1949年丰田的事业终于驶上了稳定发展的轨道。

2. 快速成长期（1955—1981年）

1955年CROWN（皇冠）诞生，它是一部在50多年后的今天还一直生产销售的汽车、一部加速丰田全面发展的汽车。1957年，由于皇冠在日本本土销售得非常好，于是丰田开始在美国销售，但是并没有取得成功。随后丰田用了整整6年时间打造出了适合美国道路条件行驶的新一代皇冠轿车，取得了不错的销售业绩，由此打开了美国市场。与此同时，1962年丰田开始进军欧洲。这一年，丰田汽车产量首次突破了百万大关。皇冠车促使丰田公司迅速在美国、委内瑞拉、泰国和南非等国设立了销售网点，之后又在上述国家建立了工厂。物美价廉的丰田车开始风行全球各大市场。

1966年，开始推出了Corolla（花冠）。Corolla可以说是丰田历史上最成功的车型。1967年以后，丰田进入全盛时期，世界各地均设有其厂房。而1968年丰田将花冠出口到北美也获得成功，带动了丰田销量的直线上升。60年代日本经济大发展时期，汽车市场也出现了前所未有的增长势头。1971年，丰田年产量达到了200万辆，成为世界第三大汽车制造商。丰田由此从日本走向世界，缔造了世界第三大汽车制造商的神话。70年代是丰田汽车公司飞速发展的黄金期，从1972年到1976年仅四年的时间里，公司就生产了1000万辆汽车，年产汽车200多万辆。丰田始终倡导开放合作的发展理念，1974年丰田与日野、大发等16家公司组成了丰田集团，同时与280多家中小型企业组成协作网。

3. 国际化发展期（1982—2013年）

1982年7月，丰田汽车工业公司和丰田汽车销售公司重新合并，正式更名为丰田汽车公司。进入20世纪80年代，丰田汽车公司的产销量仍然直线上升，到90年代初，年产汽车已经接近500万辆，击败了福特汽车公司，汽车产量名列世界第二。在积累了一定竞争优势之后，丰田较早实施了国际化发展战略，首先从出口整车开始进入海外市场，然后逐渐转为对外直接投资方式，现在已经实现了研发、制造、销售和服务整个链条的全球化布局。60—70年代是丰田汽车公司日本国内自我成长期。80年代之后，丰田开始了它全面走向世界的国际战略。它先后在美国、英国以及东南亚建立独资或合资企业，并将汽车研究发展中心合建在当地，实施当地研究开发设计生产的本土化战略。目前，丰田公司几乎在全球各个地区都以合资或独资方式分布着其零部件和整车制造厂，在欧洲（英国和比利时）、美国、澳大利亚、泰国以及中国均设立了丰田汽车研发中心。丰田公司已经在利用这些技术研发中心针对东道国市场需求研发、实验新产品，实现产品在东道国的销售完全在东道国研发、制造。例如丰田公司1989年在美国推出了豪华型轿车凌志，而凌志2005年才在日本问世。

到了90年代，丰田集团进入稳定发展期，并且开始进行组织架构的重组，重组完毕之后小型汽车用的新型发动机以及车款的设计都交给大发工业，而货车的开发则交给日野汽车。至于燃料电池车及以汽油和电池驱动的环保车款的开发，则与松下集团一同协作。在产品开发方面，丰田具有较强的创新能力，而且十分注重研究顾客对汽车的需求，因而它可以在各个不同历史阶段创出不同的名牌产品，而且以快速的产品换型击败美欧竞争对手。面对日本资源短缺的现实，丰田较早就进入了新能源汽车领域，早期主要以生产混合动力车为主。1997年，混合动力汽车PRIUS（普锐斯）投产上市。2009年，丰田混合动力车型累计销售超过200万台。同时，丰田在管理模式方面也有独创的"丰田模式"。它们通过引进欧美技术，在美国的汽车技术专家和管理专家的指导下，很快掌握了先进的汽车生产和管理技术，并根据日本民族的特点，创造了著名的丰田生产管理模式，并不断加以完善，大大提高了工厂生产效率和产品质量。

4. 转型发展期（2014年至今）

丰田的发展历程并非一帆风顺，中间历经了多次的坎坷与危机。受到2008年国际金融危机影响，丰田汽车公司出现了第二次世界大战以来首次赤字。同年，美国加州的一次交通意外事故暴露出丰田雷克萨斯轿车的一些安全隐患。丰田从2010年开始召回八款在美国售出的车辆，总数约420万辆，此后再次召回790万辆，并且承担了美国政府开出的巨额罚款。2011年3月，日本遭受了一次9.0级强烈地震，丰田两家工厂的车间和生产线损失严重，宣布停产，直到当年11月才恢复满负荷生产状态。2014年，丰田又经历了一场严峻的安全事故考验，丰田在美国召回24.7万辆轿车、SUV和皮卡,主要原因在于车辆安装的由日本高田公司生产的气囊充气机可能破裂并造成金属碎片飞溅,从而对乘客造成严重伤害。在应对一次又一次危机的过程中,丰田也在不断地反思与改进包括产品设计、质量管理以及生产控制等多个方面,从而推动其进入一个新的转型发展期。

近几年来,丰田加大了在新能源汽车领域的投入力度,尤其是以后来者身份实现了在纯电动汽车领域的快速发展。2019年丰田将原计划2030年实现"电动化车型销售550万台以上"这一目标提前至2025年,并且计划"到2050年新车行驶过程中CO_2排放量相比2010年减少90%"。扩充"电动化"产品阵营以满足广大消费者多元化需求的同时,2019年,丰田还宣布了无偿提供23年积累的电动化核心技术相关的23740项专利,希望以此努力扩大合作范围,共同推动电动化车型的研发和市场投入,为削减二氧化碳排放、控制全球气候变暖做出贡献。同时,丰田更加注重中国市场在全球化布局中的地位,加强了与中国企业的战略合作,包括锂电池企业、智慧出行服务企业等,实现了其在中国市场的产业链延伸。截至2019年3月底,丰田在全球的员工总数超过37万人,下属子公司及分支机构超过600个,营业收入达到30万亿日元[①],成为仅次于大众公司的全球第二大汽车制造企业。

(二)业务构成

丰田汽车公司的主营业务是汽车制造与销售,主要产品包含多种不同类型,除传统燃油汽车之外,丰田还从混合动力车切入,逐步进入了多个新能源汽车领域。基于"只有实现环保车辆的普及才能真正为环保做贡献"的理念,1997年混合动力车PRIUS普锐斯上市之后,在日积月累的开发过程中,蓄电池、电机、动力控制单元等电动化车型所必需的核心技术得以不断进化和应用,丰田也成为拥有包含混合动力车(HEV)、外插充电式混合动力车(PHEV)、纯电动车(EV)、氢燃料电池车(FCEV)在内的全方位电动化产品开发的汽车厂家,在全球已经

---

① 资料来源:丰田汽车公司官方网站。

赢得超过 1500 万顾客的信赖，在研发、制造、销售方面积累了丰富的经验。

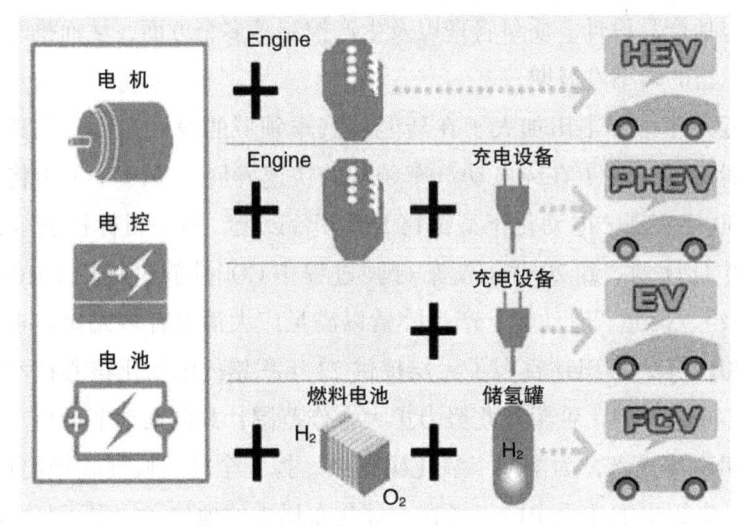

图 3-5　丰田汽车公司新能源汽车分类

资料来源：《丰田汽车公司 2019 年度报告》。

（三）全球布局

联合国世界贸发会议发布的数据显示，早在 2010 年，全球 100 大跨国公司按照海外资产总量排序，丰田已经跻身世界第五位，跨国指数（Transnationality Index，TNI）达到 53.1%[①]。过去 10 年的时间里，丰田深入实施国际化发展战略，并采用本地化经营管理方式，跨国指数保持在 50% 以上并有小幅提升。截至 2019 年 3 月底，丰田海外员工人数占比已经接近日本，达到了雇员总数的 42%。其中，亚洲地区的员工人数占比最多，达到了 17%，其次是北美地区的员工占比 13%（见图 3-6）；丰田海外汽车产量占比已经超过了日本，达到了 52%。其中，北美洲和亚洲两个地区的产量占比最高，分别为 20% 和 19%，是丰田最主要的海外汽车制造基地（见图 3-7）；由于日本人口非常有限，丰田海外

---

① 联合国贸发会议《世界投资报告 2011》。跨国指数计算方法：海外资产比重、海外销售收入比重以及海外员工比重的平均值。

汽车销量占比远远超过产量，四分之三的汽车销往海外市场。其中，北美洲和亚洲仍然是其最重要的海外市场，销量占比分别达到了31%和19%（见图3-8）。由此可见，北美洲和亚洲是丰田在海外发展的主要阵地。

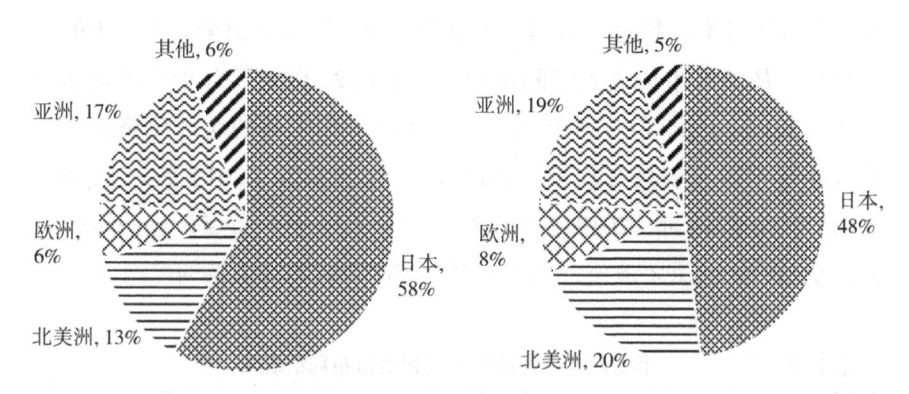

图3-6　2019年丰田汽车全球员工分布情况

资料来源：《丰田汽车可持续发展报告2020》。

图3-7　2019年丰田汽车全球产量分布情况

资料来源：《丰田汽车可持续发展报告2020》。

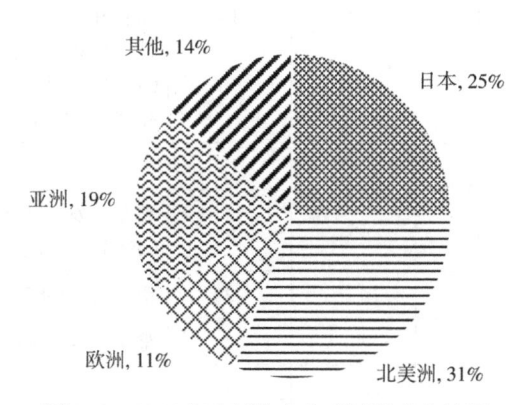

图3-8　2019年丰田汽车全球销量分布情况

资料来源：《丰田汽车可持续发展报告2020》。

更进一步分析，丰田采用了全球多中心的布局，除日本总部外，还分别在美国、比利时、中国、新加坡和泰国设立了区域总部。从汽车产业的价值链环节来看，丰田的全球化业务已经覆盖到研发、制造、销售和服务的各个环节。其中，丰田在美国、比利时、法国、德国、中国和泰国分别设立了研发中心,从事汽车整车与零部件生产制造相关的技术研发工作。除日本外,丰田在中国的研发机构最多,达到了3家,分别位于江苏、天津和广东。从制造环节来看,丰田同样将中国作为最主要的海外生产基地。丰田已经在中国设立了11个汽车生产制造基地,仅次于日本,超过了美国,彰显出中国市场在丰田全球布局中的核心地位。从海外市场进入时间来看,丰田在20世纪八九十年代就陆续进入了美国、欧洲和亚洲市场,基本奠定了其主要的全球化格局。最近几年,丰田又积极在埃及(2012年)、中国长春(2014年)、新加坡(2015年)、墨西哥(2019年)以及缅甸(2021年)布点,进一步强化其在全球市场的重要地位,增强其对全球产业链和价值链的控制力。

表3-2　　　　丰田在全球各地的研发和制造布局情况

	区域总部	研发中心	生产基地	主要产品(最早生产时间)
日本	1	8	16	锻造零件、混合动力系统零件、底盘零件(1938)、整车(1959)、发动机(1965)、变速箱相关零件、发动机相关零件(1968)、动力总成相关零件(1973)、涡轮增压器、催化转化器(1975)
北美洲	1	5	13	
美国	1	5	9	整车、发动机(1988)、铝铸件(1993)、变速箱(1998)
加拿大			2	铝轮毂(1985)、整车(1988)
墨西哥			2	整车、卡车车床(2004)
拉丁美洲			3	
阿根廷			1	整车(1997)
巴西			1	整车(1959)
委内瑞拉			1	整车(1981)
欧洲	1	3	7	
比利时	1	1		
法国		1	1	整车(2005)

续表

	区域总部	研发中心	生产基地	主要产品（最早生产时间）
德国		1		
捷克			1	整车（2001）
波兰			1	发动机、变速箱（2002）
葡萄牙			1	整车（1968）
土耳其			1	整车（1994）
英国			1	整车、发动机（1992）
俄罗斯			1	整车（2007）
非洲			3	
肯尼亚			1	整车（1977）
南非			1	整车（1962）
埃及			1	整车（2012）
亚太地区	3	4	26	
中国	1	3	11	发动机、冲压件、整车（1986）、车轴、防尘罩、锻件（1998）、变速箱（2014）、新能源汽车蓄电池（2015）
新加坡	1			
泰国	1	1	3	整车（1964）、发动机、传动轴（1989）
菲律宾			2	整车（1989）、变速箱、等速万向节（1992）
巴基斯坦			1	整车（1993）
马来西亚			1	整车（1968）
印度尼西亚			4	整车、发动机（1970）
印度			2	整车（1999）、车轴、传动轴、变速箱（2002）
越南			1	整车（1996）
缅甸			1	整车（2021）

资料来源：根据丰田汽车公司官方网站信息整理，截至2019年12月底。

（四）经营状况

汽车整车制造与销售是丰田的主业，目前公司已经实现了全球化生产与销售格局。从图3-9可以看出，在经历了2011年的低迷状态之后，2012年丰田全球汽车产量迈上了一个新的台阶，并且8年来产量基本保持稳定，始终在年产900万辆的规模上下浮动。近年来，在全球汽车产业整体下行的压力下，丰田汽车产量和销量仍然保持稳定，也从一个侧面表现出丰田的竞争实力。

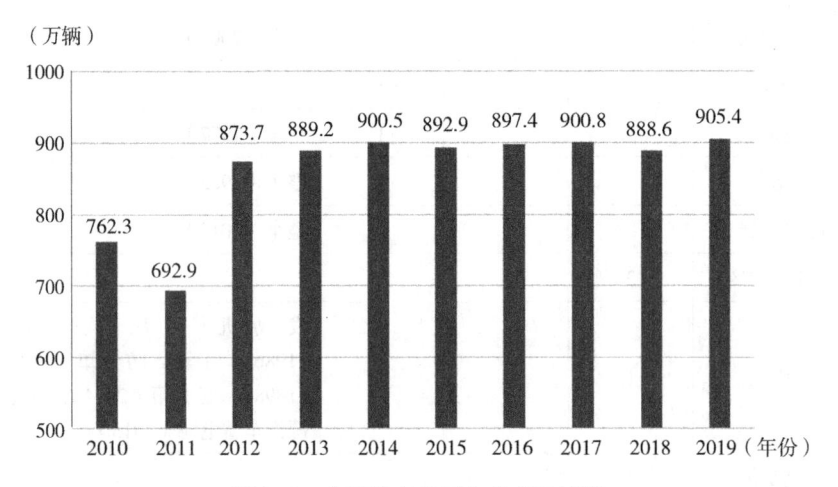

图3-9 丰田汽车公司全球产量情况

资料来源：丰田汽车公司官方网站披露数据，截至2019年3月底。

从丰田的财务绩效来看，2010年以来，丰田汽车公司的营业收入基本保持稳步增长趋势，但是净利润一直处于波动状态。2019年，丰田汽车公司营业收入超过了30万亿日元，比2018年有所增长；净利润为1.88亿日元，比2018年明显下降；净资产收益率为9.8%，比2018年的13.7%有大幅下跌。总体而言，汽车行业是一个充满竞争的行业，企业经营过程也面临一系列的不确定性，横向比较来看，丰田是一家实现了长期稳健发展的跨国公司。

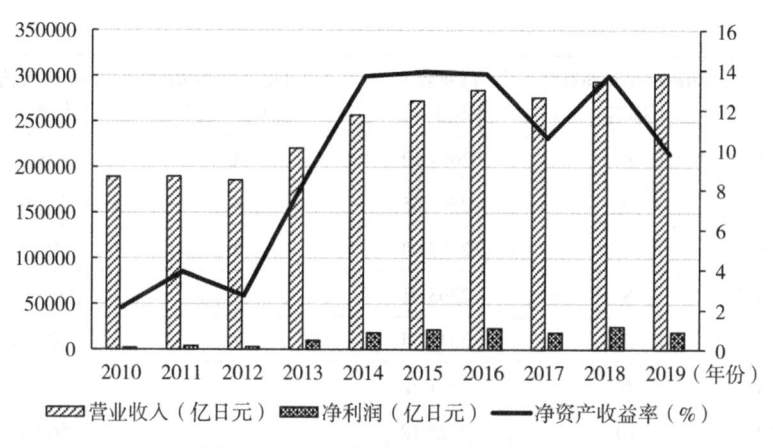

图 3-10　丰田汽车公司财务绩效情况

资料来源：《丰田汽车公司 2019 年度报告》。

（五）全球地位

丰田始终秉持开放共享的发展理念，凭借持续不懈的技术创新和管理创新，在全球市场上取得了长足的发展。近 10 年来，丰田汽车一直稳居世界 500 强前 10 行列，同时位居汽车行业全球最具价值品牌榜首，彰显出超强竞争实力和持续发展能力。2019 年丰田汽车营业收入达到 2752.88 亿美元，在 Fortune 发布的 2020 年度世界 500 强榜单中排名第 10 位，在上榜的汽车行业企业中排名第 2 位，仅次于大众公司。其中，在 2017 年和 2018 年发布的榜单中，丰田汽车曾经超越大众公司，抢占汽车行业龙头地位。丰田的价值也得到了社会上的广泛认可，在 Interbrand 发布的 2020 年度全球最具品牌价值排行榜中，丰田位居第 7 位，当年品牌价值为 562.46 亿美元，在当年上榜的汽车行业企业中排名首位。

表 3-3　　丰田汽车 2010—2020 年在全球榜单排名情况

年份	Fortune 世界 500 强排名	营业收入（亿美元）	Interbrand 全球最具价值品牌排名	品牌价值（亿美元）
2010	5	2041.06	11	261.92
2011	8	2217.60	11	277.64
2012	10	2353.64	10	302.80

续表

年份	Fortune 世界 500 强排名	营业收入（亿美元）	Interbrand 全球最具价值品牌排名	品牌价值（亿美元）
2013	8	2657.02	10	353.46
2014	9	2564.55	8	423.92
2015	9	2477.03	6	490.48
2016	8	2365.91	5	535.80
2017	5	2546.94	7	502.91
2018	6	2651.72	7	534.04
2019	10	2726.12	7	562.46
2020	10	2752.88		

资料来源：Fortune 官网、Interbrand 官网。

三 丰田汽车战略调整的方向与重点

近年来，在全球政治、经济格局复杂多变的大环境下，跨国公司纷纷调整技术路线，优化业务架构，深化全球布局。本书重点考察了丰田汽车公司技术战略调整和全球产业链布局演变，从中可以映射出整个产业发展的变革趋势以及世界级企业成功的共性规律，希望对中国新能源汽车产业发展和跨国公司成长有所启示。

（一）技术战略的调整

丰田公司在 1992 年提出"丰田基本理念"，其中一项重要内容就是，在各个领域不断开发和研究最尖端的科学技术，提供能满足全球顾客需求且充满魅力的产品和服务。几十年来，丰田高度重视技术研发投入，在汽车领域积累了丰富的自主知识产权。2010 年以来，丰田的研发投入规模总体呈上升趋势，尤其是 2012 年研发投入强度达到了 4.2%。近年来，随着多款新能源车型受到市场消费者的青睐，丰田的营业收入呈现明显的上涨趋势，同时仍然高度重视前沿技术研发与产品创新，研发投入强度保持在 3.5% 以上。

一是实施电气化战略并不断动态调整。丰田早在 20 世纪 90 年代就进入了新能源汽车领域，早期主要是以混合动力汽车为主。在混合动力领域技术领先，1997年推出世界首款量产混合动力车普锐斯，在20年的时间中将新能源汽车的年度销量从1997年的400辆上升至2017年的152万辆，其中日本地区贡献了近50%。随着全球纯电动车市场份额的大幅提升，丰田及时调整业务战略进军纯电动车领域，提出了电动化战略并进行三番调整，纯电动汽车发展步伐提速。近年来，由于各国政策的推动、维持市场份额的需求及竞争对手带来的压力，丰田汽车分别于2015年、2017年和2019年更新了电动化战略，最新目标为2025年全球年销售550万辆电动化车。产品因地施策，在日本推广超紧凑型纯电动，全球其他地区推出丰富新能源车型，并与多家产业链上下游企业合作。

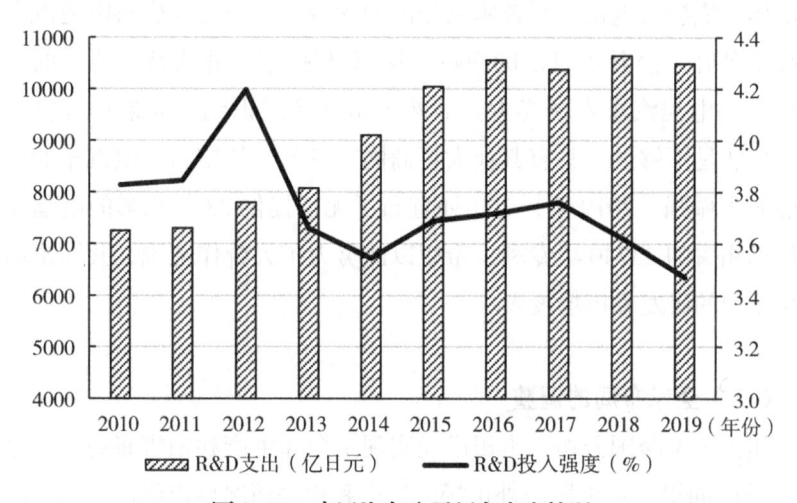

图 3-11 丰田汽车公司研发支出情况

资料来源：《丰田汽车公司2019年度报告》。

二是应用先进技术持续改进生产模式。丰田致力于通过环保汽车和智能网联打造未来汽车。2012年，丰田引入新的生产系统TNGA（Toyota New Global Architecture），在全球汽车制造业务中实施结构创新，提升产品的基本性能和吸引力。TNGA从改变汽车的基本架构开始，重塑动力总成（发动机、变速箱、混合动力总成）和底盘，集成产品开发，能够在行驶、转向和刹车三个基本功能方面快速改进。2015年，丰田在中国的事业体系便进入为期三年的构造改革规划，为导入 TNGA 架构做准备。在 TNGA 架构上，汽车生产将分为两个部分：基本部件包括动力总成、平台等，旨在实现生产智能共享，提高汽车的基本性能；差异化部分包括汽车的内饰和外饰，根据顾客的偏好量身定做。

三是开放专利，加快构建技术创新生态系统。未来的竞争不再是企业之间的竞争，而是一个个生态系统之间的竞争。丰田通过开放专利的方式，扩大技术合作伙伴，加快构建自己的技术创新生态系统。丰田 2015 年 1 月宣布将向相关行业企业免费提供燃料电池专利。丰田公司在氢燃料电池方面已经走在了世界的前列，然而市场上对氢燃料电池还比较陌生，不如纯电动车使用的锂电池认知度高。目前，能够代表日本最高氢燃料电池技术的汽车是丰田 Mirai，在日语里是"未来"的意思。丰田作为氢燃料电池汽车技术领先的领先者，已经将氢燃料电池汽车相关技术公开，公开了自己的 5000 多项专利技术。并欢迎其他厂商一起将氢燃料电池汽车发扬光大。显然丰田已经意识到，如果只有自己研发，显然是不够的，只有其他大厂商同时参与，氢燃料电池汽车的市场才能做大做强。2019 年，丰田还宣布了无偿提供 23 年积累的电动化核心技术相关的 23740 项专利，希望以此努力扩大合作范围，共同推动电动化车型的研发和市场投入。

（二）全球布局的调整

作为一家跨国公司，丰田已经实现了全球生产和销售布局。在过去 10 年的时间里，从丰田海外市场的生产和销售情况可以看出，汽车海外产量和海外销售收入占比整体呈上升趋势，表明丰田的全球化程度有所提升。2010 年丰田汽车海外产量占比为 56.9%，2016 年海外产量占比最高达到了 64.7%，但是 2019 年下滑至 62.3%。在海外市场中，亚洲市场的产量占比最高，达到了 30% 左右，其次是北美洲，为 20% 左右，然后是欧洲，不到 10%。2019 年，中国产量占丰田全球产量比重达到了 15.5%，占丰田亚洲产量比重高达 54.6%。从汽车销售收入来看，中国市场的销售收入占丰田全球销售收入比重达到 16.7%，占亚洲市场销售收入比重同样超过了 50%。近年来，丰田在中国的汽车产量和销售收入占比呈逐年增长趋势。由此可见，中国是当之无愧的丰田第一大生产制造基地和第一大消费市场。

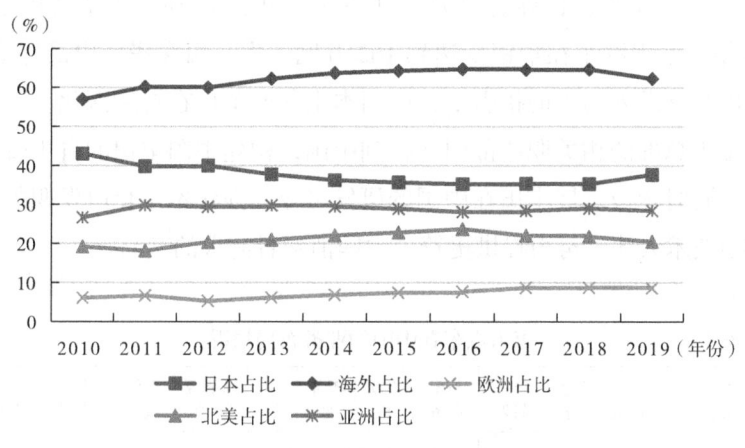

图 3-12　丰田汽车海外产量构成情况

注：按照自然年数据计算。
资料来源：根据丰田汽车公司官网披露数据计算得到。

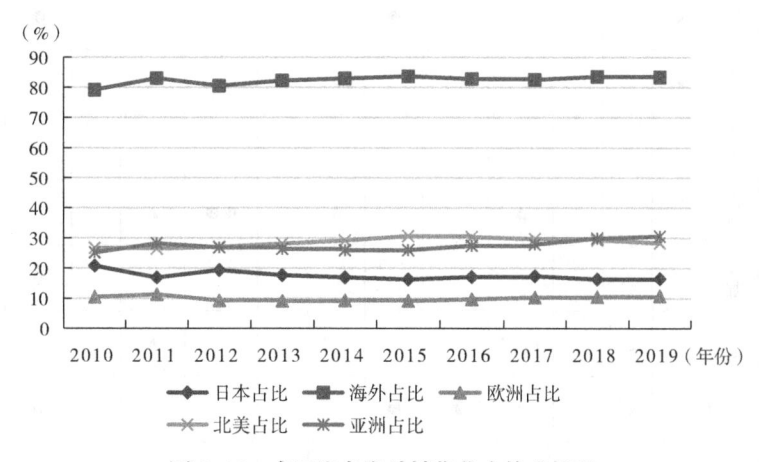

图 3-13　丰田汽车海外销售收入构成情况

注：按照自然年数据计算。
资料来源：根据丰田汽车公司官网披露数据计算得到。

（三）中国布局的调整

丰田汽车在中国的事业活动可追溯至1964年对华出口首批CROWN皇冠轿车。自2001年成立丰田汽车（中国）投资有限公司，如今丰田

全球价值链重构与跨国公司的战略分化

汽车已在中国设立28家主要的独资和合资公司,包括在中国8个省和直辖市设立的9家独资公司、15家合资公司和4家代表处,同时在天津、广州、成都、长春合资建立了6个整车工厂和4个发动机工厂。2019年,丰田汽车在华销量达到162万辆,为丰田在华历史最好成绩。在丰田全球发展愿景的指引下,中国本土化改革也在持续深化。丰田不但将位于总部的相关职能部门迁移到中国,构建中国丰田的自主管理和决策,同时积极发展丰田在中国的研发事业,强化本土化研发职能、培养本地技术人才,努力提供更符合中国消费者需求的产品。

表3-4 丰田汽车在中国的业务布局情况

序号	城市	事务所	投资	金融	技术研发	技术服务	发动机	零部件	模具	新能源电池	仓储贸易	物流	整车制造	销售
1	北京	★	▲	▲	△									●
2	天津	★			▲●		●	●●	●				●	●
3	长春	★					●							●	
4	沈阳	★													
5	南京		△												
6	常熟				▲			▲		●●	▲				
7	成都		△											●	
8	上海		△		▲△△						▲				
9	广州			△		△	▲	●						●	
合计		36	4	5	1	8	1	3	3	1	2	2	1	4	1

注:★代表处/事务所;▲独资公司,△独资公司分公司;●合资公司
资料来源:根据丰田汽车公司网站披露信息整理而成。

近年来,丰田汽车在中国重点在两个方面加强了合作。在汽车制造领域,重点推广普及氢燃料电池电动汽车;在延伸服务领域,重点加速

发展"丰田智行互联"（Toyota Connect）系统，同时向自动驾驶和移动出行服务领域延伸。

一是致力于在中国普及氢燃料电池电动汽车。氢燃料电池车在行驶过程中产生的排放物只有水，加氢和续航里程具有和燃油汽车同等便利性，因此被称为"终极环保车型"。丰田一直致力于作为实现"绿色交通"这一理想的汽车研发，并努力使其尽早普及，从2002年开始就已经在日本、美国限量发售了氢燃料电池车"MIRAI"，从而在氢燃料电池车的开发方面奠定了坚实的基础。在中国，丰田已于2017年启动了MIRAI的实证试验，并且在常熟研发中心内设立了加氢站，还与中国商用车企业展开合作，积极推进氢燃料电池系统在商用车领域的应用。通过提供FC组件以及建立商业模式等，促进这一环保技术在中国的应用和普及，为实现未来氢能源社会打造坚实的基础。丰田于2019年开启全面推广普及氢燃料电池技术，特别是FC商用车领域，继上海车展上宣布FC柯斯达将作为丰田品牌首次引进中国的FCEV之后，又陆续通过与北汽福田、亿华通、中国一汽、苏州金龙、上海重塑等企业开展合作，向多家中国商用车厂商提供丰田氢燃料电池组件，以此实现FCEV在中国更大范围的普及。2020年6月5日，为了在中国普及氢燃料电池车（FCEV），中国一汽、东风集团、广汽集团、北汽集团、北京亿华通科技、丰田汽车公司等六家公司签署合营合同，成立"联合燃料电池系统研发（北京）有限公司"。该公司主要业务为在中国开展能为构建清洁环保的移动出行社会做出贡献的商用车燃料电池系统研发工作，预计于2020年内在北京正式成立。

二是致力于发展智能互联、移动出行等服务领域的合作。丰田正加速向智能化汽车领域发展，于2018年推出了"丰田智行互联"（Toyota Connect）系统。它建立起人与车之间的网络连接，实现了智能动态信息服务、车辆智能化控制和管理，带来了更加人性化的移动网联服务，该系统现已搭载在全新COROLLA卡罗拉、全新RAV4荣放、全新LEVIN雷凌车型，今后也将逐步配备于其他车型。2019年，丰田分别与中国一汽、广汽集团签订战略合作框架协议，在电动化及智能网联领域进一步深化合作伙伴关系，希望通过在包括新能源车的电动化车辆及智能网联领域的合作，为中国社会做出贡献。同时，丰田在中国重点深化移动出行服务领域的合作。2016年以来，丰田在自动驾驶领域的投资已接近50亿美元。在中国市场上，2019年7月，丰田宣布加入由百度主导的"阿波罗计划"自动驾驶开发联盟，以加快技术使用化进程。同年8月，丰田与自动驾驶初创公司小马智行正式宣布建立合作关系，双方将共同探索自动驾驶技术的进一步落地，推动自动驾驶和未来出行领域相关产品和服务的商业化进程。2020年2月，丰田确定了向中国初创企业小马智行出资的方针，出资额约为4亿美元，成为丰田在中国布局自动驾驶领域的重要战略行动。

四 丰田汽车战略调整的影响与启示

全球新能源汽车产业链布局的战略调整，势必对中国新能源汽车产业以及汽车企业产生深远的影响。本书通过剖析全球新能源汽车产业链布局演化趋势，分析对中国汽车产业链以及汽车产业发展的影响和挑战，最后对中国新能源汽车产业的健康可持续发展提出几点建议。

（一）对中国汽车产业链的影响分析

全球新能源汽车产业链布局的战略调整，势必对中国新能源汽车产业以及汽车企业产生深远的影响，突出表现在以下几个方面。

第一，中国市场有强大的吸引力，中国对外开放政策也在不断深化，跨国公司正在加大对中国市场的投资力度，这也必然带来更加激烈的行业竞争。一方面，中国拥有巨大的汽车消费市场空间，并且在新能源汽车领域给予有力的政策支持，这些因素对跨国公司产生了强大的吸引力。为此，以丰田为代表的大型跨国公司纷纷将中国列为最重要的海外基地，并且基本实现了在中国本土研发、制造、销售和服务的全产业链发展模式。通过对丰田汽车公司的案例研究发现，汽车行业的大型跨国公司非但没有撤离中国市场，反而加大了对中国市场的投资力度。由于汽车产业链涉及领域非常广泛，考虑到节约成本等方面的原因，上下游之间一般都采取集聚发展的模式，而产业链整体搬迁的可能性并不大或者成本相当高，短期内并不现实。另一方面，中国对外开放的政策力度在不断增强，2018年6月发改委、商务部联合发布《外商投资准入特别管理措施（负面清单）(2018年版)》指出，从2018年7月28日起取消专用车、新能源汽车外资股比限制。该政策极大提高了外资新能源车企在华建厂的积极性。国内动力电池市场也将重新迎来LG、三星等海外巨头。2019年6月工信部发布公告称，自2019年6月起废止《汽车动力蓄电池行业规范条件》（以下简称《规范条件》），第一批、第二批、第三批、第四批符合规范条件企业目录同时废止，动力电池领域竞争彻底放开。而目录废止后，动力电池领域将迎来更加激烈的行业竞争。这些政策的实施为跨国公司在中国发展新能源汽车提供了更广阔的空间，势必带来行业内更加激烈的竞争。

第二，全球新能源汽车产业链和价值链面临重构，中国新能源汽车产业进入转型关键时期，跨国公司战略调整将加速推动中国新能源汽车产业转型升级。新能源汽车是全球汽车产业转型升级的重要方向，作为新兴技术与汽车产业融合创新的集中载体，新能源汽车已经成为世界主要汽车大国产业竞争的焦点。目前，全球主要发达国家都将新能源汽车作为未来发展的重要战略方向，并加快全球产业链布局的进程。EV Sales统计数据显示，2019年全球新能源汽车销售量约221万辆，同比增长近10%，其中纯电动汽车仍然占据主力，占新能源汽车整体销量的74%，插电式混合动力汽车占比26%。目前，中国已经成为电动汽车最大的消费市场，未来两年将是我国新能源汽车产业由"政策拉动"向"市场引领发展"过渡的关键时期，这也意味着该产业即将进入高度市场化、差异化发展的2.0时代。新零售、智能科技、车联网等多产业和新模式与汽车产业的全面融合将促使新能源汽车产业的价值链不断革新，传统的游戏规则将被挑战、打破与重建。竞争的焦点将由产品竞争转向服务竞争，由单环节竞争向商业模式综合能力竞争转变，同时由行业内竞争转向跨行业竞争。以丰田为代表的跨国公司都非常注重战略合作，正在逐步构建自己的产业生态系统，力争在产业链和价值链重构过程中保持领先优势。中国是这些跨国公司的重要战略合作对象，这将会推动新的理念、新的技术、新的产品、新的商业模式在中国汽车产业落地,必将加速中国汽车产业的转型升级进程。

第三,跨国公司战略调整的方向反映了产业发展的必然趋势,电动化、网联化、智能化和共享化是未来发展的大方向,中国必须顺应趋势抓准战略重点。今后,新能源汽车产业将向电动化、智能化方向发展,电动汽车和智能网联汽车将迎来一个高速发展时期。从全球来看,电动汽车产业正处于快速扩张期,未来一段时期仍将成为市场的主导方向。IEA(国际能源机构)发布的《2019年全球电动汽车报告》指出,2018年全球电动车数量超过510万辆,比上一年增加200万辆,新电动车销量几乎翻了一番。中国仍然是世界上最大的电动汽车市场,其次是欧洲和美国,挪威则是电动汽车市场份额方面的领导者。在全球新能源汽车产业转型的背景下,我国制定的《新能源汽车产业发展规划2021—2035年》明确了新能源汽车"四化"(电动化、网联化、智能化和共享化)的发展趋势,同时提出未来15年中国产业发展目标:到2025年,新能源汽车竞争力明显提高,新能源汽车销量占比达到25%左右,智能网联汽车销量占比达到30%左右。其中,纯电动车成为主流,燃料电池商用车实现规模化应用,高度自动驾驶智能网联汽车趋于普及,我国进入世界汽车强国行业。2020年,新能源汽车充电桩被列为中国"新基建"重点产业之一,将进一步带动电动汽车产业加速发展,这将有力促进中国新能源汽车市场需求的释放。丰田汽车等跨国公司仍是引领产业发展方向的主导力量,这些跨国公司在中国的战略布局体现出智能化、服务化等典型特征,例如,丰田汽车加强与自动驾驶、互联网服务等领域的中国企业的战略合作,这也将带动我国产业链上下游相关企业共同成长。

(二)对中国汽车产业链发展的启示

通过剖析全球新能源汽车产业链布局演化趋势以及典型跨国公司的战略调整方向,本书对中国新能源汽车产业的健康可持续发展提出以下几点建议。

第一,在技术路线选择方面,高度重视纯电动汽车产业发展,加快推动氢燃料电池电动车产业发展。近年来,我国重点发展纯电动汽车产业，通过补贴政策等大力扶持产业发展，目前已经具备了一定规模和竞争力。从全球产业发展格局和趋势来看，电动汽车仍然是未来一段时期的主流方向。尽管新能源汽车补贴政策进入调整期，但是不应当放松对电动汽车产业的支持，要从有利于产业健康可持续发展的角度，研究并制定更具有长效性的制度安排。此外，随着各国政府对氢燃料电池汽车产业的扶持及关键技术的突破，未来几年燃料电池汽车产业将迎来爆发式增长。我国在这条技术路线上的发展起步较晚，目前开始重视氢燃料电池汽车的发展。其中，在《中国制造2025》中提出的目标是，到2025年，燃料电池堆系统实现批量生产和市场化推广。中国汽车工程学会曾预测，到2030年，中国燃料电池汽车的规模将达到百万辆，中国氢能汽车产业产值有望突破万亿元大关（中商产业研究院，2019）。当前，中国的燃料电池汽车主要应用范围是客车，主要生产企业包括福田汽车、宇通客车、中植汽车、奇瑞汽车等。在国家产业政策引导下，许多地方政府纷纷出台氢能产业发展规划，并为扶持氢能产业发展提供多项政策支持。2020年7月，成都发布了《关于促进氢能产业高质量发展的若干意见》，从要素集聚、强化企业培育等方面推动氢能产业发展。为进一步落实该意见，成都随后又出台了《关于促进氢能产业高质量发展若干意见的实施细则》，对电解氢电力、氢气储存、氢气运输、加氢站建设等分别给予了补贴等支持。今后，我们应当立足全国氢能产业链发展优化布局，构建产业技术联盟突破共性关键技术，同时加强氢能产业标准的研究制定和推广，打造后发竞争优势。

第二，在产业链协同方面，引导加强产业链上下游的核心技术创新，重点提升关键零部件的自主配套能力。首先，应加大前沿关键技术的研发强度，掌握自主知识产权。我国汽车产业经历了漫长的发展历程，早期核心技术主要来源于中外合资公司，经过持续不断的技术研发和产品创新，逐渐在动力电池等领域具备了竞争力。但是，在电机和电控系统等核心零部件领域，我国对国外的技术依赖度仍然偏高，亟待借助多方力量对"卡脖子"技术开展联合攻关。建议政府对于关键共性技术研发给予税收减免等优惠政策，同时加大新能源汽车产业基金等金融支持力度。其次，要增强产业链上下游的协同效应，构建良好的产业生态系统。对于新能源汽车产业而言,产业链上下游的配套与协同能力至关重要,是决定产业竞争力的关键要素。从丰田汽车的案例研究可以发现,大多数跨国公司都逐步形成了完整的产业链条,并且非常注重构建以自身为中心的生态系统。目前,我国在核心零部件环节自主配套能力较弱,汽车零部件企业普遍存在规模小、实力弱、研发实力不强等问题。在技术含量较高的核心零部件领域,大部分都由外资独资企业或外资控股企业所控制,国内的大型汽车制造企业也要依赖进口零部件。上游核心零部件自主配套能力不足,也削弱了我国整车制造企业的综合竞争力,不利于在国际市场上打造自主品牌。为促进新能源汽车产业健康发展,应当促进汽车零部件产业集群发展,构建分工合理、协作高效的整车与零部件配套体系,进一步完善汽车产业链条,从而提升整个产业的全球竞争力。

第三,在基础设施建设方面,紧紧抓住"新基建"的重大战略机遇期,提高充电桩供给量和利用率。电动汽车与充电桩保有量的配比是限制新能源汽车产业发展的关键环节。中国充电联盟披露数据显示,我国充电桩保有量从2014年的3.3万个快速增长到2018年的77.7万个,4年复合增长率220%,对应车桩比从2014年的6.7∶1降低到2018年底的3.4∶1,在世界上处于较高水平,高于7.5∶1的国际平均水平,但是与电动汽车的快速发展相比仍然存在很大缺口。国际能源署(IEA)在最新的《全球电动汽车展望》(Global EV Outlook)中表示,全球公共慢充桩和快充桩的数量达到了86.2万个,其中的60%来自全球最大汽车市场中国。但目前行业仍存在充电桩布局不合理、供需错配、充电桩不互通共享、整体利用率偏低、停车难充电时间长等问题。"十四五"时期,中国将迎来电动汽车基础设施建设的重要战略机遇期。新能源汽车充电桩被列为中国"新基建"重点产业之一,此举将进一步带动电动汽车产业加速发展,这将有力促进中国新能源汽车市场需求的释放。对于行业内的跨国公司而言,中国新能源汽车的发展潜力和吸引力也显著增强。中国新能源汽车行业应借助这一契机,进一步巩固在充电桩配套设施建设环节的比较优势,为电动汽车的快速推广和可持续发展奠定良好的基础。由于中国大部分城市具有人口密集的特征，当前主要是以发展公共充电桩为主的模式，私人充电桩的占有率和利用率并不高。未来一段时期，伴随能源互联网和智慧型社区的发展与完善，共享充电模式将得到更大范围的推广，这会大幅提升私人充电桩的利用率，有助于促进电动汽车实现更广泛的应用。此外，换电模式也是业内高度关注的发展方向，换电站建设也将是未来中国在产业链下游的一个重点关注领域。

第四，在龙头企业发展方面，要加快提升自主创新能力和国际竞争力，努力增强中国企业在全球产业链的控制力。丰田汽车的一个突出特点是高度重视核心技术的研发，掌握自主知识产权，这对于技术密集型的新能源汽车产业至关重要。借助技术优势和竞争实力，丰田逐步实现了在全球市场的扩张，逐步在海外市场构建起完整的产业链条，覆盖从研发、制造到销售、服务各个环节。在国际化发展过程中，丰田同时采取了全球化和本地化战略。20世纪80年代之后，丰田开始了它全面走向世界的国际战略，先后在美国、英国以及东南亚建立独资或合资企业，并实施当地研究开发设计生产的本土化战略。目前，丰田公司几乎在全球各个地区都以合资或独资方式建有着零部件和整车制造厂，并在美国、比利时、法国、德国、中国和泰国设立了研发中心。丰田利用这些研发中心针对东道国市场需求研发、实验新产品，实现产品在东道国研发、制造和销售，这种策略促使丰田产品赢得了较高的市场占有率。同时，丰田不断提升自身在产业链的地位，十分注重增强对于整个产业链的控制力。例如，丰田在选择供应商时列出了十分明确的条件，同时将丰田先进的生产理念和方法灌输给供应商，促使供应商自身管理水平得到提升，从上游零部件环节入手来确保丰田的产品品质能够保持稳定。当前，与丰田汽车等发达国家的跨国公司相比，中国汽车企业距离真正的世界一流企业仍存在差距。中国企业仍然处于"大而不强"的尴尬处境，在决定未来发展的前沿技术领域缺乏自主知识产权，在上游核心零部件环节受制于发达国家的跨国公司。早期通过合资模式逐渐发展壮大的中国汽车产业，决不能重走模仿创新、低端同质化竞争的老路，必须加快形成自主知识产权，构建自主品牌，提升核心竞争力。

第四章

示范还是威胁？
——特斯拉的全球产业链布局及其启示

以特斯拉为代表的"造车新势力"既不同于传统燃油动力汽车，也不同于新能源电动汽车。从技术范式看，特斯拉等应定位于智能汽车，并能够提供全新的用户驾驶体验。从产业生命周期看，智能汽车正处于行业的成长期，随着成熟期的到来，智能汽车的产业发展规模比智能手机要大得多。特斯拉进入中国市场并实现国产化，将激活国内智能汽车产业的繁荣发展。

一 智能汽车的全球产业链发展现状

站在新能源汽车的角度看，特斯拉无疑是一匹黑马，已经远远超越了通用、比亚迪等传统车企的电动化步伐，引领着新能源汽车行业的发展。但是，特斯拉又不仅仅是电动汽车，还是汽车智能化与电动化的集合体。

（一）新能源汽车

以电动汽车为代表的新能源汽车与传统燃油动力汽车的技术路线完全不同。传统燃油动力汽车一般由发动机、车身、底盘和电气设备四个基本部分组成，纯电动汽车由"三电"替代发动机，主要结构包括"三电"（电机、电池、电控）、车身、底盘和电气设备等。以特斯拉 Model S 为例，作为电动汽车，其结构上最大的特点是采用密布在底盘上的电池驱动，而没有传统的内燃发动机、变速箱等，前方引擎盖位置则改装成储物空间。

电动汽车的发展历程并非一帆风顺。经过百年发展，传统燃油动力汽车的技术可靠性和产业链分工已经非常成熟，完善的产业链分工降低了生产成本并能产生规模效应，成熟的技术能力保障了产品可靠性和稳定性并塑造出众多百年品牌。相对于燃油动力汽车，电动汽车则属于新兴产业。早在 1996 年通用汽车就首次推出了 GM EV1 电动车，正如诸多新生事物一样，受到市场、技术等因素的制约，这款产品折戟沉沙，最终没有被消费者接受。此后进入市场的电动汽车还有比亚迪 2006 年的首款电动车 F3e、尼桑 2010 年推出的 Leaf 等，但整体市场关注度普遍较小，未能形成广泛的市场和行业影响。

产业政策是电动汽车发展的催化剂。随着化石能源带来的环境问题受到各个国家重视，再加上燃油动力汽车尾气排放造成污染，越来越多的国家开始思考发展电动汽车，并为此出台了系列产业政策。我国的新能源汽车产业政策以补贴为主，但收效甚微，并伴随着诸多争议。直到"十四五"末期，2019 年中国新能源汽车销量不过 120.6 万辆。2017 年工信部发布《汽车产业中长期发展规划》，提出 2025 年新能源车占比由 20% 提高至 25%，按照 2025 年中国乘用车销量 2700 万辆计算，若完成 25% 占比新能源乘用车销量可达 675 万辆，该规划体现了中国政府推动新能源汽车发展的决心。产业政策的推动刺激了新能源汽车的消费，也大大提高了我国新能源汽车核心技术的研发水平。

美国联邦和各州均实施补贴政策。2019 年美国众议院筹款委员会起草了《2019 绿色能源法案》，修订和扩大系列可再生和绿色能源相关的优惠政策。加州实施零排放车辆（Zero Emission Vehicles, ZEV）制度，倒逼企业发展新能源车。生产不同类型新能源车可获得相应的 ZEV 分值。2018 年之后，零排放车（ZEV）、过渡型零排放车（TZEV）、氢内燃机汽车（HICE）以及低速电动车（NEV）可产生 ZEV 积分，中型（年均加州销量大于 4500 辆且小于 20000 辆）和大型制造商（年均加州销量大于 20000 辆）必须满足 ZEV 积分最低要求。加州 ZEV 制度孕育出了特斯拉这样的新兴电动车企业。此外，特斯拉共计获得了 24 亿美元的州和地方激励措施，特斯拉加州弗里蒙特工厂部分建设资金来自联邦贷款担保，内华达州则向特斯拉提供了 1.95 亿美元的可转让税收抵免，以换取特斯拉和电池合作伙伴松下承诺至少交换 35 亿美元的工厂股权。

欧洲建立了以碳排放为核心的管理体系。以企业平均 CO_2 排放为管理目标，提出 2020 年须达到 95g/km 的平均目标。2025 年较 2021 年实际排放下降 15%（对应 81g/km），2030 年较 2021 年下降 37.5%（对应 59g/km）。与我国的双积分政策类似，对于新能源车型（ZLEV）也给予核算倍数优惠，对于不达标企业，每辆车排放超标 1g 处以 95 欧元的罚款。欧洲各个国家的相关政策如表 4-1 所示。

表 4-1　　　　　　欧洲各个国家的新能源汽车补贴政策

国家	补贴政策内容
英国	2011 年，消费者购买 CO_2 排放量小于 75g/km 的电动汽车，最高可以获得 5000 英镑购车补贴，并免征汽车燃油税、汽车消费税等；购买 CO_2 排放量小于 75g/km 的电动货车，最高可获得 8000 英镑的购车补贴。政府已建立一个 4.5 亿欧元的基金，以帮助扩大电动车充电网络
德国	2016 年 5 月 18 日起，在德购买纯电动车的消费者将获得 4000 欧元补贴，购买油电混合动力汽车可获 3000 欧元补贴。补贴总金额共计 12 亿欧元
法国	——纯电和插电混动车但凡二氧化碳排放小于等于 20g/km 的，享有购买补贴 6000 欧元。排放在 21—60g/km 的，享有 1000 欧元补贴。排放在 61—110g/km 的，享有 750 欧元补贴 ——柴油车报废计划还规定：11 年车龄或以上柴油车置换纯电动车的可享受 4000 欧元补贴，置换插电混动车型的可享受 2500 欧元补贴 纯电车豁免企业车税，插电混动车二氧化碳排量少于 110g/km 的，注册后两年内豁免相同税种
葡萄牙	纯电动车可享 2250 欧元补贴，插混可享 1125 欧元补贴
西班牙	电动乘用车可享高达 5500 欧元补贴，电动卡车可享 8000 欧元补贴，电动巴士可享 20000 欧元补贴
比利时	弗兰德斯购买电动车可享 5000 欧元的补贴
瑞士	二氧化碳排放量不超过 50g/km 的插电式混合动力车可享 20000 克朗（约合 2123 欧元）的补贴，纯电动车可享 40000 克朗（约合 4246 欧元）的补贴

续表

国家	补贴政策内容
荷兰	零排放车豁免注册税和路税；插电混动车（二氧化碳排放小于51g/km）路税为传统汽车一半。同时，在特定城市单独奖励5000欧元补贴，如阿姆斯特丹
挪威	纯电动、燃料电池车进口税购置税豁免，插电混动最多减除同类税费10000欧元。纯电车和燃料电池车豁免25%增值税，免除道路税，市政停车场费，准入公交车道
爱尔兰	消费者购买新能源汽车最多可享5000欧元补贴

资料来源：各国政府公开报道。

行业电动化发展成为大势。随着政策激励力度的加大，电动车市场接受度显著增强。传统车企加速新能源造车领域布局，国内外主流车企纷纷发布自己的电动汽车品牌。除了特斯拉，宝马、奔驰、奥迪等车企也在加速新能源化发展，并于近期公布了新能源车计划。加上大众等企业，电动化进程引领全行业，成为2020年海外车企销量增长的主要来源。根据不完全统计，2020年前后海外主流车企将至少有40款电动车型投放市场。我国是全球最大的新能源车市场，涌现出一批像比亚迪、北汽新能源、上汽荣威等新能源汽车企业，还有像蔚来、威马、理想、小鹏等来自跨界的造车新势力。现在国内的电动车市场就像十年前的智能手机市场，大家都看准了行业未来的美好前景，很多企业投入了大量资源，规划了很多项目，但也面临着造车难、交付难等问题，经过行业洗牌并最后生存下来的企业将是屈指可数。

（二）智能化汽车

智能化汽车，或者叫智能汽车，又或者叫智能网联汽车，与电动汽车或者新能源汽车的概念并不完全相同。电动汽车为智能汽车提供了基础平台，而智能汽车基于这一平台实现了颠覆性创新。以造车新势力为代表，智能汽车流线外形、交互大屏幕、网络自动升级等"苹果化"的产品设计彻底改变了消费者对于汽车产品的理解。智能汽车完全不同于传统燃油动力汽车，也不同于单纯的电池动力汽车，其颠覆性的特征在于令人耳目一新，改变了消费者对于汽车产品的理解（张晓亮，2020）。

智能化、网联化代表了新能源汽车的演进方向。2020年2月《智能汽车创新发展战略》的出台，正式确定了"智能汽车"的概念。电动化只是将传统的汽车动力总成换成三电系统，而智能化则是价值链重构，汽车产业的核心价值将从发动机、底盘等转向电池、芯片、车载系统、路测数据等，智能驾驶或者无人驾驶可能是未来占据行业重要位置的价值点。作为出行的智能终端，芯片、系统和应用共同塑造了汽车作为智能终端的强大能力，而系统和软件又可以通过远程空中升级（Over The Air, OTA）的形式实现快速迭代。这是智能汽车的技术范式，既不同于燃油动力汽车，又不同于电动化汽车。

那么，智能汽车为什么选择新能源汽车作为基础平台呢？答案是"简单"。一是产品结构简单，燃油车的动力系统主要是由发动机、变速箱和传动系统构成，底盘设计基本固化，系统复杂，零配件繁多。传统汽车电子架构为"分布式方案"，将电气系统划分为车身与便利、车用资讯娱乐、底盘与安全、动力系统以及高级辅助驾驶等五个大域，功能界限明晰，不同的领域都有各自的零部件供应商。新能源汽车（电动汽车）以"电池＋电驱动系统"为动力核心，模块化设计可以节省大量零配件，车身设计和布局自由度增强，可以提高空间利用率，制造和维护成本也相应下降。

二是控制系统简单，两者存在集中式架构和分布式架构的区别。电动汽车电气一体化优势明显，软件应用实现远程空中升级十分便捷，智能驾驶、自动驾驶等电子化控制更加容易实现。传统的汽车供应链体系中，一级供应商（Tier 1）占据重要地位。主机厂提出功能需求后，一级供应商向零部件厂商采购零部件进行集成，然后交付满足主机厂功能需求的集成部件。这一架构下，主机厂不了解底层零部件厂商的技术规范，零部件厂商也难以清晰掌握主机厂的需求，一切都依赖于一级供应商从中协调连接。这就造成传统汽车的电子电气系统十分复杂，一辆汽车的电子控制单元（Electronic Control Unit, ECU）至少有七十多个，分别来源于供应链中不同的一级供应商，有着不同的嵌入式软件和底层逻辑。例如博世、德尔福等一级供应商所提供的每一个控制单元就相当于一个封闭的电脑系统，主机厂很难对其进行更新。因此，传统汽车只能基于模块化（也就是分布式电脑系统）实现功能集成，软件更新几乎与汽车生命周期同步，很难实现远程方式更新软件系统。与此不同的是，特斯拉能够将汽车ECU垂直融合化、集合化——用中央计算模块（CCM）直接整合相关功能，具有车载中央电脑功能并能实现分区域控制。传统整车厂商不具备很强的底层设计能力，要想从底层设计开始将各个ECU整合成一个"车载大脑"，不仅是软件技术研发的问题，而且会损害原有供应商的利益。一级供应商具有一定的垄断能力，有些一级供应商的营收规模甚至超过了普通的整车制造企业。如表4-2所示。

表4-2　　　　国际一级供应商的市场份额

公司名称	国别	2018年营收（亿美元）	市场份额（%）	业务范围
罗伯特博世	德国	519	11.6	汽油系统、柴油系统、汽车底盘控制系统、汽车电子驱动、起动机与发电机、电动工具、家用电器、传动与控制技术、热力技术和安防系统
采埃孚	德国	369	2.4	主要提供传输、转向、底盘系统、变速器等汽车零配件
麦格纳	加拿大	408	4.0	后视镜、金属成形、整车组装、动力系统、外饰和内饰系统、电子以及转动系统
电装	日本	465	9.8	汽车空调设备和供热系统、电子自动化和电子控制产品、燃油管理系统、散热器、火花塞、组合仪表、过滤器、产业机器人、电信产品以及信息处理设备
大陆	德国	481	10.8	制动钳、安全电子设备、车载智能通信系统、汽车仪表和供油系统、电子制动系统和制动助力器
爱信	日本	368	2.4	自动变速箱
现代摩比斯	韩国	297	2.6	涉及底盘、驾驶舱、前围三大模块制造，侧方雷达、方向盘安装型显示器等核心零部件以及AS零部件
佛吉亚	法国	190	2.0	内饰系统、座椅系统、闭锁系统、金属车身与底盘系统、镜像系统、外饰系统、车顶系统、电子系统、动力总成系统

续表

公司名称	国别	2018年营收（亿美元）	市场份额（%）	业务范围
李尔	美国	211	2.0	汽车座椅系统、仪表盘、车门面板、车顶内篷系统、车地毯和音响系统、电子与电力分配系统
法雷奥	法国	—	3.6	电子及电器系统、热系统业务、空调系统、发动机冷却系统以及相关的模块

资料来源：各公司公告、盖世汽车研究院。

总之，智能汽车是完全不同的技术路线，之所以与电动汽车密切相关，是因为智能化的实现需要电动车作为基础平台，并契合"分布式到集中式"的发展趋势，相比较而言传统燃油车平台太复杂了。

（三）范式的差异

燃油动力车、电动车、智能汽车采用的是三种不同的技术路线。虽然电动车和智能汽车同属新能源汽车产业，但是产业链存在很大差异。通过上述描述，我们认为特斯拉属于智能汽车产业，产业链由电动汽车和智能控制两部分组成。面对智能汽车的潜在威胁，传统汽车厂商一方面面临着向电动化、智能化转型的挑战，另一方面也心有不甘。作为新进入者，智能汽车厂商面临着融资、技术、营销等难题，直到现在，标杆企业特斯拉、蔚来汽车等都持续处于亏损状态。尤其受到2020年新冠肺炎疫情的冲击，博郡汽车等企业濒临破产。于是有评价说，造车新势力不了解汽车产业发展百年所形成的成熟的产业分工体系。这一判断可能不是完全正确，因为两者的产业链不尽相同。虽然传统汽车仍具备强大的研发实力、资金实力、品牌优势等，但是与处于不同技术赛道的智能汽车相比，其产业链分工并不能够构成绝对优势。因为智能汽车企业并不需要依赖由一级供应商所主导的产业链分工体系。

智能汽车的产业链首先由"三电"构成。在新的电动汽车技术轨道中，传统汽车产业链中的发动机和变速箱所形成的进入壁垒已经被规避掉，这些核心技术本来是传统汽车厂商的优势所在。发动机和变速箱的技术门槛非常之高，潜在竞争者很难绕开这些壁垒。采用颠覆性创新的电动汽车则成功避开了这一技术壁垒，其核心架构是"三电"系统，即电池、电机和电控，三者组成的动力系统占到新能源汽车总成本的50%左右，在动力系统中电池成本又占到70%左右的成本，如图4-1所示。电池的功能是储能，功能上相当于燃油车的油箱和发动机，与结构极其精密的内燃发动机相比，电池的结构与制造工艺更为简单。以"三电"为核心的架构下，弱电类零部件可以替换大量的机械传动零部件，再加上弱电类零部件的标准化程度比机械类零部件更高，降低了电动车主机厂商构建供应链的难度和成本。电动汽车又具有性能优势，能够发挥电动机的扭矩优势提升加速性能，特斯拉 Model S/X 在最大功率、最大扭矩、百公里加速等方面均显著优于燃油汽车。因此，在"三电"架构下，电动汽车的产业链更加扁平，整车厂商可以直接向零部件供应商采购，既可以避免对一级供应商的依赖，又可以节约一级供应商的垄断利润。

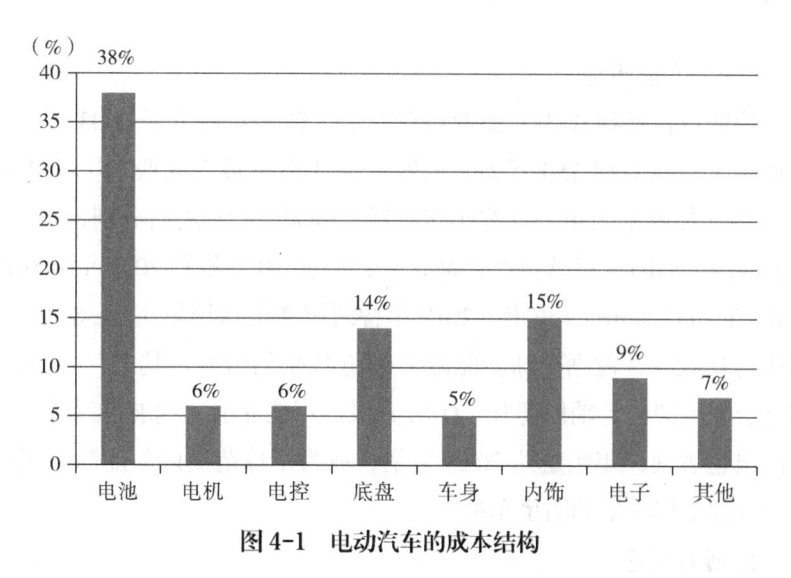

图 4-1 电动汽车的成本结构

电池	38%
电机	6%
电控	6%
底盘	14%
车身	5%
内饰	15%
电子	9%
其他	7%

资料来源：财通证券：《特斯拉产业链专题：特斯拉潜在供应商还会有哪些？》，2020年2月24日。

智能汽车的产业链还包括智能控制系统。智能汽车以电动汽车为平台，核心竞争力在于芯片、软件和传感器所形成的控制系统，特斯拉在这条技术赛道上领航。传统车企所推出的电动车只是更换了动力总成，而软件是传统车企电动化过程中的短板，传统车企完全依赖一级供应商去开发软件和系统，推出的电动车很难达到智能化的基本要求，也无法进行远程升级。特斯拉有自己的底层操作系统，甚至掌控芯片设计能力，控制系统还可以实现远程迭代升级，在不改变汽车硬件的条件下运用软件优化即可提升车辆驾驶性能。因此，中央控制系统、芯片及遍布车身的各种传感器，以及改善用户体验的各种软件应用等也属于智能汽车产业链的重要内容。

二 特斯拉的发展历程与产业链布局

汽车行业电动化和智能化的发展趋势已经非常清晰，经过十年的快速发展，特斯拉已经形成较强的品牌力，电动化和智能化水平相比传统车企已大幅领先。

（一）发展历程

特斯拉快速成长为新能源汽车龙头。特斯拉成立于 2003 年，2004 年埃隆·马斯克以 750 万美元入股成为特斯拉最大的股东。特斯拉于 2006 年在加州推出第一款跑车路特斯（Roadster），之后分别推出 Model S/Model X/Model 3 三款量产产品，并计划在 2020 年和 2021 年分别推出 Model Y 和 Cybertruck 皮卡。2019 年特斯拉在全球销量实现 36.72 万辆，同比增长 50%，占据全球新能源车市场 17% 的份额。其中，Model 3 依靠电子电气架构、辅助驾驶、OTA 升级、用能充能、续航电耗等多个方面的出色表现，年销量达 30.09 万辆，成为全球范围内新能源乘用车中乃至全部乘用车中的明星车型。

1. 创新理念

特斯拉具有"硅谷"的创新基因，电动车底层技术的创新是其核心能力，所以系列产品才能不断创造新的市场需求。凭借颠覆性的技术创新和商业模式创新，特斯拉现在已经成为全球新能源汽车的第一品牌，倒逼传统车企加快转型，从而带动全球电动化加速发展。除了智能化新能源汽车，特斯拉还在打造"可持续出行 + 可再生能源"的生态圈。特斯拉可能会成为汽车界的"苹果",甚至很可能会成为比苹果还伟大的一家公司(瓦伦丁和陈明浩,2019)。从现有的市场份额来看,特斯拉已经表现出一定的"统治力",在美国纯电动车市场,特斯拉的份额甚至超过了 3/4。

作为企业领袖,马斯克是一位胸怀宏大愿景的创业者。1995 年至 2000 年,马斯克先后创办了在线内容出版软件"Zip2"、电子支付"X.com"、国际贸易支付工具"PayPal",并在 2002 年创办太空探索技术公司(Space X)。马斯克非常推崇"第一性原理"(First principle thinking)的思维方式,即掌控那些不可或缺的部分。特斯拉提出以"加速世界向可持续能源转变"为使命,除了电动汽车以外,特斯拉的光伏和储能产品均已实现量产。特斯拉财报显示,2020 年特斯拉能够实现全自动驾驶(FSD),而基于自动驾驶的共享出租车计划,未来也将适时推出。

特斯拉的本质是颠覆性创新,目标是提供可持续的出行方案和能源供给,从而重新定义人类的出行方式和生活方式(周新,2015)。一是技术创新。在电池技术方面,特斯拉采用"干电极技术 + 超级电容组合"方式降低成本,提高能量密度。自动驾驶是特斯拉的核心优势之一,Autopilot 并不是业内最早量产的自动驾驶系统,但是 Autopilot 凭借完善的功能定义、依靠众包数据不断学习的算法以及通过 OTA 实现软件升级等功能,已经成为全球范围内部署规模最大、运行里程最长的自动驾驶系统。未来,Robotaxi network 代表了智能汽车网联化的趋势,其能够调配具备无人驾驶功能的车辆,在无人驾驶状态下实现网约车的分时租赁和共享出行,这将使共享汽车的商业模式发生颠覆性变化。二是产品创新。特斯拉产品开发采用"三步法",第一步 Roadster 超级跑车圈粉,第二步 Model S/X 车型锁定中高端客户群,第三步 Model 3/Y 作为畅销车型抢占全球市场。特斯拉与传统车企的战略部署和市场定位大不相同,特斯拉不采用传统的局部的持续性创新,而是基于模块化平台,依托软件和控制系统实现智能驾驶、自动驾驶。三是营销创新。特斯拉与苹果手机类似,不是在"迎合需求"而是在"创造需求"。特斯拉的销售和品牌营销也具有颠覆性,传统车企销售通过 4S 店或者经销商,

"造车"和"卖车"是相对独立的,特斯拉完全绕开这个模式,渠道只有两种:体验店和网络直销,同时"预订"模式也是特斯拉的特色,不仅形成"饥饿营销"也为公司提供了大量现金流;与传统车企不同,特斯拉品牌的建立基本不依靠传统媒体,而是典型的互联网营销和打造明星效应。

2. 业务布局

在汽车领域,特斯拉现在已经实现从高端跑车、C级轿车、高端SUV、B级轿车、中端SUV、全尺寸皮卡的全价位产品覆盖,如表4-3所示。尤其2019年末特斯拉发布Cybertruck,其目标用户进一步延伸至皮卡消费者和半挂式卡车的商用领域。特斯拉从高端车型切入塑造品牌,从小众走向普及,产品谱系趋于完善。特斯拉通过产品线的不断延伸,可以满足不同用户群体的细分需求。特斯拉始终坚持对产品品质和性能的追求,各车型的续驶里程、加速性能等核心参数均处于同级别最高水平,技术水平引领行业。

表4-3 特斯拉的车型

车型	Roadster	Model S	Model X	Model 3	Model Y	Cybertruck
投放策略	第一阶段	第二阶段		第三阶段		
定位	豪华超跑	C级轿车	高端SUV	B级轿车	中端SUV	全尺寸皮卡
交付时间	2008年2月	2012年6月	2015年9月	2017年7月	2020年3月	2021年
电池容量(kWh)	53	75/100	100	62/75	75	
续航里程(km)	393	470/570/579	507/552	590/595	505	400/480/800
价格(万美元)	10.90—13.80	8.50—9.90	8.95—10.40	3.50—5.95	6.14起	4.99

资料来源:特斯拉网站和年报。

围绕汽车产品,特斯拉还布局"三电"(电池、电机、电控)、自动驾驶、充电桩、储能装置、太阳能屋顶等相关产品和技术,成为一家全新的科技型企业。在"三电"技术方面,特斯拉与松下合作在美国兴建 Gigafactory 生产锂电池，年产能超过 35Gwh，能够为 50 万辆电动汽车提供电池；为了提高电机和电控效率以实现更高的续航里程，Model X 和之前的车型沿用来自通用 EV1 的感应电机技术，Model 3 和 Model Y 使用永磁开关磁阻电机，可以实现更小的体积、更高的效率，提高体积功率密度。Model 3 的能量转换效率由之前的 83% 提升至 89%。在电控方面，特斯拉是首家在电控系统中集成全 SiC（碳化硅）模块的车企，特斯拉的设计部门与意法半导体合作，用高效碳化硅 MOSFET 替代硅基 IGBT，可兼容更高的温度和压力区间，并降低传导损耗和开关损耗，进一步将能量转换效率提高至 93%。在自动驾驶技术方面，特斯拉从创业伊始就立足于软件开发，底层是芯片设计和系统建立，上层是硬件和应用软件。特斯拉自研芯片，重塑汽车电子电气架构，提供持续 OTA 升级功能，通过"深度学习与空中升级"，高效快速地提升智能化水平；在充电基础设施方面，特斯拉采用家庭充电、超级充电、目的地充电、移动充电等多元化模式，目前建有 1636 座超级充电站，14497 个超级充电桩，让高速发展的电动汽车拥有足够多的配套基础设施；在储能技术方面，特斯拉加强超级电容器研究，将其与高比能量的蓄电池连用，在车辆加速、刹车或爬坡的时候提供车辆所需的高功率，达到减少蓄电池的体积和延长蓄电池寿命的目的；此外还有太阳能屋顶，2016 年特斯拉收购了 SolarCity 22% 股权，并在 Gigafactory 工厂生产 Powerwall、Powerpack 电池以及太阳能面板。通过太阳能屋顶，在白天日照充足时将转换的电能储存至特斯拉家用备用电站（小型储能电池组），待车主夜间返回后便可使用"免费"的电力来为汽车充电，真正意义上实现了"零排放汽车"的目标。

特斯拉是迄今为止最成功的造车新势力。特斯拉通过独特的产品体验和营销方式，在成熟的汽车市场杀出重围，成为新能源汽车标杆企业，成为众多车企争相模仿和对标的对象（赵红霞和田萌，2020）。特斯拉作为技术创新浪潮的引领者，百公里加速性能、中控大屏、无线充电系统等成为当下车企竞相跟进的性能和配置参照标准。特斯拉不仅在与同价位车型竞争中胜出，还因为能源费用节省，保险费用低，预计从综合成本上已可与 18 万元级别燃油车竞争，同时特斯拉可额外提供不断进化的自动驾驶体验，及其构建的闭环软件生态和共享出租车收益。

3. 智能技术

正如前文所述，智能化是未来汽车发展的重要方向。智能化有不同的发展水平，从 Level1 到 Level5，分别代表了零自动化水平、部分自动化、有条件自动化、高度自动化、全自动化。智能化是特斯拉汽车的主要特征，基于全自动驾驶硬件（也称为 Hardware，HW）和软件 Autopilot 系统来实现。从 Model S 开始，自动驾驶功能经过多次更新升级，整车自动化智能化级别越来越高，2017 年 Model 3 就已经达到 Level 3 级别的自动驾驶，拥有自动变道、自动巡航等功能。与之相比，传统车企的电动汽车还是燃油汽车的发展思路，在智能化赛道上落后太远。

成熟先进的自动驾驶技术是特斯拉核心竞争优势之一，特斯拉追求对自动驾驶核心技术的自主控制，自动驾驶涉及"感知—决策—执行"三个方面：在感知层面，特斯拉选择摄像头为主，辅助以雷达和超声波传感器的解决方案；在决策层面，特斯拉已经开始全面转向其自主研发的全自动驾驶计算平台（full self-driving computer, FSD），从底层设计上将电动车系统作为一个整体操作系统，用集成化系统替代了传统的分布式模块化系统，这一系统领先优势明显，甚至存在大量算力冗余；在执行层面，通过重构汽车电子电器架构（EEA），特斯拉将汽车电子电器架构高度集成，并将软硬件充分耦合，再通过 OTA 升级更新软件系统并释放冗余算力，不断提升用户的自动驾驶体验。

因此，智能化意味着用软件定义汽车。软件定义汽车（Software Defined Vehicles，SDV）将成为汽车行业普遍的发展趋势，即定位未来汽车品质优劣的是以人工智能为核心的软件技术，而不是产品机械性能的好坏。特斯拉作为 OTA（Over The Air，空中下载）的前驱，第一次让汽车可以像智能手机一样在云端进行系统升级。如果将汽车电子化定义为"功能机"时代，那么汽车智能化将步入"智能机"时代。再加上汽车网络化，即车联网，汽车智能化实现"人—车"互动，车联网实现"人—车—网络"的互动，正如 Robotaxi network 实现共享出行那样，智慧交通不再是梦想。

4. 苹果模式

特斯拉和苹果有很多相同或者类似之处，具体体现在产品设计、自主研发和商业模式三个方面（陈昭锋，2017），如表4-4所示。

在产品设计上，两者都强调极致。特斯拉汽车和苹果手机都崇尚"极简主义"，强调用户体验，苹果手机的设计感为市场所熟知，特斯拉汽车也采用流线外形、隐藏式门把手、大屏幕与智能人机交互等，不断颠覆人们对汽车产品的认知。两家企业都采用精品策略，产品线不是特别长，苹果只有iPhone、iMac、iPod等产品，特斯拉也只有Model X、Model S、Model 3等车型，但是都通过打造爆款产品把规模效应最大化。

在核心技术方面，苹果手机采用封闭的iOS操作系统，并自主研发CPU芯片，保障手机产品的运行性能。特斯拉在至关重要的自动驾驶芯片和算法上都采取了自主研发策略，不但推出自动驾驶"Autopilot"软件系统，后来又研发全自动驾驶芯片（HW），两者都经历了快速的迭代升级和版本更新。尤其自主研发的自动驾驶芯片，马斯克称为"世界上最好的自动驾驶芯片"。在其他零部件方面，苹果选择高品质的供应商，打造完整而独特的生态体系。特斯拉从电池开始布局，产业链涵盖电池生产、整车制造、充电设施等，力图打造自己的专属体系。特斯拉在基础平台和智能系统方面遥遥领先，预计2020年能够实现L4级别的完全自动驾驶功能。

表4-4　　　　　　　　特斯拉与苹果的生态对比

	特斯拉	苹果
硬件平台	Model 系列	iPhone 系列
基础服务	超级充电站、数据服务	iCloud（数据存储服务）
应用软件商店	特斯拉 App	App store
娱乐应用	引入互联网应用	Apple Music（音乐），以及第三方互联网应用
孵化创新服务	Robotaxi network	—

资料来源：笔者整理。

在商业模式上，特斯拉也采用直营店模式，软件收费服务也成为重要的盈利点。特斯拉正在考虑像苹果应用商店那样，打造一个开放的体系，实现软件收费服务。在马斯克看来，硬件销售只是开始，软件服务的持续收费才是其未来最重要的商业模式。特斯拉的软件服务生态正在逐步完善，软件服务收费将成为特斯拉未来最重要的利润来源。

（二）产业链布局

特斯拉同时布局新能源汽车、智能软件和硬件、分布式储能、光伏发电等产业，已成为一家全球领先的科技型新能源企业。除了智能化部分，围绕电动汽车，特斯拉的产业链还包括传统的动力总成、充电设施、车身及装饰等。

1. 全球工厂布局

特斯拉正在全球布局超级工厂，未来产能将稳定释放。从市场分布看，特斯拉目前以美国市场为主，中国、欧洲是特斯拉主要海外市场，超级工厂主要布局在美国、欧洲、中国（欧吉，2019），如表4-5所示。

表4-5　　　　　　　　　特斯拉的超级工厂布局

工厂	工厂简介	主要生产产品	当前产能和状态
Fremont工厂	原为丰田和通用合资的NUMMI车厂，特斯拉于2010年将废弃的设施买下并进行重新翻修，2012年生产出第一辆Model S，目前是美国国内的主要整车组装厂	Model S、Model X、Model 3、Model Y	49万辆/年（9万辆S和X，40万辆3和Y）
上海超级工厂	国产化Model 3生产，及后续Model Y的生产，已投产	Model 3、Model Y	15万辆/年
柏林超级工厂	计划生产Model 3和Model Y，LG和宁德时代也在此建厂	Model 3、Model Y	建设中
北美超级工厂	生产电动皮卡	Cybertruck、Semi、Roadster	规划中
内华达超级工厂	与松下合资建立，主要用于生产动力电池	动力电池	25—30GWh
水牛城超级工厂	生产太阳能面板，于2017年正式投产	太阳能面板	1GWh

资料来源：特斯拉网站和年报。

美国汽车市场环境相对成熟，特斯拉在美国有加州弗里蒙特、内华达州、纽约州三大工厂。弗里蒙特工厂规划产能约 50 万辆，当前年产 Model S/X 约 9 万辆，Model3/Y 约 40 万辆。内华达工厂与松下合资建立，主要生产动力电池，年产能 25—30GwH。纽约州水牛城工厂主要生产 Solar roof 太阳能电池板，年产能约 1GwH。2019 年特斯拉汽车在美国销量约 19.5 万辆，占其全球销量的 53%。特斯拉正计划在美国再建设两家工厂，分别在美国中部和东海岸，前者生产电动皮卡 Cybertruck，后者生产纯电动 SUV 车型 Model Y。

海外市场方面，特斯拉在荷兰设立欧洲总部，并规划建设柏林工厂。特斯拉欧洲市场以挪威、荷兰、德国、瑞典为主，但在德、法两国的市场占有率明显低于荷兰和挪威。柏林工厂正在建设中，预计 2021 年投产，规划产能约 50 万辆。随着未来柏林超级工厂的建成，特斯拉在欧洲销量有望持续增长（蔡运磊，2019）。

中国是全球第一大汽车及新能源汽车市场，有望成为特斯拉未来第一大海外市场。2020 年 1 月特斯拉上海工厂的首辆 Model 3 正式下线交付，计划当年产能达到 15 万辆，完全达产后产能约 50 万辆。上海工厂的投产标志着特斯拉海外产能的释放，随着规模生产和生产成本的降低，相应产品线价格空间有望进一步下降，并促进特斯拉在中国市场销量的持续增长（朱珉迁，2020）。

特斯拉超级工厂具备极强的复制和交付能力。随着特斯拉全球超级工厂的陆续设立，有利于解决其因产能不足而导致的交付延迟，同时也能够快速进入中国的新能源汽车市场，实现供应链的本土化，从而达到降本增效的效果。此外，特斯拉秉承将超级工厂作为一种巨型产品的建设理念，强调降低单位投资成本，具体措施包括：重新设计供应链，提高产能效率，降低运输成本，降低各项投入成本；提高自动化水平，降低单位投入成本，提高产量；改进电池和模组设计，提高能量密度。随着生产本土化，中、欧工厂相继投产，特斯拉生产成本将显著降低。尤其 Model Y 填补了特斯拉在豪华 SUV 车型上的空缺，未来特斯拉全球销量必将加速增长。

2. 新能源产业链

电动车是特斯拉实现智能化的基础平台。电动车的产业链主要包括"三电",即电池系统、电驱系统和电控系统(陈伟等,2019)。特斯拉的全面构建产业链各个环节的布局,如表4-6所示。①

表4-6　　　　　　　　　　特斯拉的相关供应商

零部件/材料		供应商
电池系统	电芯	松下、LG化学、宁德时代
	正极材料	住友金属、天津巴莫(华友钴业)
	负极材料	日立化成、贝特瑞
	电解液	三菱化学、国泰华荣(江苏国泰)、天赐材料
	隔膜	住友、旭化成、恩捷股份
	氢氧化锂	雅保、赣锋锂业
	热管理系统	三花智控
	结构件	科达利
电机	本体	自产
	磁材	中科三环
	轴承	日本光洋
	转子	台湾富田
电控	本体	自产
	继电器	宏发股份

资料来源:特斯拉网站和公司年报。

(1)电池系统

较高的续航里程、便捷的充电设施,安全的电池性能是用户关注的重点。而特斯拉围绕这些方面进行自研并采纳了最先进的技术,且持续迭代领先。电池系统包括电芯、正负极材料、电解液等,特斯拉除了与松下合资建设内华达州工厂生产电池,还与LG化学、住友金属等相关企业展开合作。作为一家注重核心技术研发的企业,特斯拉致力于

---

① 开源证券:《特斯拉专题系列报告(二):全球电动化引领者,底层创新重塑供应链》,2020年3月6日。

实现低成本、高能量密度的电池技术。特斯拉在 Model S/X、Model 3 和 Model Y 中选择的是松下圆柱形动力电池，电池单体电芯能量密度达到 300Wh/kg。但正如此前采用自主研发的 FSD 替换英伟达芯片，特斯拉也会加大对于电池技术的把控。2019 年特斯拉收购 Maxwell，未来将自主研发干电池超级电容技术，无钴化是特斯拉未来电池发展的重点方向，其中宁德时代供应的无钴电池已经开始用于部分国产车型，而特斯拉自主研发的电池也将推广到全系车型。

特斯拉通过降低电池成本有望率先实现油电平价。一是收购 Maxwell。特斯拉于 2019 年 5 月收购能源公司 Maxwell，其核心技术为干电池电极技术和超级电容。干电极压实密度更高，可使电芯的能量密度提升至 300Wh/kg 以上，同时提升电池寿命和降低成本。二是寻求电池材料突破。特斯拉最早采用高镍三元锂电池技术路线，锂电池高镍低钴化有助于提升动力电池单体电芯能量密度，同时又能降低电芯制造成本。在负极材料中，特斯拉第一个使用硅碳复合负极材料，再次提升了电池容量上限。三是采用集成化模组技术。特斯拉 CTP 模组技术突破了传统的电芯成组架构[①]，结构件数量减少 40%，箱体结构件减重 15%，推动综合成本进一步下降。考虑到成本优势，特斯拉也考虑采用磷酸铁锂电池降低成本，目前磷酸铁锂成本在 0.65 元 / 安时，远低于高镍三元电池的 0.85 元 / 安时。2016 年之前特斯拉电池成本超过 190 美元 / 千安时，2018 年降至 111 美元 / 千安时，成为全球电池成本最靠近电油平价成本 100 美元 / 千安时的汽车企业。

全球动力电池产业集中在中、日、韩三国。排名前十的电池企业分别是宁德时代（CATL）、松下、LG 化学、比亚迪、三星 SDI、国轩高科、远景 AESC、SKI、力神和亿纬锂能。宁德时代与 LG 化学两大寡头领跑全球电池行业，同时松下、比亚迪、三星 SDI、SKI、远景 AESC 等企业仍具有较强的竞争优势。十大电池企业中，中国、日本、韩国企业数量分别为 4 家、3 家、3 家，其中宁德时代 2019 年出货量约

---

① CTP，是 Cell to Pack 的缩写，即小模组整合为大模组的方案，是现有两种不同的动力电池技术路线之一，以宁德时代为代表。另一种是彻底取消模组的方案，以比亚迪刀片电池为代表。

32.5GWh，连续三年保持全球第一。随着特斯拉与宁德时代、LG 化学的深入合作，松下的市场份额估计会下降。在相当长的时间内，特斯拉将仍将外购电池，对现有电池行业格局并不会有太大的冲击。从磷酸铁锂与镍氢三元电池两种技术路线对比看，磷酸铁锂具有相对的低成本，但是目前特斯拉尚未明确全部使用宁德时代的磷酸铁锂电池。

（2）电驱系统

特斯拉选择驱动电机的标准是性能优先。2012 年推出的 Model S 与 2015 年推出的 Model X 采用三相交流感应电机，2017 年推出 Model 3 则采用永磁开关磁阻电机，新型电机成本更低、体积更小、性能更优。为进一步提升汽车动力性能，2019 年的 Model S/X 将配置全新设计的永磁电机，有望将续航里程提升 10%。与其他电动车型对比，特斯拉卓越的电机系统保障其动力性能优于同价位水平的竞争车型，无论在百公里加速、续航里程，还是最高时速均优于竞争对手。根据特斯拉的声明和独立测试，特斯拉汽车可在约四秒加速到 60 英里 / 小时，最高速度能达到约 130 英里 / 小时。特斯拉汽车甚至可以在非常低的转速产生较大的扭矩，并使电动机维持在大马力状态，这是大多数内燃机无法做到的。特斯拉的电驱系统主要分为电机以及电动机驱动模块两部分，涉及直接、间接供货商十余家，如表 4-7 所示。

表 4-7　　　　　　　特斯拉电驱系统的供应商

产品	部件	组件	产品	特斯拉 Model 3	
			公司	要点	其他
电驱动系统	电机	感应电机	福田机电（台）		供应商
			中科三环	钕铁硼磁体	原料供应商
		铜转子	置信电机		供应商
		电机磁瓦	横店东磁	电机磁瓦、软磁材料、特斯拉二级	供应商
		马达终端壳体	东睦股份		供应商
			格林美	铁粉、铜粉、镍粉、钴粉	原料供应商
			寒锐钴业		原料供应商
			河北宣工		原料供应商

续表

产品				特斯拉 Model 3	
产品	部件	组件	公司	要点	其他
电驱动系统	电机驱动模块	电机控制器	特斯拉（美）		供应商
		微型变速箱	和大工业（台）	微型变速箱减速齿轮组	供应商
			旭升股份	单机驱动模块微型变速箱箱体	供应商

资料来源：笔者整理。

(3) 电控系统

这里只介绍传统电动车的电控部分。电控系统包括功率器件、电池管理系统以及热管理系统。一是功率器件。功率器件根据负载的要求处理电路中的电力转换功能，从而使电气设备得到最优的电能供给以及保持高效、安全、经济的运行。特斯拉率先使用新一代功率器件碳化硅（SiC），提升逆变器效率，显著提升续航里程，同时降低传导损耗和开关损耗。二是电池管理系统。电池管理系统是特斯拉自主研发的核心技术。电池管理系统实时采集、处理、存储电池组运行过程中的重要信息，达到增加续航里程、提高电池使用效率、延长电池使用寿命、保证安全性的目的。特斯拉的电池管理系统已经实现了对超过 7000 节单体电池的有效管理，电池的可靠性与安全性得到充分认证，同时动力性能也优于其他竞争对手。如表 4-8 所示。三是热管理系统。特斯拉采用液冷方案，以水和乙二醇为媒介，由四通阀实现冷却系统的串/并联。当电池需要加热时，冷却管路处于串联状态，通过水泵将功率器件和转换器产生的废热给电池进行加热，确保电池在合适的温度下工作。当电池温度过高需要冷却时，通过阀门控制将冷却管路置于并联状态，完成电池冷却。特斯拉热管理系统极大提高了各单体散热性以及单体电池间的温度一致性。无论是在何种天气条件下，特斯拉能够将温差控制在 2℃ 以内。

表 4-8　　　　　　　　　特斯拉的电池管理系统

电池管理系统	BMS	特斯拉（美）	特斯拉自有核心技术	供应商
		矢崎（日）	线材	原材料供应商
		贸联（美）		原材料供应商
	集成电路	意法半导体（意法）		供应商
		德州仪器（美）	硅晶圆、铜、金丝、塑料封、芯片处理器	原材料供应商
		英博尔		原材料供应商
	接触器	泰科电子（墨）		供应商
		得润电子	金属、电镀材料、塑胶	原材料供应商
	冷却液	高华（意）		供应商
		新疆天业	水、乙二醇	原材料供应商
		东华科技		原材料供应商
	PCB板	沪电股份		供应商
		生益科技	刚性覆铜板	原材料供应商
		金安国纪		原材料供应商
		华正新材		原材料供应商
		超声电子		原材料供应商
		超华科技	专用木浆纸	原材料供应商
		景旺电子		原材料供应商
	FPC板	东山精密		供应商
		超华科技	压延铜箔、酯薄膜/聚酰亚胺薄膜	原材料供应商
		景旺电子	压延铜箔	原材料供应商
	传感器	均胜电子	传感器原件	供应商
		安洁科技	传感器组件	供应商
电池热管理系统	散热器	东山精密		供应商
		超华科技	压延铜箔、聚酯薄膜	原材料供应商
		景旺电子		原材料供应商
	散热系统铝材	常铝股份		供应商

资料来源：笔者整理。

对于"三电"系统,特斯拉强调自主化。对于 FSD 芯片、电池管理、传感器等核心零部件,特斯拉基本保持自制,但是其也充分考虑到建立稳定供应体系的重要性。特斯拉从创业伊始便开始追求对核心技术的自主控制,并打造了各个细分领域的顶级专业团队,如表 4-9 所示。电机电控方面,设计特斯拉 Roadseter 和 Model S 感应电机的工程师为前通用 EV1 项目的核心成员 Wally Rippel,而后,来自雅典国立科技大学的 Konstantino Laskaris 博士将感应电机升级为永磁电机,大幅提升了电机效率。在电池方面,特斯拉与松下合作打造超级工厂,后将合作伙伴范围拓展至宁德时代和 LG 化学等,但特斯拉从未停止对电池自研及生产的追求。特斯拉连续收购了拥有超级电容和干电极技术的 Maxwell 以及加拿大的电池企业海霸精密设备。此外,为实现无钴化,特斯拉引入三元正极的开创者 Jeff Dahn,并与其团队签订为期五年的独家合同。在自动驾驶方面,特斯拉最新的 HW 3.0 系统的自研芯片出自传奇芯片设计师 Jim Keller 之手,后由其团队成员 Pete Bannon 负责。

表 4-9　　　　　　　　　特斯拉的技术自主研发

项目	外部合作方	自研团队和进展
电机电控	前期获得 AC Propulsion 感应电机专利许可	(1) 前通用 EV1 项目的核心成员,设计 Model S 感应电机 (2) 自研 Model 3 永磁电机
电池	合作松下、LG、CATL 等	(1) 收购 Maxwell,海霸精密等 (2) 与三元正极的开创者签订合同
智能驾驶	前期采用英伟达 Drive PX2 芯片	(1) 硬件团队负责芯片和毫米波雷达的研发,以发布基于自研芯片的 HW3.0 (2) 工程团队负责地图、模拟和固件更新等的推进 (3) AI 总监领导团队负责机器视觉和人工智能 (4) 收购 Deepscale(自动驾驶感知公司)

资料来源:笔者整理。

3. 智能化产业链

智能化是特斯拉的核心竞争力所在。智能驾驶是基于三种能力而实现的,即感知能力、决策能力、执行能力,三者共同塑造了高级驾驶辅助系统（简称 ADAS）。ADAS 系统利用传感器、算法和执行层实现辅助驾驶功能，大幅提升驾驶安全度和舒适度，它是实现无人驾驶的基础。感知环节由摄像头、超声波雷达、毫米波雷达、激光雷达等各种传感器完成数据采集，再传输给各类传感器所对应的 ECU（电子控制单元）进行数据分析及处理，各类 ECU 再将处理结果发送至负责决策的微控制单元（Microcontroller Unit, MCU）。MCU 将 ECU 发送的处理结果综合决策之后再向各类汽车系统（例如刹车系统、传动系统等）发出控制指令并予以执行。特斯拉先通过普及基本的智能驾驶硬件，配备了 L2 级别以上的传感器、芯片和其他零部件，后续通过 OTA（Over the Air，空中下载）进行升级提供新的功能，实现自动变道、自适应巡航等自动驾驶功能。

芯片、算法是特斯拉实现无人驾驶的核心技术。经过长周期的研发投入，特斯拉的智能驾驶软件和硬件都大幅领先同行，并且掌握软硬件开发的核心技术，如表 4-10 所示。2014 年特斯拉推出 Autopilot 1.0，搭载 Mobileye Q3 芯片，实现自动驾驶 L2 级别，是全球最早推出高性能自动驾驶车企。特斯拉通过 Autopilot 1.0 软件系统以及 OTA 远程更新方式不断优化智能驾驶功能。2016 年推出的 Autopilot 2.0 系统中增加了传感器数量，搭载英伟达 Drive PX2 芯片，已经完成了部分自动驾驶 L3 级别功能。2019 年推出的 Autopilot 3.0 系统中，特斯拉推出了自研芯片 FSD，自动驾驶级别将达到 L3 级别。随着特斯拉推出自主研制的 HW1.0 到 HW3.0 自动驾驶芯片，其成为全球首家拥有芯片自研能力的车企。目前特斯拉也是唯一一家可以自产芯片的汽车厂商，宝马、奥迪、蔚来等车企采用 Mobileye EyeQ4 芯片，而芯片的处理速度与算法直接决定了无人驾驶系统性能优劣。强大的芯片计算能力让特斯拉在自动驾驶性能上遥遥领先。特斯拉 FSD 芯片处理数据能力强大，主要包含三个计算模块，分别为 CPU、GPU 和 NNA。CPU 最高运行频率为 2.2GHz，GPU 主频最高为 1GHz，2 个 NNA 核心，单个核心运行频率为 2GHz。与 Autopilot 2/2.5 系统中所用的英伟达 Drive PX2 芯片相比，处理速度提升了 21 倍。

表 4-10　　　　　　　　　　特斯拉的智能驾驶技术

	Autopilot 1.0	Autopilot 2.0	Autopilot 2.5	Autopilot 3.0
推出时间	2014.9	2016.1	2017.8	2019.4
前置摄像头（个）	1	3	3	3
侧方前视摄像头（个）	0	2	2	2
后置摄像头（个）	1	1	1	1
侧方后视摄像头（个）	0	2	2	2
超声波传感器（个）	12	12	12	12
毫米波雷达（个）	1	1	1	1
处理芯片	Mobileye Q3	英伟达 Drive PX2	英伟达 Drive PX2（增强型）	FSD 自研芯片
自动驾驶级别	L2 级别	实现部分 L3 级别	实现部分 L3 级别	L3 级别

资料来源：开源证券：《特斯拉专题系列报告（二）——全球电动化引领者，底层创新重塑供应链》，2020 年 3 月 6 日。

智能驾驶汽车主要通过摄像头（长距摄像头、环绕摄像头和立体摄像头）和雷达（超声波雷达、毫米波雷达、激光雷达）实现感知。当前最先进的智能汽车采用了 17 个自动驾驶功能专用的传感器，预计 2030 年将超过 29 个传感器。产业研究机构 Yole Développement（Yole）预计，2015 年自动驾驶汽车中的传感器模块市场规模为 26 亿美元，2030 年将达到 360 亿美元。汽车雷达基本上被跨国企业垄断，博世与大陆市场占有率均为 22%，并列全球第一。在具备物体识别的 ECU 供应商中，欧美企业主要有博世、Autoliv、德尔福、大陆和海拉等，日本企业有富士、大陆、日立、电装和天合等。

特斯拉具有明显的数据累积优势。相较于谷歌母公司 Alphabet 旗下 Waymo 等较早开始自动驾驶技术研发的企业，特斯拉的优势在数据累积方面。自动驾驶基本的原理是采集足够多的行驶场景数据，让算法系统学习在不同场景下给出不同的解决方案。这就要求有足够多的数据供系统学习，而特斯拉在这方面有得天独厚的优势。2016 年特斯拉就已经累积了 7.8 亿英里的行驶数据，而 Waymo 仅累计 1500 万英里自动驾驶数据。同时，特斯拉通过自己的智能汽车终端回传实测数据，而 Waymo

更多是通过模拟技术获得数据。通过道路测试数据收集，特斯拉也经历多次硬件和软件的迭代升级，智能化技术逐渐成熟，智能化级别逐渐提升。芯片从 HW1.0 升级到 HW2.0，特斯拉不断增加深度学习功能，实现感知冗余，通过增加侧前和侧后摄像头，Autopilot 软件系统的环境感知能力大大提升；从 HW2.0 到 HW3.0 特斯拉开始自主掌控硬件，从 HW3.0 开始特斯拉使用自主研发的 FSD 芯片，拥有从底层到计算层的完全编辑能力，在性能和安全性方面都满足了更高级别自动驾驶的要求。Autopilot 软件系统的更新升级通过 OTA（OVER THE AIR，空中下载）实现，而且更新迭代没有停止过。

在智能汽车领域，特斯拉的关键技术均采取自研策略，构建了与苹果类似的封闭生态系统。在智能驾驶时代，单纯的硬件制造很难在产业链中占据优势地位，主机厂的地位被弱化，特斯拉借助"Model 系列车型+Autopilot 软件系统+AI 芯片硬件"实现了全方位布局，把握了系统、制造、算法等核心领域，有望以更稳定、可靠、便捷的系统获得更良好的用户体验，攫取更高的利润率，有望成为汽车界的"苹果"。尤其在智能汽车阶段，用户体验是汽车产品关键竞争因素之一，而用户体验依赖于智能系统集成的稳定性。类比智能手机中的苹果公司，特斯拉凭借其垂直整合优势，是最有可能把最佳用户体验做到机制的智能汽车制造商。

总之，随着智能汽车产业价值链的重塑，价值重心由整车集成制造转变为系统化的出行服务方案。传统汽车产业链以主机厂为核心，产品一次性销售是主要的盈利来源，主机厂的核心竞争力是产业链分工优势。传统汽车制造产业链中，主机厂占据主要利润，各级供应商利润递减。在智能驾驶生态系统下，行业属性由单纯产品销售主导的制造业转变为以出行体验为核心的服务业，软件开发和集成、出行服务、消费者数据获取和分析成为核心竞争力。随着出行服务生态的完善，智能汽车产业整体竞争格局不断向外拓展，产业生态系统从 OEM 制造商拓展至零售商、出行服务平台、软件服务商、车载服务系统开发商（包括导航、高精度地图、娱乐平台、办公服务）等。

三 特斯拉对中国智能汽车产业的影响

当前，我国智能汽车企业数量众多，但是普遍面临着资金、技术、交付能力不足等问题。随着智能汽车行业从导入期迈入成长期，未来一定会像智能手机行业一样经历爆发式的增长，产业整合势在必行。对于整个产业而言，特斯拉以打造爆款产品和强化产业链渗透效应为特征，其产品已经具有类苹果手机那样的带动作用，必能引领整个产业的繁荣发展（李佳琦，2017）。

（一）中国新能源汽车产业现状

由于缺乏类似特斯拉的产业链布局和影响力，中国智能汽车企业面临着各种发展困境。

1. 发展概况

电动汽车和智能汽车不尽相同。我们经常把新能源汽车、电动汽车和智能汽车混淆起来。新能源电动汽车产业的发展主要受到产业政策因素影响，代表性产品是各传统车企推出的电动汽车，例如北汽新能源、比亚迪、上汽荣威等。智能汽车的代表是特斯拉、蔚来、小鹏、理想、威马等造车新势力，这些企业大多有互联网基因，它们强调用户体验，就是要变革传统的汽车产品，把汽车变成电子产品和智能终端。所谓用户体验，是指大屏幕中控台、各种应用软件，便捷的语音交互界面以及随时随地的OTA升级服务，乃至最终实现智能驾驶或者无人驾驶。

我国"造车新势力"众多。据不同的说法，最多的时候我国有超过487家新能源汽车车企。虽然有"PPT造车"的诟病，但是我国智能汽车领域自2015年以来也涌现出蔚来、小鹏、拜腾、理想、奇点、天际、零跑、合众、前途等新品牌，如表4-11所示。他们的共同特征是来自互联网领域而非传统汽车行业，对标特斯拉旨在提供用户体验，但产品品类单一甚至有的还停留在概念层面。虽然很多企业还没有完成研发周期，但这些造车新势力并不缺乏风险投资的青睐，随着完成多轮融资，很多企业都迈入了"独角兽"行列（闫锴，2015）。根据IT桔子统计，在2016年、2017年、2018年中可查询到的15家造车新势力融资总额

全球价值链重构与跨国公司的战略分化

共计 1235 亿人民币。2019 年无异是一个分水岭，2019 年之前造车新势力企业一度曾多达上百家，而目前有确切销量数据的已经不到 10 家。其中，累计销售突破万量的仅有 4 家车企，分别是蔚来、小鹏、威马和理想。虽有诸多不尽如人意的地方，但是造车新势力的市场实力也不容小觑。有业内人士预言，国内汽车行业最终会形成"3+3+3+3"的格局：3 家央企是一汽、东风、长安，3 家地方国企是上汽、广汽、北汽，3 家民企是吉利、长城、比亚迪，3 家造车新势力则是理想、蔚来、小鹏。造车新势力企业分化严重，除了行业前四位车企之外，其余车企都挣扎在退市的边缘。①

表4-11　　　　　　　　　　中国的"造车新势力"

品牌名称	Logo	成立时间	区域	最新估值（亿元）	融资总额（亿元）	2019年销量（辆）
蔚来汽车		2015–11	上海	575.26	416.5	20565
威马汽车		2012–5	上海	390.00	160.5	16876
理想汽车		2015–7	北京	263.5	124.5	>1000
小鹏汽车		2015–1	广东	260.00	117.03	16609
BYTON拜腾汽车		2016–3	江苏	260.00	81.9	0
游侠汽车		2014–3	上海	217.75	84.96	0
哪吒汽车（原合众汽车）		2015–12	上海	150	46.8	10006

---

① 部分数据转引自财通证券：《造车新势力报告之二：特斯拉和它的中国表亲们》，2018 年 11 月 14 日。

续表

品牌名称	Logo	成立时间	区域	最新估值（亿元）	融资总额（亿元）	2019年销量（辆）
奇点汽车		2014-12	北京	130.00	76.9	0
爱驰汽车		2016-10	上海	120.00	23.2	0
天际汽车（原电咖汽车）		2015-6	上海	120.00	21.3	/
新特汽车		2017-9	贵州	104.00	13.01	2914
博郡汽车		2016-11	江苏	100.00	28	0
零跑汽车		2015-12	浙江	71.15	27.6	约1000
前途汽车		2015-12	江苏	不明	/	<200
云度汽车		2015-12	福建	不明	13.01	<2000

资料来源：IT桔子 itjuzi.com 截止时间：2020年7月。

蔚来是国内造车新势力的代表。蔚来汽车专注于打造纯电动汽车，追求纯粹的智能驾驶体验。蔚来成立于2014年，由李斌、刘强东、李想、腾讯、高瓴资本、顺为资本等深刻理解用户的顶尖互联网企业与企业家联合发起创立，并获得淡马锡、百度资本、红杉、厚朴、联想集团、华平、TPG、GIC、IDG、愉悦资本等数十家知名机构投资。2018年9月12日，蔚来成功赴美上市，成为国内首家上市的造车新势力。2019年蔚来汽车的销量约为2万辆，还未达到规模经济的目标，企业亏损累计超过100亿元。2020年前5个月蔚来销量为10324辆。但是，与特斯拉的技术自主不同，蔚来还是以一级供应商为主，部分研发外包。蔚来共有160多家供应商，其中，整车制造由江淮代工，电池采购自宁德时代／三星SDI，电池管理系统（BMS）由联合电子提供，底盘与汽车电子电控系统主要由博世、大陆提供，内外装饰部件来自延锋彼欧、安通林、马瑞利等，电动汽车供应链部分仍依赖传统零部件企业。

智能化发展是大势。车联网、无人驾驶已上升为国家战略。《中国制造2025》明确提出，至2020年，驾驶辅助（DA）、部分自动驾驶（PA）车辆要实现30%的市场占有率；至2025年，DA、PA车辆规模保持稳定增长，高度自动驾驶（HA）实现10%—20%的市场占有率。2020年2月24日，国家发改委等11部委联合印发《智能汽车创新发展战略》，以推进我国智能汽车产业创新发展。在过去，智能网联、自动驾驶、无人驾驶、车联网、车路协同等各种说法不一、概念混乱、发展对象不明确，此次我国第一次明确提出发展"智能汽车"，围绕智能汽车相关企业勾勒出一个闭环生态，将有助于智能汽车立体化、全方位地系统发展。

2. 面临挑战

包括特斯拉在内，智能汽车企业的发展面临诸多挑战。中国是世界最大的纯电动汽车市场，但最近需求持续下滑。2020年初赛麟、拜腾、博郡等新势力企业接连"爆雷"，让原本就在新冠肺炎疫情阴云笼罩下的车市更添一丝凝重。截至2020年6月，以纯电动汽车为中心的新能源汽车销量已经连续12个月低于上年同期，市场竞争也日趋激烈。

一方面，智能汽车产业还未发展成熟。由于产业链分工并不完善，各个环节还处于磨合期，量产交付、产品质量、安全问题、市场竞争、用户认可度等都是智能汽车企业面临的迫切挑战（赛迪智库，2020）。一是资金压力大。造车需要巨额资金。普遍认为，在没有实现盈利之前，造车新势力智能持续依靠外部"输血"来维持经营，如果没有新的融资就难以为继。因此，谁能获得更多融资，谁就能占据更多优势。即使连特斯拉也处于持续亏损状态，2019年特斯拉营业收入达到245.78亿美元，亏损8.62亿美元。沉重的负债，再加上遥遥无期的量产交付时间，一些智能汽车制造企业的资金链已出现断裂。二是未实现量产。量产交付才能形成规模经济，得以回笼资金。国内造车新势力则普遍存在批量交付困难，以蔚来汽车为例，交付日期一拖再拖。特斯拉 Model 3 原计划 2017 年 12 月起实现月产量 2 万辆，2018 年完成 40 万辆预定订单，但实际生产进度远远落后于产能计划表。现在在上海建厂后的特斯拉单月销量已经超过万辆，交付难题正在被克服。产生交付困境主要原因在于制造经验不足，再加上行业本身的研发周期长，传统车企一款新车型从研发到最终量产上市需要 3—5 年，造车新势力入行时间太短。由于技术范式的变化，供应链还不是很成熟，再加上产能较小，缺乏可靠稳定的供应链支持。智能汽车企业造车经验不足，产品创新多，主导设计还未形成，造成生产过程存在诸多不确定性。三是可靠性有待提升。大多数造车新势力缺乏造车经验，制造、品控等方面还存在短板，汽车电池自燃、续航里程不足等问题还时有发生，召回或致命故障为造车新势力的未来埋下大量不确定因素。消费者追求的就是智能汽车品质和驾驶体验，造车新势力必须拿出过硬的产品，并与传统车企形成差异化优势，构建更加灵活的全新零售模式和体验式营销体系。尤其智能汽车产业基础还相对薄弱，在自动驾驶技术、新能源电池、汽车交互系统、数据积累各方面有很大的提升空间。

另一方面，产业竞争程度不断加剧。随着传统汽车企业加大在新能源领域的投入力度，加速电动化转型，产品供给大幅增加，市场竞争激烈程度猛增。相对于造车新势力，传统车企具有技术、渠道、产能、资金和制造工艺等优势，竞争优势十分明显。此外，苹果、谷歌等科技巨头已经开始布局智能汽车产业，这些企业的加入无疑对现有智能汽车企业形成潜在竞争威胁。

（二）特斯拉塑造的"苹果效应"

所谓"苹果效应"，是指苹果公司引领智能手机行业的发展，并塑造出成熟的产业链分工，随着行业进入成熟期，涌现出华为、小米、O/V 等多家本土企业，这些企业共同铸就智能手机行业的辉煌，智能手机作为新兴产业助力经济增长。同样，在智能汽车领域，特斯拉可能会扮演苹果公司那样的角色，只不过这次带动的产业链分布更广、经济规模更大（李佳师，2020）。

全球价值链重构与跨国公司的战略分化

1. 智能汽车步入成长阶段

产业生命周期是每个产业都要经历的一个由成长到衰退的演变过程，分为初创期、成长期、成熟期和衰退期。在初创期，由于新产业刚刚诞生，企业规模较小，研发费用较高、市场需求狭小、销售收入较低，现金流不稳定（杜莎，2020）。智能汽车正如如此，数量最多的时候，各种造车新势力加在一起超过400家。夸张数字的背后是难以厘清的泡沫和水分，即便是领军企业蔚来、威马也经常受到自燃、死机等负面事件的困扰。随着行业进入成长期，产业开始整合，产品也逐步从单一、低质、高价向多样、优质和低价方向发展，规模经济逐渐形成。目前，特斯拉产业链在一定程度上类似于2010年前后iPhone4发布前夕的苹果产业链，智能汽车产业正在由初创期步入成长期，行业变革正在进行，主导设计逐渐成熟，产能"瓶颈"即将被突破（程凯，2020）。随着生产工艺、零部件配套体系和车型平台化战略趋于成熟，特斯拉新车型从发布到交付的时长明显缩短，量产节奏不断加快，Model X 耗时 3 年 7 个月，Model Y 与 Model 3 基于相同平台且共享 75% 的零部件，从发布到交付仅用了 1 年时间。因此，在成熟期，产品是基础，规模是关键。

特斯拉的鲶鱼效应非常明显。虽然中国是世界上最大、最活跃的新能源汽车市场，但多数产品品质欠佳，在以往的高额补贴之下，很多车企不但毫无危机意识，甚至传出骗补丑闻。特斯拉进入中国市场起到了"鲶鱼效应"，彰显出国内车企竞争力不足的问题。除了蔚来、小鹏、理想等量产品牌，很多浑水摸鱼的企业将退出市场。随着产业发展成熟，智能汽车将从2.0时代迈入3.0时代，类比智能手机发展历程，爆款车型的出现将推动行业从初创期迈入成长期。智能汽车拥有更长的产业链，特斯拉的拉动效应将会更强大。与苹果手机类比，苹果除iOS系统以及芯片的自主研发外，均采用全球采购模式，特斯拉除了核心零部件采用自主研发外，其余零部件多数也采用全球采购模式。因此从产业链和供应链角度看，特斯拉正在重现苹果模式。苹果的产业链带动了声学模组、Wi-Fi模组、盖板玻璃、摄像头等细分行业发展，特斯拉也同样可以带动动力电触、汽车电机、继电器等细分行业的发展。可以看到，智能汽车所带动的细分行业产值规模、单体价值等都大于智能手机，因此特斯拉的成功对细分产业的拉动作用将强于苹果对电子产业链的拉动作用，也就是特斯拉所塑造的新产业规模很有可能会超越苹果。根据BNEF预测，随着新能源汽车市场占有率的不断提高，新能源汽车行业能够成为10万亿元量级的新市场，整体市场规模超过智能手机行业。

2. 市场需求开始放量增长

激发"苹果效应"不能仅仅依赖于供给侧的产业链整合，还依赖于市场需求的拉动。中国正在成为全球第一大消费市场，越来越多的新技术正在中国市场得到应用，并塑造出新的产业。中国人口多，汽车消费需求大，汽车又是最大的工业消费品。2014年来，中国汽车产销量一直居全球首位。中国是全球最大新能源汽车市场，将继续引领全球电动车市场，据BNEF预计，2025年中国市场将占据全球电动乘用车销量的48%。中国市场容量足够大，新能源汽车还有巨大的增长空间。

特斯拉在中美欧市场已经确立优势地位，全球领先地位不断巩固。鉴于中国汽车市场的战略地位，早在2014年特斯拉就进入中国。在进入方式选择方面，特斯拉早期采用"整车进口+直营"的模式，价格相对透明，在中国市场的销量逐渐提升。当规模体量小的时候，特斯拉可以沿用进口模式，但是规模销量大的时候，就必须要考虑在当地投资建厂，需要考虑物流和关税等成本的经济性。随着国内销量快速攀升，特斯拉选择在上海建厂，国产化后能节约45%的物流及关税费用。随着享受政府补贴以及供应链国产化带来的成本降低，特斯拉被认为在中国市场拥有广阔的成长空间（宋杰，2017）。

新能源汽车进入快速增长期，增长的根本动力在于智能汽车生产过程的规模效应。特斯拉国产后较进口车型售价下降近20%，性价比显著提升，预计随着零部件国产化比例的提升仍有降价空间。相比于进口车型，国产Model 3补贴后售价较进口车型下降18%左右。为实现用户成本的购置降低，特斯拉采取了全方位手段。对于保险费用，特斯拉已经在加州开始推广自营汽车保险，出于对智能驾驶性能的信心以及对用户信息的掌握，特斯拉提供的保险价格明显低于市场水平，只有保险公司的一半。对于能源费用，选装特斯拉光伏屋顶产品Solar Roof和储能产品 Powerwall 的用户可实现电费的进一步节省。相对于燃油车，特斯拉除了驾驶性能体验和各项成本节省外，还可提供给用户不断升级的软件体验。随着实现自动驾驶，在优化用户体验的同时，还能基于自动驾驶获得共享出租车的收益。供应链企业有望伴随伟大企业共同成长，如果特斯拉上海工厂产能达到 50 万辆/年，国产产业链价值有望达到 1250 亿元（王东宾和崔之元，2015）。如果全球销量实现 100 万辆/年，产业链价值有望达到 2500 亿元。

3. 产业链实现国产化布局

国内供应商已经进入特斯拉的全球供应链。在上海工厂建成之前，拓普集团、三花股份、旭升股份、宏发股份等企业已经进入特斯拉的美国供应链。特斯拉实施本土化的一个原因是产业链的支撑作用。中国有着完整的新能源汽车产业链，经过多年的发展，电动汽车的产业链已经十分成熟，关键零部件的制造成本持续下降。特斯拉自主研发部分主要集中在芯片、操作系统等智能控制部分，因此有必要充分利用国内成熟的配套体系。特斯拉上海工厂建设速度空前，从 2018 年 7 月签订投资协议，到 2020 年 1 月建成投产交付，全部建设时间不到 10 个月。上海工厂一期规划产能年产 25 万辆。随着特斯拉国产化加速落地，更多的优质企业开始成为特斯拉供应商。未来随着国产化渗透率的提升，特斯拉在中国的产业链将更加完备。

此外，受到 2020 年新冠肺炎疫情的影响，跨国企业也开始考虑全球产业链布局的多样化配置和低集中程度。2020 年 3 月，国内疫情最为严重的时候，由于津冀的零部件工厂停工，北京奔驰迟迟不能开工。随后疫情的大规模暴发导致特斯拉多地工厂停工，特斯拉美国三大工厂（弗里蒙特、内华达州、纽约州）均出现员工感染情况。除弗里蒙特工厂保留少数员工维持基本运营，内华达州和纽约州工厂均暂停生产，在建的德国柏林基地建设进度推迟。四大生产基地中，现在只有上海工厂实现复工和满负荷运转。特斯拉实施产业链多国布局，分散了经营风险。目前国内新冠肺炎疫情已经得到有效控制，而海外新增确诊病例数量仍未见拐点，形势尚不明确。中国市场成为特斯拉全球资源配置的亮点，战略资源向上海工厂转移，特斯拉零部件国产化比例有望加速提升。

针对中国市场,特斯拉要打造经济型新能源汽车。目前 Model 3 国产化率约为 30%,预计在 2020 年底实现 100% 的国产化。特斯拉整车大致可以分为三电系统、汽车电子和车身底盘内外饰,部分国产供应商如图 4-2 所示。车身底盘内外饰的参与者以传统车企的供应商为主,是目前特斯拉国产化供应链的主要集中环节。我国多个零部件企业进入特斯拉供应链,将受益于整个特斯拉的国产化进程。供应链企业涵盖动力电池及电池管理系统、热管理系统、电机电控、白车身、底盘、中控系统等环节,其中动力电池的产业链地位最高。由于"三电"部分的水平决定着纯电动车性能的高低,因此特斯拉将"三电"核心技术牢牢掌控在自己手中,第三方的汽车零部件供应商较难突破。由于动力电池占据新能源汽车成本三分之一以上,特斯拉动力电池布局多样化。尤其特斯拉与松下在产能扩张问题上出现较大分歧,松下相对保守的经营策略促使其放弃对上海工厂的投资。LG 化学凭借价格、工厂位置以及产品综合良率的优势成为特斯拉上海工厂圆形型电池新供应商,另外一个新供

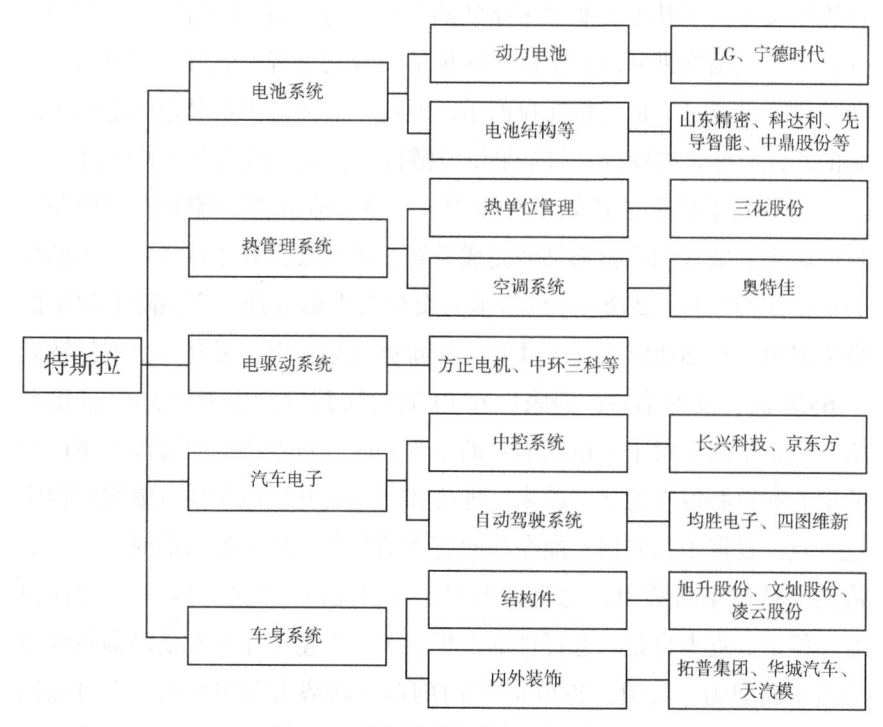

图 4-2 特斯拉的国产供应链现状

应商宁德时代的加入则预示特斯拉对未来电池的布局呈现多元化趋势。中国动力电池产业链完备，龙头企业已具备全球竞争力，宁德时代等企业的技术水平已经全球领先。特斯拉产业链的本土化布局旨在向中国消费者提供更具有经济性、更贴合中国市场的新型号智能电动汽车。

4."苹果效应"正在持续发酵

智能汽车行业不断加速发展。将特斯拉引入中国市场，是为了发挥特斯拉的"鲶鱼效应"（杨忠阳，2020）。随着实现国产化以及产业链的完善，就能培育出更多的"小米"，就意味着我国的造车新势力能够借力产业链优势实现量产交付（刘晓林，2020）。经过产业链整合，国内智能汽车产业链不断完善，不但可以满足特斯拉的需求，还可以带动国内智能汽车行业的整合与发展。特斯拉与国内智能汽车终端供应链的发展诉求非常匹配，特斯拉为降低自身制造成本，采用类似于智能手机的模块化设计方式与全新布线架构，与此同时，整车中电子零部件应用比例的大幅提升，供应链与智能手机供应链高度吻合，而其销售量的快速飞跃又带动了其他新能源车品牌的争相效仿，而上海特斯拉工厂的建立，更是大幅推进并加速了这一匹配的本地化进程。此外，尽早切入特斯拉供应链还可以依托特斯拉的示范效应，有效减少在其他智能汽车品牌的验证与导入周期，这与苹果供应链核心企业的做法也是类似的。

这种效果带来的益处正在显现，一些企业正在克服量产"瓶颈"，目前蔚来、威马和小鹏都已经完成万辆交付规模，开始进入一个新的发展周期（李雪峰，2020）。在新车的交付与上牌方面，交强险上牌量的数据显示，在2020年1—5月的造车新势力品牌中，威马的上牌量达到了6520辆，位列第一；蔚来以6214辆紧随其后；小鹏以5647辆排名第三。正是基于对未来市场前景的乐观判断，资本市场对智能汽车产业的信心和决心没有改变，蔚来、理想和威马的几次巨额融资就能够说明这一点。投资不是赌博，能在如此恶劣的外部环境和特殊的时间节点上依然支持造车新势力，说明资本市场对智能汽车行业的未来坚定而执着。但是，资本也是有选择性的，更多关注有量产车型和清晰商业模型的造车新势力（吴蔚，2020）。国内的造车新势力要想胜出，需打赢四场硬仗，即交付战、品牌战、特斯拉的围剿战、实现盈利的营销战。要想尽快实现盈利，关键就在于供应链管理（许亚岚，2020）。

创新业态不断出现。智能汽车不是简单的出行工具。电动、智能、网联，智能汽车产品高举高打、快人一步，必将深刻颠覆传统汽车产业！通过提升智能化、软硬件的综合感受，特斯拉正在成为"移动第三空间"，引入了在线游戏、腾讯视频和爱奇艺等流媒体软件，使得汽车成为人的延伸，成为人的生活、娱乐中心，提供与传统汽车完全不同的用户体验。特斯拉的商业模式正在向苹果看齐，从产品体系、产业链布局、商业模式来看，特斯拉确实如此，软件服务收费将成为其未来最重要的商业模式。虽然特斯拉尚未正式公布任何类似苹果应用商店的消息，但特斯拉已经设计了一个非官方支持第三方应用的API，预计在2020年将发布一个类似于苹果应用商店的平台，支持使用者或者相关开发人员发布基于特斯拉汽车的应用和游戏。如果特斯拉能像苹果那样实现软硬件一体化，那么意味着会形成巨大的收入空间。当然，对于国内的造车新势力也是如此。

互联网巨头也在纷纷向智能汽车领域快速布局。苹果2013年宣布"iOS in the car"计划，还传出与宝马合作，将对无人驾驶智能汽车进行测试。华为也正式进入了智能汽车领域，定位为面向智能汽车的"增量部件供应商"，聚焦自动驾驶、驾驶座舱、车联网等领域。小鹏汽车估计，未来十年内智能汽车领域会有多家市值在1000亿—10000亿美元以上的企业，既包括特斯拉、苹果，也包括蔚来、理想等，都是非常有力的竞争者。

与此同时，许多大型汽车生产制造厂商也在不断完善智慧出行生态。正如苹果不是一家单纯的智能手机企业，特斯拉也不甘于仅仅制造智能汽车，而是希望成为出行服务平台。在应用软件生态和自动驾驶出租车等方面，特斯拉已经具备"运营"服务价值，分别对标苹果和优步。马斯克曾称，到2020年底特斯拉将有100万辆自动驾驶出租车上路。完全自动驾驶和出租车网络将打破传统汽车制造商的商业模式，特斯拉将从产品销售的一次性交易模式转变为软件服务的经常性交易模式。根据马斯克测算，加入特斯拉自动驾驶网络的车主潜在的单车毛利润为3万美元/年，其中特斯拉将从中抽取25%—30%。越来越多的车企加入这场竞争中,所有像特斯拉一样拥有庞大资金的竞争者都跃跃欲试。目前通用、宝马、丰田、大众等主流传统车厂都在加速转型,或者通过战略联盟深入合作,或者投资自动驾驶创业公司,以适应汽车产业的变革。

四 促进中国智能汽车产业发展的建议

当前,我国智能汽车企业数量众多,但是普遍面临着资金、技术、交付能力不足等的问题。随着智能汽车行业从导入期迈入成长期,产业整合势在必行。我国汽车行业要充分利用"特斯拉效应",带动智能汽车产业爆发式增长。

(一)充分发挥中国的市场优势

一是激活需求拉动型创新。中国已经成为全球最大的消费市场,政府和民众也都乐于尝新、拥抱创新。新能源汽车还有巨大的增长空间,据 BNEF 预计,2025 年中国市场将占据全球电动乘用车销量的 48%,所有企业都不能忽视中国超大规模市场优势与内需潜力的巨大价值。激发"苹果效应"不能仅仅依赖于供给侧的产业链整合,还需要市场需求的拉动。智能汽车是深受用户喜爱的"爆品",制定产业政策的思路需从"需求侧"入手,加大对产品和消费者的补贴力度。

二是稳固效率驱动型创新。中国的产业链优势帮助特斯拉构建起极强的复制和交付能力,解决其因产能不足而导致的交付延迟,同时也能够快速进入中国的新能源汽车市场,实现供应链的本土化,从而达到降本增效的效果。特斯拉国产化后能节约 45% 成本,售价下降近 20%。随着享受政府补贴以及供应链国产化带来的成本降低,特斯拉将在中国市场拥有广阔的成长空间。供应链效率优势是中国成为"世界工厂"的关键所在,需求和相关行业支撑是塑造产业竞争力的关键要素,在智能手机、智能汽车甚至大飞机等领域,跨国企业能够迅速构建起本土化的供应链体系。中国的电动车技术与供应链已经处于全球领先地位,在避免"空心化"的同时,应充分利用这一优势,助力智能汽车产业成熟。

三是全力挖掘"特斯拉效应"。特斯拉将重新设计供应链,实现智能汽车产业链的整合与完善,使行业加速进入成熟期。所谓"特斯拉效应",是指把智能汽车生产的规模效应作为行业增长的根本动力。我国多个零部件企业进入特斯拉供应链,将受益于整个特斯拉的国产化进程。智能汽车供应链的成熟,也能塑造出大批国内品牌。智能汽车所带动的细分行业产值规模、单体价值等都大于智能手机,特斯拉所塑造的新产业规模很有可能会超越苹果。根据 BNEF 预测,新能源汽车行业能够成为 10 万亿元量级的全新市场。

(二)保持创新领域的开放共赢

一是坚持开放的产业政策。全球化是大势所趋,尽管美国政府在打压、制裁华为,但美国企业利益和政府意愿并非完全一致。特斯拉、苹果、GE 等跨国企业都冒着与政府对抗的风险,因为它们必须重视中国市场(谢一青等,2020;俞国军和沈燚佳,2019)。中国还是要保持开放,维护全球化。中国制造要向产业链的高端迈进,必然会和工业发达国家产生冲突。无论如何,还是要欢迎这些"卡脖子"技术在国内市场得到应用,就像苹果占据了智能手机市场的高端位置,但只要其能够引领国内智能手机市场的发展,就应对其保持开放(正楷,2020)。特斯拉也是如此。

二是鼓励多元化主体参与。以宝马为例,传统车企的电动化、智能化技术储备也非常丰富。但由于智能汽车的爆发期尚未到来,传统车企还没有做大量的资源投入。要鼓励越来越多的车企加入这场竞争,目前通用、宝马、丰田、大众等主流传统车厂都在加速转型,或者通过战略联盟深入合作,或者投资自动驾驶创业公司以适应汽车产业的变革。如丰田与比亚迪按照 1∶1 的股份比例成立合资企业,说明中国在汽车供应链中的重要性在提升,能够吸引国际顶级汽车品牌在中国落地并与中国企业同等合作。此外,还要完善开放的政策与营商环境、不断完善升级配套基础设施建设。

三是超越"固链"的视角。特斯拉进入中国市场起到了"鲶鱼效应",除了蔚来、小鹏、威马、理想等量产品牌,很多企业将退出市场。

随着产业链的完善，能培育出更多的"蔚来"，就意味着我国的造车新势力能够借力产业链优势实现量产交付。经过产业链整合，国内智能汽车产业链不断完善，不但可以服务于特斯拉，还可以带动国内智能汽车行业的整合与发展。目前，蔚来等都已经完成万辆交付规模，开始进入新的发展周期。传统车企也在加大投入力度，此外，苹果、谷歌等科技巨头已经开始布局智能汽车产业，将不断创造和完善智能汽车产业生态。固链不如创链，以开放的姿态，不断吸引企业聚集，让新科技首先在国内市场得到应用，创造一个个新的产业链，这才是中国经济发展的动力。

（三）加强核心技术的自主创新

一是明确智能汽车的发展重点。只有明确发展重点才能确定核心技术领域。2020 年 2 月《智能汽车创新发展战略》的出台正式确定了"智能汽车"的概念。电动化只是将传统的汽车动力总成换成"三电"系统，而智能化则是价值链重构，汽车产业的核心价值将从发动机、底盘等转向电池、芯片、车载系统、路测数据等，智能驾驶或者无人驾驶可能是未来占据行业重要位置的价值点。芯片、系统和应用共同塑造了汽车作为智能终端的强大能力，而系统和软件又可以通过远程空中升级实现快速迭代，这是产业未来发展的核心技术。

二是避免重蹈智能手机的覆辙。技术创新是未来中国经济发展的重要动能。在智能手机领域，国内手机厂商普遍采用国外企业设计、生产的芯片，广泛采用开源的操作系统，一旦被人"卡脖子"，便应对无措。在核心技术方面，苹果手机采用封闭的 iOS 操作系统，并自主研发 CPU 芯片，保障手机产品的运行性能。特斯拉将"三电"核心技术牢牢掌控在自己手中，在至关重要的自动驾驶芯片和算法上都采取了自主研发策略。目前特斯拉也是唯一一家可以自产芯片的汽车厂商。蔚来等车企也是采用谷歌 Mobileye EyeQ4 芯片。我国智能汽车企业应该充分利用行业处于成长期的机会窗口，增加基础技术研发投入，并着力构建自己专属的核心技术系统，并构建软件系统。

三是培育协同健全的产业生态。在产业链分工方面，我国企业已经具备"点"的技术突破能力，但是以工业软件为代表的智能化系统技术不足。例如中国动力电池产业链完备，宁德时代等龙头企业的技术水平已经全球领先。但至少未来十年，智能化芯片还存有短板，这意味着中国企业必须通过高水平的硬件设计、算法能力等提升智能汽车的总体性能。正如断链激发华为加大了研发力度，我国企业的尖端技术的攻关能力也正在形成，能够以产业链国产化或以多元化供应商提升替代弹性。此外，通过提升智能化、软硬件的综合感受，智能汽车成为"移动第二空间"，引入了游戏、视频等流媒体软件，使得汽车成为人的延伸，成为生活、娱乐中心，提供全新的用户体验。在产业政策引导方面，应鼓励智能汽车企业实现软硬件一体化，不断完善智慧出行生态。

第五章

跨国公司生产布局对中国石油化工行业的影响分析
——以埃克森美孚为例

近年来,石化跨国公司出现向上游原料所在地区和下游需求市场布局生产基地的趋势。在一定程度上反映了行业变化趋势,同时对市场和产业链产生一定的影响。应对跨国化工巨头生产布局带来的挑战,"十四五"及未来一段时期,中国石化行业需要改善发展环境,着力围绕上下游产业链,实施创新驱动,打通制约石化行业发展的诸多"瓶颈",促进石化行业高质量发展。

一 世界石油化工行业现状、特点与产业链特征

近年来,伴随国际石化市场格局的变化,世界石化行业发展呈现规模化、一体化特征,由于下游市场的驱动和上游原料成本约束,全球石油化工行业生产基地,特别是能源密集型、劳动密集型大宗化工产品的生产基地逐步从欧洲以及日本转移至拉美、中东和中国。与此同时,在世界低碳转型背景下,主要石化大国和大型跨国化工巨头不断优化产业链结构,投资重点呈现高端化、绿色化趋势。

（一）世界石油化工行业现状、特点

第一，国家或国际组织取代跨国公司成为国际石油市场的博弈主体，并在体系建设与维护等方面发挥了重要的作用。19世纪中期，现代石油工业诞生。随后成立的大型跨国石油公司在近100年的发展过程中，逐步形成了以石油"七姐妹"为代表的石油市场卡特尔，基本控制了世界的石油产量。依靠市场垄断，"七姐妹"可以在全世界以垄断价格出售原油。尤其是20世纪50—70年代是"七姐妹"快速发展的时期，这期间，"七姐妹"迅速壮大成为国际"巨头"。在相当长的一段时间内，"七姐妹"以强大的实力维持全球石油的市场秩序。20世纪70年代石油危机前，按资产额排名，石油"七姐妹"均处在世界前10名。

20世纪60年代，欧佩克成立，其成员国展开油气资产国有化。此后20年，欧佩克逐步打破"七姐妹"对于世界石油生产的垄断，取代跨国石油公司主导国际石油市场产量与价格。OPEC成员国原油储量超过80%，原油产量接近50%。四大跨国石油公司埃克森美孚、BP、皇家荷兰壳牌、雪佛龙原油产量占比下降至不足10%，其中埃克森美孚原油产量下降2%—3%。

20世纪80年代以后，国际石油现货市场、期货市场不断发展完善，OPEC对国际石油市场的影响力和控制力开始下降。在统一的国际石油市场下，进口国与出口国成为维护和影响国际石油体系的新主体。围绕石油供给、价格等问题，OPEC产油国和非OPEC产油国、产油国和消费国，在不断博弈过程中走向合作。国家或国际组织取代跨国公司成为国际石油市场的博弈主体，并在体系建设与维护等方面发挥了重要的作用，而任何单个石油企业（不论是传统国际跨国石油企业还是类似沙特阿美巨无霸式的国家石油公司）已经没有能力影响国际石油产量和价格。

第二，世界化工行业呈现规模化、一体化和基地化特征。全球化工行业经过多年的兼并重组，逐渐形成了以埃克森美孚等为代表的综合性石化公司、以巴斯夫等为代表的专用化学品公司和科迪华、拜耳等从基础化学品转向现代生物技术化学品的三类跨国集团公司的巨头竞争格局，这些公司在相应领域中占据了绝对竞争优势。与此同时，随着工艺、技术和设备制造等各环节技术进步，世界石化行业生产设备装置出现大型化和规模化趋势。而且，炼化一体化技术不断成熟，产业链条加速向下游延伸，未来石化行业生产基地化、发展模式园区化成为趋势。

第三，生产基地围绕上游原料和下游市场布局。由于下游市场的驱动（如能源、交通、建筑、医药等石化下游行业对高端化工产品的需求不断增加）和上游原料成本约束，全球石油化工行业生产基地特别是能源密集型、劳动密集型大宗化工产品的生产基地逐步从欧洲以及日本转移至拉美、中东和中国。其中，由于石油资源巨大优势，中东是近年化工产业发展最快的地区之一，在产能迅速扩张的同时，也开始向下游石化产品延伸发展。最近几年北美页岩气的大量开采，使北美的乙烯下游产品具有明显的价格优势，导致许多石化公司开始重新回归美国。以中国为代表的亚太地区具有巨大的市场，大型跨国石化公司开始向亚太地区布局生产基地。

表5-1　　　　　2018年世界部分国家主要新增产能　　单位：万吨/年

企业	国家	新增产能
Chevron Phillips	美国	150
ExxonMobil	美国	150
Ilam PC	伊朗	46
Indorama Ventures	美国	42
S-Oil	韩国	20
Turkmengas	土库曼斯坦	40
中海油惠州二期	中国	100
神华宁煤	中国	45
延长石油—延安能化	中国	45
合计		638

资料来源：根据公开资料整理。

第四，跨国公司占据市场主导。完整的石油和化学工业产业链，从原材料到终端市场大体上可分为五个产业结构层级：第一级为石油、天然气和化学矿山开采业；第二级为基础石化工业（烯烃、芳烃和三酸两碱等）；第三级为一般化学工业（聚合物和合成纤维等）；第四级为高端化学工业（化工新能源、化工新材料、高技术精细化学品以及现代煤化工等）；第五级为化工新兴边缘和交叉行业（基因工程、生物工程等生命科学，以及制药和环境工程等）。其中，第五级代表着化学工业未来发展的方向和新技术的领先探索（李寿生，2015）。埃克森美孚的化工业务主要集中在第二级基础石化工业。在整个化工产业链中，基础石化工业生产标准化程度较高。以聚烯烃为例，通用型聚烯烃一般都在炼化项目中，标准化程度较高。因此，该行业表现为成本具有巨大优势的大企业占市场主导的特征。以乙烯为例，根据公开数据统计，2019年世界乙烯产能已达1.86亿吨，新增产能约1000万吨。其中80%新增产能集中在埃克森美孚、雪佛龙菲利普、中海油、Ilam PC、Indorama Ventures等10家公司。其中，埃克森美孚乙烯产能达1070万吨，占世界乙烯产能的5.8%。

第五，化工行业高端化、绿色化趋势。2000年以来，世界主要石化大国和大型跨国化工巨头不断优化产业链结构，投资重点由基础化学品转向与化工产业相关联的材料科学、生命科学、环境科学等产业。例如，化学与生物学结合，促进医学、农业和可再生资源的开发和利用；催化、分离以及信息技术相关的化学反应和过程强化技术；纳米科学、光学、电学及叠加的新材料科学技术。总体上看，大型跨国公司在今后10年创新发展的重点，都在行业技术结构层次的高端领域，围绕生命科学、化工新材料、化工新能源、专用化学品和环保技术等方面，加速原始创新和特色创新，培育占据未来竞争制高点的新优势。

（二）石油化工产业链特征

石油化工产业链条涉及多种产品，同一种化工品通常又有多种技术路径。按照上下游划分，石油化工产业链大致分为三个环节：上游原材料、中间化工产品、下游制成品。

以石油为原材料，进一步细化化工产业链，则石油产业链可以划分为"石油—炼化—化纤"产业链。上游是石油的勘探、采掘以及油服等环节。中游炼制产生三条重要的产品线：成品油（进一步提炼后得到汽油、柴油和煤油）、石脑油（烯烃、芳烃以及其他含碳有机化工品）、重组分物质（主要是石蜡、沥青、润滑油等副产物）。其中，石脑油经过裂解得到烯烃和芳烃，再向下游发展就得到各类有机化工品，埃克森美孚公司石化业务主要集中在该产业链环节。

表5-2　　　　　　　　　石化上下游产业链简介

环节		主要产品及特点
上游原材料	石油、天然气等	上游环节决定了化工品最基础的原材料来源，具备资源属性，决定了中下游环节的稳定供给与生产成本
中间化工产品	有机化工品：甲醇、烯烃、芳烃、各种酸醇酯	乙烯、丙烯、丁烯等；苯、甲苯、对二甲苯等；醋酸、乙二醇、醋酸乙酯等
	无机化工品：三酸两碱、氮磷钾、氟硅钛	硫酸、盐酸、硝酸、纯碱、烧碱、含氮、磷、钾元素的产品以及氢氟酸、有机硅、钛白粉等产品
下游制成品	衣、食、住、行以及科技等	纺织服装、农业、食物、建筑装饰、交通运输、TMT、新能源、航空航天

资料来源：根据公开资料整理。

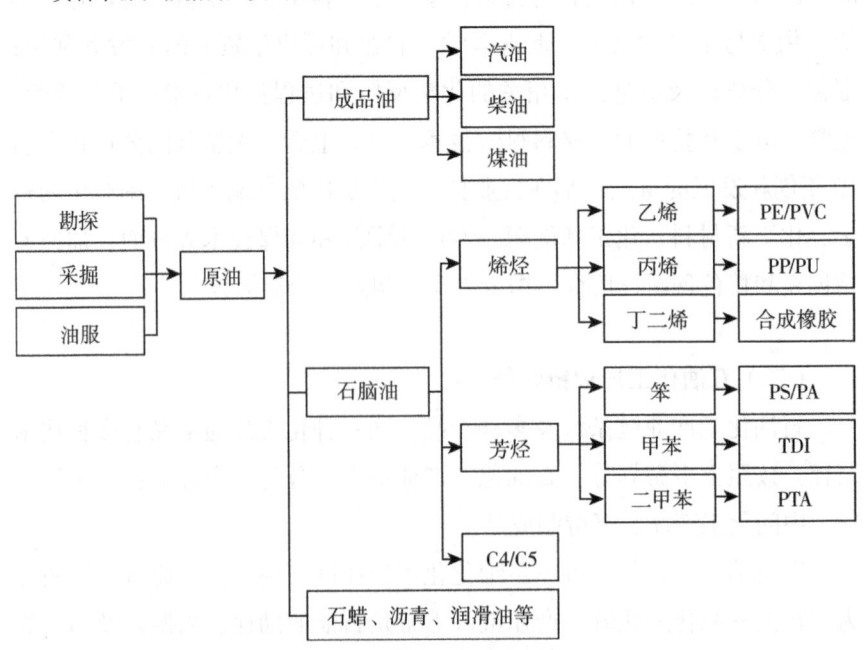

图5-1　石油化工产业链简要图示

资料来源：转引自国信证券经济研究所。

近年来，除了炼制和化工品的一体化运营外，化工产品上下游一体化发展是石油产业链的趋势。传统炼厂以出售基础性化工原料为主，比如烯烃、芳烃、碳四、碳五、碳九等副产品。伴随技术的进步，炼厂项目改造升级，石油产业链出现向下游环节延伸的趋势。一体化运营有利于吸收上游产能，延伸产业价值链，提高项目盈利能力，而且能够平抑部分环节价格冲击带来的风险。

二 埃克森美孚基本情况分析[①]

埃克森美孚公司早期主要从事煤油的提炼生产与销售。经过130多年的发展，埃克森美孚现已成长为全球最大国际石油公司。埃克森美孚业务范围广泛，上下游一体化是公司长期坚持的经营战略。公司现有石油天然气的勘探开发、炼油板块和化工产品三大业务板块。石油天然气的勘探开发业务板块的主要产品有原油、液化天然气、非常规油类产品等，在全球38个国家布局生产线。炼油板块主要产品为汽油、石脑油、柴油、煤油、航空燃料、润滑油和重油等，在世界39个国家投资建设一体化生产园区。目前，公司是世界最大的燃油和润滑油生产企业，也是世界盈利能力最强的石油化工企业之一。化学板块则主要包括石化产品、增塑剂、聚合物和各类添加剂等。

（一）发展历程

埃克森美孚公司业务以能源为主，石油、石油化工、煤炭、矿产及电能均属其优势业务，是世界最大的经营石油勘探、生产、运输、炼制加工和销售的综合性公司。该公司也是化工原料、溶剂、添加剂、中间体和聚合物及其他石化产品的最大供应商。[②] 公司连续85年以上获得3A信用等级，是世界上保持这一纪录为数不多的公司之一。2019年美国

---

① 方正证券：《石油化工行业化工巨头商业研究和分析报告之埃克森美孚的合并与成长战略解析》。
② MBA智库百科——埃克森美孚公司。

《石油情报周刊》公布了2019年世界最大50家石油公司综合排名,埃克森美孚的综合排名保持第4位。原油产量1.133亿吨,位居第七,占世界总产量的2.5%。原油储量21.9亿吨,位居第11位,占世界已探明储量的0.9%。天然气产量972亿立方米,位居第七,天然气储量1.46万亿立方米,位居第14。回顾埃克森美孚发展历史,企业经营战略调整与原油价格(决定企业经营业绩)变化周期密切相关。

第一,公司整合重组时期(1980—1999)。1981—1985年,全球的原油需求萎缩,国际市场原油供应充足,产量出现一定下降,油价下跌,跨国石油公司的经营出现困难。以埃克森为代表的国际石油公司调整其发展战略,提出了"集中力量与核心业务"的新战略。1986—1990年,埃克森、美孚公司做出进一步的调整,提出"上下游一体化"是加强公司实力的最优经营战略,同时,努力增加公司油气资源储量,并提高储采比。

第二,1999年合并以来的快速发展时期。1999年,埃克森和美孚再度合并,成为"埃克森美孚石油公司"。这一阶段,埃克森美孚石油公司确立了在上下游业务中的基本战略。上游业务战略目标:(1)识别和追逐所有具有吸引力的勘探机会;(2)投资于高回报的项目;(3)最大化现有油气生产的利润;(4)充分重视利用增长中的天然气发电市场(西南证券海外巨头系列研究报告)。下游业务战略目标:(1)始终保持一流的经营水平;(2)向顾客提供高品质、高价值的产品和服务;(3)在效率和有效性上引领整个产业;(4)充分结合利用埃克森美孚的其他业务;(5)有选择地进行投资以获得稳定优厚的回报。

(二)业务构成

埃克森美孚产能规模优势显著,生产线遍布全球。业务主要分为三个板块:上游勘探、中下游炼制、石油化工。其中,油品(柴油以及汽油)的产能361千桶/天;炼化产业板块则主要拥有常压蒸馏装置5551千桶/天、催化裂化装置1386千桶/天、加氢裂化装置272千桶/天、渣油转化装置592千桶/天和润滑油生产装置125千桶/天等产能;公司化工产业板块目前在全球范围内主要拥有乙烯产能1000万吨/年左右、聚乙烯990万吨/年、聚丙烯270万吨/年和对二甲苯410万吨/年等。①

(三)全球布局

第一,上游勘探开采业务主要分布在北美(见图5-2)。埃克森美孚上游勘探业务主要分布在北美地区。目前已开发探明储量65%的全资子公司项目集中在美国和加拿大,其次是亚洲地区。除了全资子公司之外,埃克森美孚控股公司已开发探明储量主要集中在亚洲。

已开发探明储量分布(全资子公司)　　已开发探明储量分布(控股公司)

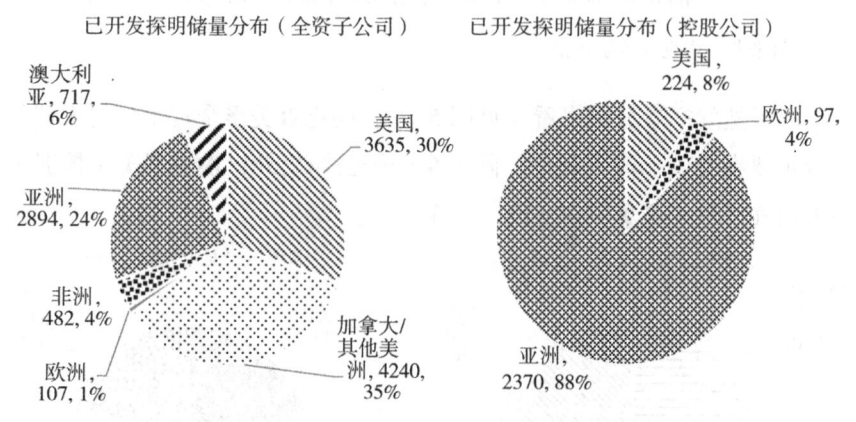

澳大利亚,717,6%
亚洲,2894,24%
非洲,482,4%
欧洲,107,1%
美国,3635,30%
加拿大/其他美洲,4240,35%

美国,224,8%
欧洲,97,4%
亚洲,2370,88%

图5-2　上游勘探业务分布情况(单位:千桶/天)

资料来源:埃克森美孚年报。

从原油产量分布来看(见图5-3),埃克森美孚全资子公司原油产量主要在美国、亚洲(中东)、非洲。除了全资子公司之外,埃克森美孚控股公司原油产量主要集中在亚洲(中东)。

---

① 方正证券:《石油化工行业化工巨头商业研究和分析报告之埃克森美孚的合并与成长战略解析》。

全球价值链重构与跨国公司的战略分化

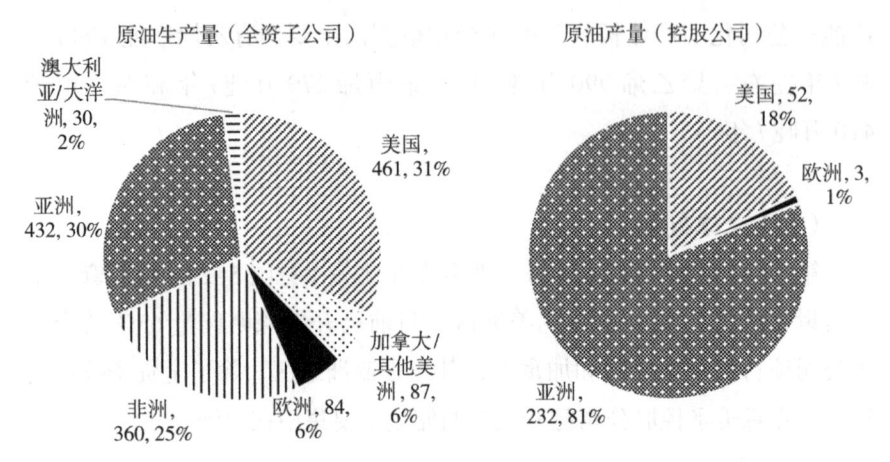

图 5-3　原油生产业务分布情况（单位：千桶/天）

资料来源：埃克森美孚年报。

从天然气产量分布来看（见图 5-4），埃克森美孚全资子公司天然气产量主要在美国、澳大利亚。除了全资子公司之外，埃克森美孚控股公司天然气产量主要集中在亚洲（中东）。

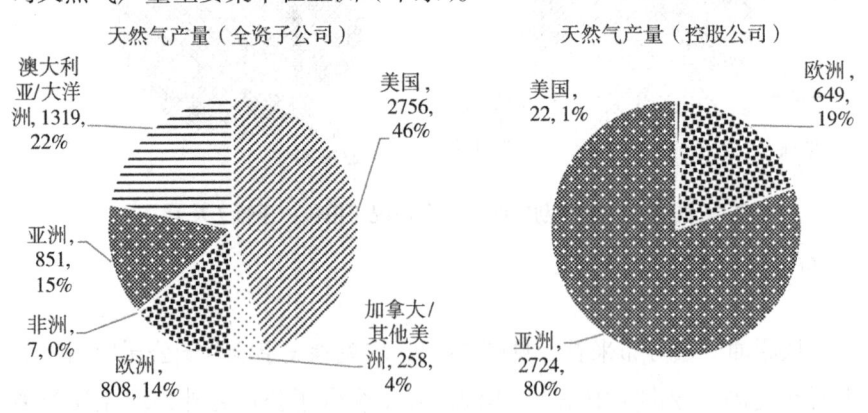

图 5-4　天然气生产业务分布情况（单位：万吨/年）

资料来源：埃克森美孚年报。

第二，下游原油加工业务主要分布美国、欧洲和亚太地区（见图 5-5）。从下游原油加工业务分布来看，埃克森美孚炼油业务主要分布在美国、欧洲和亚太。从下游产品销售情况来看，埃克森美孚市场主要集中在美国、欧洲以及亚太地区。

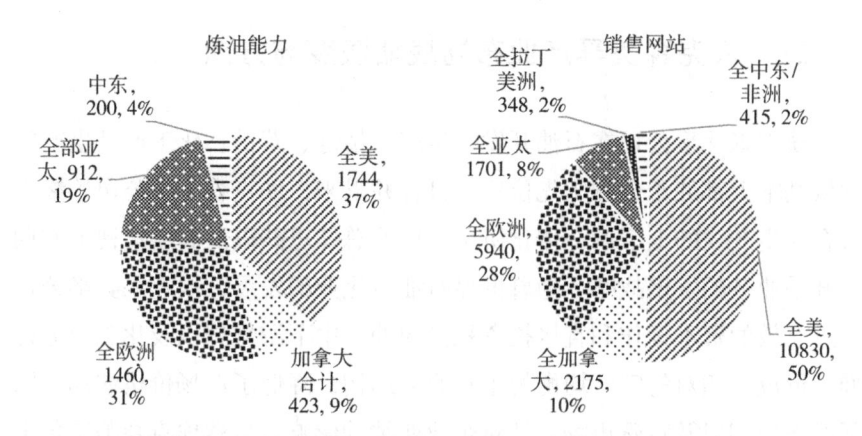

第五章　跨国公司生产布局对中国石油化工行业的影响分析

炼油能力
- 中东，200，4%
- 全部亚太，912，19%
- 全美，1744，37%
- 加拿大合计，423，9%
- 全欧洲，1460，31%

销售网站
- 全拉丁美洲，348，2%
- 全中东/非洲，415，2%
- 全亚太，1701，8%
- 全欧洲，5940，28%
- 全加拿大，2175，10%
- 全美，10830，50%

图5-5　下游原油加工业务分布情况（单位：千桶/天）

资料来源：埃克森美孚年报。

第三，化工业务分布在北美和亚太地区。作为基础性化工原料，乙烯、聚乙烯、聚丙烯生产主要分布在北美、亚太；对二甲苯主要分布依次是亚太、北美地区。

（四）经营状况

埃克森美孚公司中下游板块营收占比最高，上游业务利润占比最高。根据公司年报数据企业的上游（地下石油和天然气的勘探、生产和提取）、下游（石油和化学工业/炼油板块）和化学品三大业务板块2018年分别实现营业收入265亿美元、2301亿美元和337亿美元，占总营收的比例分别为8.90%、77.20%、11.32%，中下游板块营业收入占比最高。公司2018年共获得净利润208.40亿美元，其中石油天然气的勘探开发板块、炼油板块和化学品板块分别占比67.6%、28.8%和16.1%（企业财务与金融板块支出26亿美元使三大板块占比超过100%）；资产负债率为42.65%，比2017年44.22%下降了1.57个百分点，净资产回报率（ROE）为10.98%，高于雪佛龙公司的9.80%。[①]

[①] 方正证券：《石油化工行业化工巨头商业研究和分析报告之埃克森美孚的合并与成长战略解析》。

三 埃克森美孚产业布局战略演变与方向

埃克森美孚公司在石油开发、生产、精炼、营销、化工产品生产等领域基本上都处于全球领先位置。自合并以来，埃克森美孚公司始终坚持企业生产线的上下游一体化协调发展的总体思路以及高度重视上游勘探开采业务的发展战略。随着世界石油石化业的发展，埃克森美孚公司通过有效的资本运作和直接投资积极向油气中下游领域以及化工业务延伸，形成了相对稳定、均衡的主营业务结构，降低了市场价格波动、国际经济周期以及特殊市场条件对企业业绩的影响。虽然埃克森美孚各个业务板块的发展目标和战略会有一定的区别，但企业始终坚持上下游一体化战略。

第一，对国际石油市场判断是以往企业战略不断调整的重要依据。油价是影响企业业绩的重要因素。从20世纪80年代以来，埃克森美孚几次企业战略调整均与油价变动周期密切相关。20世纪70年石油危机后，石油价格进入下降周期，埃克森美孚通过业务重组剥离非核心业务，聚焦于企业核心业务。90年代油价进入低位波动，公司开始实施上下游一体化战略来平衡企业成本，1999年埃克森与美孚再次合并。

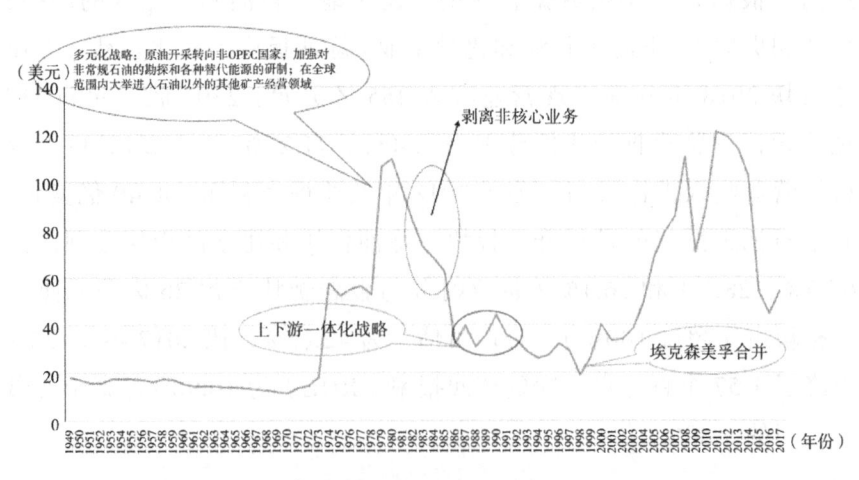

图 5-6 埃克森美孚企业战略调整

资料来源：根据 BP 世界能源统计年鉴整理。

第二,坚持以石油天然气的勘探开发产业为投资重点,贯彻上下游一体化战略。根据埃克森美孚年报统计,2000—2015年埃克森美孚的石油天然气的勘探开发板块归母公司净利润占其企业净利润总额比重均在70%—90%。在2015年则是达到了90.05%的高点;而非美国家的石油天然气的勘探开发板块的净利润占企业净利润总额比重更是呈现较为显著的上升趋势。由2000年的63.25%上升到了2014年的81.13%,增幅28.27%。因此,公司始终将上游业务作为企业的战略性业务。1999年合并以来,埃克森美孚在石油天然气勘探开发领域的资本投资与勘探支出费用从69亿美元增加到2017年的166.95亿美元,18年间的年均复合增速5.34%。其中2011—2014年投资额甚至达到了每年300亿美元以上。期间由于2015年国际油价低迷导致2015年与2016年两年的投资额下降,但仍可以看出埃克森美孚对石油天然气的勘探开发业务板块给予了极高的重视。

与此同时,企业对化工和中下游的产业投资额也相当稳定。进入21世纪以来,埃克森美孚对化工板块的投资额由最初的7亿—15亿美元增加至20亿—40亿美元,17年间年均复合增长率为5.57%。随着公司业务全球化的迅速发展,埃克森美孚公司通过有效的资本运作和直接投资积极向油气中下游领域以及化工业务延伸,形成了相对稳定、均衡的主营业务结构,降低了市场价格波动、国际经济周期以及特殊市场条件对企业业绩的影响。根据埃克森美孚财务报告披露的内容,在2018年,埃克森美孚下游板块的运营成本比行业平均成本水平还要低15%,而这很大程度上都要归功于企业的一体化运作给予了部门调节成本的空间和应对市场供需变化的灵活性。企业数据显示,埃克森美孚的年均炼化能力已经是行业平均水平的1.75倍,大部分的炼化设施是与化学以及润滑油的生产装置联合运行以确保高效率生产,提高在行业中的竞争力。

与此同时,埃克森美孚油气勘探开发板块与下游炼油化工板块的联系非常紧密。根据相关报道,埃克森美孚在世界39个国家具有136条上述的高效一体化生产链。正是上下游一体化战略,埃克森美孚长期以来保持着良好的盈利业绩,投资回报率也领跑BP、壳牌等同类型企业。

Bloomberg 数据调查显示，埃克森美孚从 2006 年至 2017 年的企业净利润和净资产回报率稳定在行业龙头位置。截至 2017 年，公司净利润为人民币 1287.89 亿元，超过位居第二的荷兰皇家壳牌集团 439.95 亿元；净资产投资回报率 11.10%，远高于荷兰皇家壳牌集团（6.81%）与雪佛龙德士古公司（6.21%）。

第三，选择投资天然气业务作为清洁能源发展战略。在能源转型趋势下，不少传统能源企业积极布局新能源的发展。比如，氢能、光伏发电等。2006 年，埃克森美孚结合自身的优势则选择了天然气作为企业中长期的清洁能源战略方向。2008 年的金融危机时期，埃克森美孚坚持投资上游板块并抓住结构转型机遇，并于 2009 年成功以 410 亿美元收购了美国最大的天然气、页岩气生产商——XTO 能源公司（Energy Inc.）。这项收购交易为企业在天然气储量领域夺得了一个更好的战略起点。经过近 10 年清洁能源的战略发展，埃克森美孚已初具规模并有稳定的天然气、页岩气等清洁能源储备量，从而保障中下游业务原料的稳定供给。

埃克森美孚预测天然气产业将成为 2016 年至 2040 年成长性最高的能源之一，将占未来全球能源需求增量的 35%。此外，埃克森美孚预测，到 2040 年，全球天然气的需求量将增长 40%，在亚洲太平洋地区需求预计增长 45%。埃克森美孚近期将投资重点放在非常规天然气资源领域以提高天然气的供给，公司预测未来天然气的供给增量的 55% 将会来自非常规天然气资源。

第四，跨国公司生产基地围绕上游原料和下游市场布局。面临全球石油产业的激烈竞争和美国本土市场受政策限制的问题，埃克森美孚加速公司的全球化布局，围绕上游原料和下游市场逐步将主营产业转向全球，从而降低运营成本。2000 年底，埃克森美孚以加拿大地区的子公司与加拿大最大的石油公司帝国石油公司（Imperial Oil Ltd.）签订了收购协议，埃克森美孚收购加拿大帝国公司 70% 的股份，双方将按比例承担该公司位于加拿大的石油勘探开发和石油产品销售服务的支出。这是埃克森美孚全球化战略的第一步。此后，埃克森美孚相继在亚洲、澳洲、中东地区展开合资、并购等项目。

> **埃克森美孚在天然气业务领域的战略行为**
>
> 2009年，埃克森美孚与卡塔尔石油公司共同完成了190亿美元的液化天然气项目，在巴布亚新几内亚建成了当时世界上最大的液化天然气生产设施之一（Qatargas2 Train52）。
>
> 2012年，埃克森美孚又与俄罗斯石油巨头Rosneft于4月签署了战略合作协议，通过这项协议Rosneft获得了在北美的多项开发权，与埃克森美孚一起开发石油和天然气，并共同攻克关于西得克萨斯州、加拿大亚伯达省和墨西哥开发勘探难题；双方还计划交换来自这些工程项目的专业技术，用于开发Rosneft的西西伯利亚无孔岩石层中蕴藏的大量致密石油。
>
> 2016年7月，埃克森美孚再次宣布了一项大型的收购项目——收购位于巴布亚新几内亚的Inter Oil公司以及其相关天然气资产。最终，埃克森美孚以36亿美元的价格成功收购了Inter Oil公司在Elk-Antelope的天然气气田100%的股权。
>
> 2016年8月份，埃克森美孚再次宣布了一项价值数十亿美元天然气项目的投资计划，企业计划收购意大利埃尼集团（ENI）手中持有的莫桑比克境内第四区油田的部分股权。最终于2017年3月，意大利埃尼集团成功与埃克森美孚达成协议，允许后者收购埃尼集团位于莫桑比克第四区油田的25%股权，交易价格为28亿欧元。

随着埃克森美孚公司全球化战略推进，2001年以来，在美国本土以外，埃克森美孚在勘探、炼化、化工等领域的投资逐渐超过公司在美国本土的项目投资。埃克森美孚在全球化战略框架下，开始灵活地调整战略布局，剥离部分毛利较差的业务，加大对具有市场潜力国家的投资。2007年以来，亚洲太平洋地区逐渐形成了以中国市场为核心的新兴的市场。埃克森美孚联合沙特阿拉伯国家石油公司与中国石化股份有限公司于中国福建省建立了公司第一家中国子公司——中石化森美（福建）石油有限公司。2007年，埃克森美孚投资60亿美元，在新加坡裕廊岛启动了公司的第二个石化项目，并于2012年12月投产，使新加坡成为了埃克森美孚除美国本土以外最大的综合生产基地。企业公布信息显示，企业未来具体的投资安排中，埃克森美孚2019—2025年的投资项目共28个，其中仅有两个开发项目位于美国本土，非美国地区的项目数量26个。

根据企业上市年报数据统计，2000年至2018埃克森美孚海外地区营业净利润由101.98亿美元增长至170.97亿美元，上升67.65%，年均复合增速2.91%。截至2018年，公司在38个国家有石油天然气的勘探开发项目，以及石油天然气商业布局，在25个国家布局润滑油炼化生产基地。同时，埃克森美孚还在16个国家投产化工产业链，是世界上最具盈利能力的国际化工公司之一。

从布局地点选择来看，亚洲地区是埃克森美孚重要投资市场。埃克森美孚在新加坡的资产超过150亿美元。包括炼油厂、乙烯裂解、化工装置，新加坡是埃克森美孚在世界上最大的综合生产基地，约占埃克森美孚全球化工产能的四分之一，主要面向亚太市场。[①] 2018年9月5日，广东省政府、惠州市政府、广东省粤电集团分别与全球最大的跨国石油和天然气上市企业埃克森美孚公司签署战略合作框架协议、化工综合体项目初步投资协议和惠州LNG接收站项目共同合作备忘录。其中，埃克森美孚惠州化工综合体项目商谈投资总额为100亿美元，计划在2023年投产，包括年产120万吨乙烯的蒸汽裂解联合装置、两条聚乙烯生产线和两条聚丙烯生产线。项目建成后可实现世界级单套装置的最大产能，相关高性能产品将填补中国市场的空白。

四 埃克森美孚战略布局调整对中国石化行业的影响

作为世界具有重要影响力的跨国石油公司，埃克森美孚的战略布局在一定程度上反映了行业变化趋势，同时也会对市场和产业链产生一定的影响。与其他制造行业不同，石化行业属于过程工业。过程工业是

---

① 《埃克森美孚"巨无霸"项目落户惠州》，《惠州新闻网》，2018年9月13日，http://www.hznews.com/sz/201809/t20180913_1249123.shtml。

指通过物理变化和化学变化进行的生产过程，特点是连续性，其原料和产品多为均一相（固体、液体或气体）的物料，而非由零部件组装成的物品。生产基地化、规模化，围绕上游原料和下游市场布局是石化行业的基本特点。因此，从理论上来看，埃克森美孚在世界范围内的战略动向，主要通过两种途径来影响中国石化行业。一是在石油天然气领域，通过企业行为影响国际油气市场进而对中国油气行业以及油为基的中下游产业产生影响。二是在化工领域，企业战略调整下的世界范围内的布局与产业链重构，进而对中国化工行业产生竞争与合作。当前，国际油气市场格局已经演变为由国际石油市场中不同角色的国家之间的博弈。国际石油市场定价机制已经不取决于单个石油企业。可以说，单个企业失去了控制或影响油价的可能。跨国油气企业不论是储量还是产量方面，都很难对国际石油市场产生重要影响。因此，我们更加关注化工领域内，埃克森美孚战略布局对中国化工行业的影响。

（一）中国石化产业发展的特征

目前，我国化工产业逐渐形成门类较为齐全的产业布局，有20多种化工产品的产能高居世界第一位。但总体水平与发达国家还有不小差距。根据埃克森美孚化工板块业务（主要乙烯、聚乙烯、聚丙烯、对二甲苯），我们从产业链角度总结了中国石化产业具有以下几个特征。

一是大而不强，高端产能不足、低端产能过剩，尤其是化工材料和单体及专用化学品等中下游产业领域。由于技术水平、企业规模等因素制约，总体上化工行业尚未突破"大而不强"的格局。此外，产品单一，低水平同质化建设严重，"低端过剩、高端不足"的结构性矛盾非常突出。根据统计数据，我国乙烯、对二甲苯、聚乙烯、聚苯硫醚、碳纤维等重点化工产品自给率仅为50%、42%、53%、25%、20%。

二是产业链条短，精细化率不高，总体精细化率在45%左右，低于发达国家60%—70%的平均水平。我国化工产业中，以生产大宗基础化工产品为主的石油化工、煤化工等传统产业仍然占据主导地位，而精细化工产品特别是高端精细化学品产业规模小、发展水平低。世界十大高端化学品企业均为国外企业。例如美国陶氏公司、杜邦公司，德国巴斯夫公司，日本三菱化学公司，它们均具有从基础化学品到高端化工材料的全链条加工及研发能力。高端技术研发与产业聚集度是我国企业目前最缺乏的要素。

三是产业链部分关键环节对国外依赖度较高。我国在高端化工新材料产品和化工高端装备及尖端技术方面严重依赖国外。据工信部统计数据，在130多种关键基础化工材料中，32%的品种仍为空白，52%的品种仍依赖进口，如高端电子化学品、高端功能材料、高端聚烯烃等。智能炼厂、高端化工催化剂、精细化学品加工等方面系统化、集成化的技术有待突破。此外，一些关键设备过度依赖进口，导致生产成本短期降不下来，而且增加了供给安全风险。比如，高纯度化工材料的存储和运输所需高端容器，目前国内极少有企业能够生产必须依赖高价进口，否则即使化工材料纯度做到99.9999%，一旦容器有杂质，纯度就会下降。

（二）埃克森美孚布局对石化行业的影响

很长一段时间，外商投资进入石化行业是受到政策限制的。例如，2004年仍有明文规定外资"不得运营炼油厂"；2007年必须在中方相对控股的前提下，外资方可参与乙烯项目投资；2011年的外商产业投资目录中虽然删除了与乙烯相关的外商投资限制，但因为原料供应等原因，外资仍然无法以控股股东身份投资乙烯项目。2018年6月28日，国家发改委、商务部发布《外商投资准入特别管理措施（负面清单2018年版）》，正式取消了外资连锁加油站超过30家需中方控股的限制；2018年7月23日，国务院常务会议通过了石化产业规划布局方案，支持民营和外资企业独资或控股投资。

中国是全球最大的化学品市场，约占40%的市场份额。21世纪以来，国外石油化工巨头在中国境内同中国企业一直是合资建厂建公司。例如，位于天津的中国石化与沙特基础工业公司（SABIC）项目，位于南京的扬子巴斯夫项目，位于上海的中国石化与BP项目，位于广东的中国海油与壳牌项目等。埃克森美孚在中国建立独资企业，与中国本土石化企业的竞争不可避免。过去中国石化行业内的竞争主要存在于三桶油、地炼之间。随着埃克森美孚等跨国巨头进入中国市场并独资建厂，将给中国石化市场引入新的竞争,未来石化市场竞争程度将越加激烈。而且,对中国石化市场现有格局以及市场规则带来冲击。

1. 合作

与BP、壳牌等公司与中国企业合作,弥补在中国上游业务的策略不足,埃克森美孚坚持自身"上下游一体化协调发展"的策略,所以很少投资中国的油气上游业务。目前,埃克森美孚在中国国内运营资产从集中于下游产业链的润滑油、石化产品和加油站领域调整为润滑油、液化天然气LNG、独资一体化石油化工项目(生产高端精细化工产品)。液化天然气(LNG)成为埃克森美孚在中国市场新的重要业务。除了浙江的LNG市场,2018年9月5日,埃克森美孚还与广东省政府签署了战略合作框架协议,将参与广东惠州LNG接收站项目,包括供应LNG。此外,埃克森美孚还宣布,在广东投资100亿美元,独立建设大型石油化工项目。这一项目计划在2023年投产,包括年产120万吨乙烯的蒸汽裂解联合装置、两条聚乙烯生产线和两条聚丙烯生产线。

2. 竞争

埃克森美孚在化工板块的基础化学品领域具有非常强的技术与生产能力。2019年,埃克森美孚乙烯产能1000万吨/年,占世界乙烯产能的5.38%;聚乙烯产能990万吨/年,占世界聚乙烯产能的9%;聚丙烯产能270万吨/年,占世界聚丙烯的2.84%;对二甲苯产能410万吨/年,占世界对二甲苯产能的7.115%。埃克森美孚布局亚太地区,以及进入中国市场,在短期能够给中国市场提供高端产品,促进石化行业升级,但同时也将加剧中国国内化工产品市场竞争。

表5-3　　　　　　　埃克森美孚化工产品产能占比

	世界产能 (亿吨/年)	埃克森美孚产能 (万吨/年)	埃克森美孚产能 占比(%)
乙烯	1.86	1000	5.38
聚乙烯	1.1	990	9
聚丙烯	0.95	270	2.84
对二甲苯	0.577	410	7.11

资料来源:埃克森美孚上市公司年报。

第一，短期内石化跨国公司凭借技术优势，在产业链下游环节占据一定主导地位。从石化产业特点来看，产业链上游标准化程度较高，因此对比各个工艺路线以及项目之间的成本优势最为重要。以聚烯烃为例，通用型聚烯烃一般都在炼化项目中，标准化程度较高。产业链下游改性塑料则重点在于技术和需求。经过加工成为改性塑料之后，性能被明显提升，可以应用在更为高端的一些领域，产品具有明显的技术附加值，因此研发技术和下游需求就更为重要。而目前大型化工企业，比如埃克森美孚、陶氏、巴斯夫等在产业链下游环节具备较强的技术能力。以聚烯烃产业链为例，目前国内塑料制品的产量大约为9000万吨，但是改性塑料的产量不到2000吨，改性化率与发达国家的成熟市场相比仍有提升空间。

第二，产业链关键环节对外依赖程度增加，在高端产品领域存在"断链"的可能。以聚烯烃产业链为例，近年来，国内聚烯烃产业链的下游改性塑料企业不断向上游拓展，产业链有上下游一体化的趋势。过去产业链整合的困难在于下游改性塑料对技术服务的要求较高，产品标准化程度低，上游聚烯烃生产企业（过去通常是大型石化企业）难以在短时间内渗透到终端客户。而下游改性塑料环节则由于产能过于分散，大部分企业生产规模较低，不具备向上整合的能力。聚烯烃产业链一体化，对整合我国石化行业供应链、价值链具有经济价值，但同时增加了上游高端烯烃产品的依赖。而高端烯烃产品超过60%，由诸如埃克森美孚等化工企业提供，自给率不到40%，每年至少有400万吨的需求缺口。

（三）中国石化产业应对路径

第一，围绕产业链，打破上下游重点环节"瓶颈"。一是上游加大原油勘探开采力度，保障基础原料供应。加大油气勘探开发是保障国家能源安全的重大任务，也是国内化工产业链上游原材料端最重要的产业"瓶颈"。埃克森美孚公司之所以成为石化企业优等生，关键是在上游勘探开采环节长期保持稳定的投资。二是提高中游提高烯烃、芳烃等石化产品的自给率，保障产业链下游环节的原料供应问题。由于国内化工行业过去发展迅速，对烯烃、芳烃等基础石化原材料的需求空间巨大，但是受制于上游原油长期依赖于进口，国内烯烃和芳烃的进口依赖度较高。以乙烯为例，2019年国内乙烯需求当量约5155万吨，乙烯衍生物净进口量折合乙烯当量占乙烯当量消费量的50%左右。三是下游新材料制品环节向高端领域突破，加速国产化替代进程。目前，诸如新能源、电子通信、高端芯片等高端科技产业链中使用到的关键新材料仍主要依赖于从日韩台美欧等地区进口。新形势下，新材料国产化替代进程以及国内高端精细化学品"去瓶颈"问题将是精细化工产业链现代化的关键。

第二，加大科技创新，突破关键领域研发"瓶颈"。打造"科学—技术—产业"的完整创新链，逐步建设突破型、引领型、平台型一体的化学化工综合研究基地和原始创新策源地。在高端电子化学品研发、高附加值催化剂研发、高端聚烯烃材料研发、高端装备制造研发、高端精细化学品研发等领域取得突破。

第三，加大政策支持的力度。一是根据产业布局，设立各级政府的投资基金，通过政府出资引导，采用市场化运作和专业化管理的模式，吸引更多的社会资金共同投入。基金可以主要投资于未上市的成长期高新技术企业，兼顾初创期科技企业，通过专业化的管理、个性化的服务以及资本运作体系，培育、扶持一批企业尽快走向资本市场。二是政府对重点产业做好规划、集中投入。加大对战略性产业、重点民生产业的资金和政策扶持力度，做好顶层规划，加强资源整合，发展壮大关键产业集群，提升核心企业竞争力。三是出台保产业链、稳供应链的政策。鼓励和发挥行业协会、产业联盟在产业链一体化过程中的作用，加强同上下游企业的联系。鼓励有实力的企业积极开展与"一带一路"沿线国家和地区的企业构建新的产业链，避免对某些企业特别是欧美企业的过度依赖。

第四，积极开展与世界先进石化企业合作。引入新的投资运营模式、产品标准和先进的技术、产品开发和智能制造理念，扩展业务组合、开拓海外市场。

第六章

壳牌集团全球产业链布局的战略调整及对中国的启示

当前,世界主要国家相继确定了碳中和发展目标的实现节点,这使得能源转型必将成为世界未来的发展趋势。天然气作为一种相对清洁的化石能源,在各国能源转型中发挥着重要的作用。在这种背景下,壳牌集团等国际油气公司紧紧把握世界能源转型的发展趋势,对天然气业务进行了一系列战略调整,从而改变了天然气全球产业链布局。本章以壳牌集团天然气全球产业链布局的战略调整为研究对象,分析其产生的影响及对中国的启示。

一 天然气全球产业链布局现状

天然气包括常规天然气和非常规天然气,其中,前者主要包括页岩气、致密气和煤层气。天然气产业链则是指处于天然气产业及其相关产业不同环节的节点企业和单位之间,基于特定技术经济关联,围绕天然气的勘探、开发、生产、运输、存储、液化、气化、压缩、销售、利用及相应配套服务,以天然气及相应服务的价格为纽带,以供需关系为核心,形成的具有价值传递和价值增值功能的链网式关联结构。通常,天然气产业链的上游环节包括天然气勘探、开发、生产等;中游环节包括天然气管道运输、液化天然气运输、天然气存储、天然气液化、LNG气化等；下游环节包括天然气的不同利用（刘毅军等，2019）。

（一）独联体国家是天然气产业链上游环节最具竞争力的地区

1. 常规天然气储量、产量情况

全球共有412个超大气田，其中，90个位于亚洲和大洋洲，57个位于中东地区，122个位于东欧、中亚及俄罗斯地区，32个位于西欧地区，49个位于北美地区，30个位于中南美地区，32个位于非洲地区。东欧、中亚及俄罗斯地区是大气田分布最集中的区域，亚洲、大洋洲及中东地区是大气田最富集的地区（刘毅军等，2019）。

根据《BP世界能源统计年鉴2020》发布的数据，截至2019年年底，世界天然气探明储量为198.8×10^{12}立方米，储采比为49.8。其中，北美地区天然气探明储量占7.6%，储采比为13.3；中南美地区占4.0%，储采比为46.0；欧洲占1.7%，储采比为14.2；独联体国家占32.3%，储采比为75.8；中东地区占38.0%，储采比为108.7；非洲地区占7.5%，储采比为62.7；亚太地区占8.9%，储采比为26.3。

2019年，世界天然气产量为3989.3×10^9立方米，比2018年增长3.4%。其中，北美地区天然气产量为1128.0×10^9立方米，比2018年增长7.4%；中南美地区天然气产量为173.6×10^9立方米，比2018年减少1.5%；欧洲地区天然气产量为235.9×10^9立方米，比2018年减少6.1%；独联体国家天然气产量为846.5×10^{10}立方米，比2018年增长1.9%；中东地区天然气产量为695.3×10^9立方米，比2018年增长2.1%；非洲地区天然气产量为237.9×10^9立方米，比2018年增长0.7%；亚太地区天然气产量为672.1×10^9立方米，比2018年增长6.3%。

2019年，世界天然气产量前三的国家为美国、俄罗斯和伊朗，其中，美国以920.9×10^9立方米的产量，占世界总产量的23.1%；俄罗斯产量为679×10^9立方米，占比为17%；伊朗产量为244.2×10^9立方米，占比6.1%。其次是卡塔尔、中国和加拿大，产量分别为178.1×10^9立方米、177.6×10^9立方米、173.1×10^9立方米，分别占比4.5%、4.5%和4.3%。

2. 非常规天然气储量、产量情况

全球非常规天然气可采资源总量为195.4×10^{12}立方米，占全球非常规油气可采资源总量的 27.8%。其中，页岩气可采资源量为 150×10^{12} 立方米，占比 76.7%；煤层气可采资源量为 38.2×10^{12} 立方米，占比 19.6%；致密气可采资源量为 7.2×10^{12} 立方米，占比 3.7%。70.9% 的非常规天然气可采资源富集在北美、中亚—俄罗斯、亚太和中东等地区，其中，北美地区可采资源量为 56.3×10^{12} 立方米，占 28.8%，以页岩气和煤层气为主；中亚—俄罗斯可采资源量 36.3×10^{12} 立方米，占 18.6%，以页岩气和煤层气为主；亚太地区可采资源量为 24.5×10^{12} 立方米，占 12.5%，以页岩气和煤层气为主；中东地区可采资源量为 21.4×10^{12} 立方米，占 11.0%，以页岩气为主。全球非常规天然气可采资源量前三的国家为美国、俄罗斯和加拿大，其中，美国可采资源量为 39.5×10^{12} 立方米，页岩气占比 69.2%，煤层气占比 19.6%，致密气占比 11.2%；俄罗斯可采资源量为 28.5×10^{12} 立方米，页岩气占比 52.8%，煤层气占比 46.0%，致密气占比 1.2%；加拿大可采资源量为 16.2×10^{12} 立方米，页岩气占比 36.3×10^{12} 立方米，页岩气占比 36.3%，煤层气占比 57.5%，致密气占比 6.2%。

（二）欧洲和北美是天然气产业链中游环节具有比较优势的地区

1. 天然气管道的地区分布

目前，世界上的天然气输气管道主要分布在欧洲、欧亚大陆和北美地区。其中，欧洲地区管网主要包括四个部分：俄罗斯通往欧洲、北海气田通往欧洲大陆、英国与欧洲大陆之间、非洲通往欧洲。北美地区的天然气管道主要包括美国和加拿大之间、美国和墨西哥之间。亚太地区的天然气管道主要包括印度尼西亚至新加坡、马来西亚至新加坡、缅甸至泰国、中俄、中亚、中哈、中缅等。中南美洲的天然气管道主要包括玻利维亚至阿根廷和巴西、阿根廷至巴西和智利及乌拉圭。中东的天然气管道主要包括土库曼斯坦至伊朗、埃及至约旦、阿曼至阿拉伯联合酋长国。非洲的天然气管道主要包括阿尔及利亚至意大利、阿尔及利亚至葡萄牙和西班牙、利比亚至意大利（刘毅军等，2019）。

2. LNG 基础设施分布

LNG 基础设施主要包括液化出口站、接收站、气化站。

截至 2019 年 3 月，全球共有 64 个大型出口 LNG 液化工厂项目，产能4.08亿吨。另外，还有11个正在建设或扩建中的LNG液化工厂项目，产能7975万吨；49个计划和拟建LNG液化工厂项目，合计产能5.31亿吨。① 全球共有135座已投运接收站，合计接收及再气化能力8.16亿吨。另外，有18座接收站处于扩建及建设中，接收及再气化能力7431万吨；有59座接收站处于正在计划和拟建阶段，接受能力2.1亿吨。在地区分布上，亚洲是全球接收站最多的地区。其中，日本有37个接收站已经投运，2个拟建；中国有20个接收站已投运，3个在建，3个计划建设，中国台湾2座；韩国6座；印度4座已经投运，5座在建，3座拟建；印度尼西亚3座；巴基斯坦2座；马来西亚2座；泰国、新加坡、孟加拉国各1座。欧洲国家接收站已经投运的有25座，其中，西班牙6座，法国4座，英国3座，土耳其3座；荷兰、比利时、葡萄牙、波兰、希腊、立陶宛各1座。在美洲地区，美国有10座，墨西哥有3座，巴西3座，阿根廷和智利各2座，加拿大、牙买加、波多黎各、巴拿马、哥伦比亚各1座。在中东和非洲地区，科威特、埃及、以色列、约旦各有1座投运接收站。②

截至2020年2月，总再气化能力达到了821MTPA。③ 已有37个市场配备了液化天然气接收功能。随着全球液化天然气贸易的增长，预计在既定地区以及许多新市场中，再气化能力的扩张都将随之而来，而这两个新市场都在天然气需求方面出现激增。正在建设120.4MTPA的新再气化能力，包括14个新的陆上码头，12个浮动存储和再气化装置（FSRU），以及在现有接收站的七个扩建项目。到2020年底，将实现47.1MTPA的再气化产能上线，其中可能包括加纳等新的进口商。④

3. LNG运输船

截至2019年底，全球LNG船队由541艘在役船组成，包括34个

---

① 《全球LNG液化厂、LNG接收站、LNG船舶情况一览》，参见搜狐网（https://www.sohu.com/a/321916950_174505）。

② 《全球LNG液化厂、LNG接收站、LNG船舶情况一览》，参见搜狐网（https://www.sohu.com/a/321916950_174505）。

③ MTPA——百万吨每年(million tons per annum)。

④ *IGU 2020 World LNG Report.*

浮式存储再气化装置（FSRU）和4个浮式存储装置（FSU）。总体而言，全球LNG船队在2019年同比增长8.4%，总共增加了42艘新船，其中三艘是FSRU。相比之下，2019年LNG贸易的年增长率为13%，显示LNG航运市场和LNG贸易之间的良好平衡。2019年的租赁费用开始强劲增长，蒸汽轮机每天约70000美元，TFDE / DFDE每天约100000美元。2020年蒸汽轮机的费率降至约30000美元，TFDE / DFDE的费率降至约40000美元。[①]

4. 储气库

目前世界上的天然气地下储气库类型包括四种：枯竭油气藏储气库、岩穴储气库、含水层储气库和废弃矿坑储气库。根据国际天然气协会（CEDIGAZ）发布的《全球地下天然气储存装置2018》报告，截至2017年底，全球有枯竭油气田型储气库492座，有在运盐穴储气库104座。在地区分布上，截至2015年，欧洲枯竭油气藏、盐穴、含水层储气库分别为86座、48座、27座，正在建设的枯竭油气藏储气库5座、盐穴储气库4座，规划建设的枯竭油气藏储气库17座、盐穴储气库13座、含水层储气库1座，关闭储气库8座；截至2018年，美国在运储气库有223座，以枯竭油气藏储气库为主体，工作气量为780亿立方米。美国近50%的储气库集中在东北部地区（天然气主要消费区），其余的储气库分布在得克萨斯州和路易斯安那州，特别是盐穴储气库主要集中分布在岩层盐穴地质条件发育良好的得克萨斯州；俄罗斯共有27座地下储气库，其中，Gazprom共运营23座地下储气库（邱丽静，2019）。

5. 天然气贸易

天然气国际贸易主要通过管道输送和LNG船运两种方式。2019年，世界天然气贸易总量为 984.5×10^9 立方米，其中，跨区域的管道气贸易量为 499.4×10^9 立方米，LNG贸易量为 485.1×10^9 立方米。俄罗斯、挪威、加拿大为三大主要管输天然气出口国，出口量分别是 217.2×10^9 立方米、109.1×10^9 立方米、73.2×10^9 立方米；德国、美国、意大利为三

---

① *IGU 2020 World LNG Report.*

大主要天然气管输进口国，进口量分别为 $109.6×10^9$ 立方米、$73.3×10^9$ 立方米、$54.1×10^9$ 立方米。卡塔尔、澳大利亚、美国为2019年三大主要LNG出口国，出口量分别为 $107.1×10^9$ 立方米、$104.7×10^9$ 立方米、$47.5×10^9$ 立方米；日本、中国、韩国为三大主要LNG进口国，进口量分别为 $105.5×10^9$ 立方米、$84.8×10^9$ 立方米、$55.6×10^9$ 立方米。

（三）北美和亚太是天然气产业链下游环节市场需求最大的区域

根据《BP世界能源统计年鉴2020》发布的数据，2019年全世界天然气消费量为 $3929.2×10^9$ 立方米。从地区来看，世界天然气消费主要在北美、亚太、欧洲、独联体国家及中东地区，消费量分别为 $1057.6×10^9$ 立方米、$869.9×10^9$ 立方米、$554.1×10^9$ 立方米、$573.7×10^9$ 立方米、$558.4×10^9$ 立方米，分别占世界消费总量的26.9%、22.1%、14.1%、14.6%、14.2%。从国家来看，美国、俄罗斯和中国排在世界天然气消费量前三，消费量分别为 $846.6×10^9$ 立方米、$444.3×10^9$ 立方米、$307.3×10^9$ 立方米，分别占世界消费总量的21.5%、11.3%、7.8%；其次是伊朗、加拿大和沙特阿拉伯，消费量分别为 $223.6×10^9$ 立方米、$120.3×10^9$ 立方米、$113.6×10^9$ 立方米。

在2019年全球能源消费结构中，天然气平均占24.23%。从地区来看，北美天然气在一次能源结构中占比32.66%，中南美洲占比20.81%，欧洲占比23.80%，独联体国家占比53.39%，中东占比51.84%，非洲占比27.20%，亚太占比12.16%。从国家来看，特立尼达和多巴哥是天然气在一次能源消费结构中占比最高的国家，达到88.48%；其次是乌兹别克斯坦和土库曼斯坦，分别占比87.62%和78.43%。

从天然气的消费结构来看，主要包括发电、化工、供暖、交通等。其中，天然气发电占主要部分。BP 2020统计数据显示，2019年，全球天然气发电量为6297.9太瓦时，占全球总发电量的23.32%。从区域上看，中东地区天然气发电占比最高，为62.70%；其次是独联体国家，占比为48.43%；占比最低的为亚太地区，为11.68%。从国家上看，俄罗斯天然气发电占比46.46%，美国天然气发电占比38.64%，澳大利亚天然气发电占比20.50%，中国天然气发电占比3.15%。

二 壳牌集团全球天然气产业链战略调整

1907年，皇家荷兰壳牌公司集团成立。其前身是1890年成立的皇家荷兰石油公司与1897年成立的壳牌运输和贸易有限公司。从20世纪90年代开始，壳牌开始发展液化天然气（LNG）业务，2011年其全球天然气产量首次超过石油。2016年，壳牌营业利润为36.92亿美元，其中天然气业务占比约为68.5%。目前，壳牌已成为世界第七大天然气生产商、第一大LNG供应商，是全球实施天然气及LNG发展战略最积极的公司之一。在天然气产业链调整战略方面，壳牌主要实施全产业链发展战略，注重发展天然气全产业各个环节的竞争优势：包括天然气气田的勘探开发、天然气的管道运输、天然气液化厂、LNG运输以及终端天然气发电站等。

（一）不断优化天然气产业链上游环节中的资产组合

在大型国际石油公司中，壳牌的LNG资产组合规模最大、地理分布最广，覆盖上、中、下游整个价值链，是目前全球供应量最大、液化产能排名第二的LNG供应商。2019年，壳牌通过资产组合实现了7450万吨的销售量，比液化产能居全球首位的卡塔尔国家石油公司超出1317万吨。

近年来，壳牌加大力度持续优化上游环节资产。在中国业务方面，2012年，壳牌与中石油签订了四川富顺—永川区块产品分成合同（PSC）；与中石油在长北合作开发生产致密气，实现年产量33亿立方米。同时，与中海油合作在莺歌海区块进行天然气的勘探开发。在欧洲业务方面，2014年，壳牌以67亿美元收购西班牙雷普索尔（Repsol）公司LNG资产，2016年以540亿美元收购BG公司LNG资产。同时，壳牌削减了部分持股较低的项目和未盈利的资产。2013年到2016年，壳牌出售所持澳大利亚主要LNG生产商Woodside公司9.5%股份；退出澳大利亚890万吨/年的惠斯通LNG项目；暂停美国路易斯安那州天然气合成油（GTL）项目；重组北美页岩油气投资组合，剥离多项页岩气资产；出售美国厄尔巴岛 LNG 项目 49% 的股份；撤回了在澳大利亚、美国（Alaska LNG）、加拿大部分项目的投资。通过优化上游环节的资产组合，壳牌从收购雷普索尔公司的交易中获得秘鲁 LNG 和大西洋 LNG 项目资产；从收购 BG 公司的交易中获得美国、特立尼达和多巴哥、尼日利亚、澳大利亚、赤道几内亚等国的大量天然气承销合同。截至 2019 年底，壳牌在分布于 11 个国家的 13 个已投产 LNG 液化项目中拥有权益液化能力 4266 万吨/年，另外拥有美国埃尔巴岛（Elba Island）液化项目 250 万吨/年产能的承销权，见表 6-1。2019 年，壳牌 LNG 产量为 3560 万吨。

表6-1　　2019 年五大国际石油公司天然气业务经营指标对比

项　目	埃克森美孚	壳牌	BP	道达尔	雪佛龙
天然气储采比（年）	13.7	10.4	11.2	13.4	11.3
天然气销售量（亿立方米）	1212	1073	—	496	1022
LNG 产量（万吨）	—	3560	—	1630	—
LNG 销售量（万吨）	348	7450	993	3430	1104
已投产 LNG 权益产能（万吨/年）	2151	4266	1322	1578	1780
天然气业务收入（亿美元）	131	86.3	202	—	141

资料来源：HIS、公司年报。

2019 年，壳牌位于澳大利亚的前奏浮式液化天然气（Prelude FLNG）项目（产能为 360 万吨/年）投产，使得壳牌在全球浮式液化终端技术方面成为引领者之一。壳牌公司设定的发展战略为"致力于能源转型，在全球范围内开展投资，在强力的社会支持下开展经营"。2019 年，隶属于天然气与新能源业务中的发电业务成为壳牌的重点支持方向，壳牌将持续扩大天然气与新能源业务的领先优势，强化其资产组合优化能力，通过建立强大的财务体系和有弹性的资产组合实现不断增长的现金流和利润回报。2019 年之后，壳牌公司对业务组合的战略主题进行了调整，确保其业务组合能够很好地适应未来发展环境，具体如表 6-2 所示，深水油气、页岩油气和常规油气调整成为壳牌核心上游环节。

表 6-2　　　　　壳牌公司 2019 年前后战略调整对比

此前的战略主题	新战略主题
现金引擎（常规油气、天然气一体化、油品业务）	核心上游（深水油气、页岩油气和常规油气）
增长优先项（深水油气、化工业务）	引领转型（天然气一体化、油品业务、化工业务）
未来机遇（太阳能、页岩油气）	新兴电力

资料来源：张皓洁：《壳牌公司发展战略及经营趋势研究》，《当代石油石化》2020 年第 3 期。

（二）持续提升天然气产业链中游环节的竞争力

在运输领域，壳牌拥有大规模的 LNG 商业运输船队，规模达 40 艘，另以承租形式运营 50 艘 LNG 运输船，约占全球 LNG 运输船总量的 20%；在建 11 艘 LNG 运输船。壳牌通过收购和合资的形式在全球部署 LNG 接收站资产来获取附加值。目前，壳牌共运营 11 座 LNG 接收站，总接收能力为 4614 万吨/年，其中，6 座接收站为长期租赁，在 3 座接收站中拥有不低于 50% 的权益。

壳牌天然气业务遍布近 30 个国家，已在 11 个国家经营着 15 个 LNG 项目，其中澳大利亚 4 个，其液化能力占总能力的 30%。截至 2020 年 5 月，壳牌共有 1 个液化项目在建，14 个液化项目处于规划和设计阶段，合计权益产能为 2866 万吨/年。预计 2030 年，壳牌权益液化产能将增至 5040 万吨/年。在气化终端方面，壳牌目前有 10 个，主要分布在北美洲和欧洲地区。在亚洲地区，壳牌拥有印度的 Hazira 再气化终端，并正在扩大规模；计划在科特迪瓦、巴基斯坦（Port Qasim）、菲律宾（Batangas）和巴哈马发展浮式再气化终端（FSRU），同时，在缅甸发展陆上项目（也向泰国供应），在直布罗陀建设小型再气化终端，其中不少项目与在产或新的发电项目有关；与中国广汇能源合作建成江苏启东再气化终端，接收和配置 LNG。

（三）长期致力于在天然气产业链下游环节拓展市场促进天然气一体化发展

通过灵活运用长期和短期第三方承购合同，壳牌补充了其 LNG 产品组合，从而提高了供应组合的灵活性，优化了成本。再加上壳牌在贸易能力、航运和再气化布局方面的优势，使得壳牌公司能够根据市场条件，不断优化向客户交付 LNG 的方式，可以为客户提供更好的服务（张皓洁，2020）。

在 2015 年以前，壳牌供货合同主要以长期合约为主，供应对象主要为亚洲和拉丁美洲国家。在 2016 年以后，壳牌开始进军新兴市场。由于这些国家需求不稳定，违约风险高，所以壳牌与它们签署短期购销合同，以高价格来平衡可能存在的高风险。同时，壳牌还注重提高现货销售比例，其拥有的供应点多，能对市场变化迅速反应，是其实现超高利润的主要竞争力。近几年，壳牌签订了几个中长期协议，如 2017 年，和科威特石油公司签了 200 万—300 万吨/年 15 年购销协议，与萨尔瓦多 Energía del Pacífico 签了 50 万吨/年 LNG 供应电厂协议来保障市场的稳健。

在 LNG 进出口贸易方面，壳牌主要通过位于英国、新加坡和迪拜的交易中心来进行 LNG 贸易，全球与其存在业务往来的国家已经达到 26 个。在天然气产量方面，其中部分产量是壳牌自产，部分是通过第三方采购。在全球 LNG 液化产能快速增长的背景下，未来壳牌将会把第三方采购作为提高其天然气资产组合的成本竞争力和灵活性、实现多样化的重要方式，这将会适当改善其自有储量对 LNG 产量和现金流的约束。如在 2019 年，壳牌的权益产量为 3560 万吨，而通过第三方采购的贸易量达到 3890 万吨。目前，美国 LNG 项目产能和产量正在迅速增长，壳牌可能会在未来大幅增加来自美国的第三方采购来实现 LNG 供应量增长。

在天然气延伸业务方面，壳牌成为许多国家的天然气和电力营销商，典型的如美国、墨西哥、欧洲国家、巴西、新加坡、澳大利亚。在下游环节的战略定位上，壳牌决策层提出了"更盈利下游"的发展目标。为了实现这一目标，壳牌调整了炼化业务的布局，打造了"资产优、盈利强、结构精"的炼油产业链，一方面果断剥离非核心和低效率资产，如 2010 年至 2013 年 6 月底，壳牌剥离或改造了加拿大、德国、芬兰、美国、英国和澳大利亚等地的多家炼厂；另一方面壳牌加大力度渗透新兴市场，持续对炼化一体化优势进行强化，实现产品价值链最优化。同时，壳牌对下游炼化产业的生产节能优化高度重视，加大资金投入力度加强下游产业关键技术研发，应用推广先进技术。到2012年底，在全球范围，壳牌共拥有32家炼油厂，其中全资资产有10家。在区域分布上，壳牌炼油最主要的生产基地是欧洲，欧洲和非洲约占公司总产能的40%，美洲和亚太分别占总产能的35%和25%（罗佐县、梁慧，2013）。

在中国的天然气下游业务方面，壳牌在积极向中国出口天然气的同时，与天然气相关的其他业务也正在拓展，如LNG加气站和电动汽车充电站业务。在下游业务方面，2016年初壳牌与中海油正式达成协议，扩建双方位于广东省惠州市已有的、股比为50∶50的石化合资企业。按照该协议，壳牌将参与正在建设中的中海油石化项目，兴建另一套石化联合装置。新建裂解装置将南海工厂的乙烯产能提高100万吨，使现有产能增加一倍左右。

三 对中国天然气产业链发展的启示

长期以来，我国一次能源消费结构以煤炭为主，主要原因是我国能源资源禀赋呈现出"富煤、少油、贫气"的结构特征。为了加快能源转型，我国一方面在实施可再生能源对化石能源的替代，另一方面也在化石能源内部实现结构优化，最突出的是增加相对清洁的天然气的消费比重。在当前形势下，面对国际油气公司的战略调整，我国应该加快天然气体制改革，进一步优化天然气产业链调整的环境。

在世界形势多变的背景下，天然气产业发展也面临了更多的风险和挑战，壳牌集团不断优化资产，通过在上游增强资源保障能力、在中游提升技术核心竞争力、在下游不断靠近消费市场的战略调整，不断提升其天然气产业链承受外部环境变化冲击的韧性，对我国天然气产业链战略调整具有重要的启示意义。

（一）凭借组合策略增加天然气产业链韧性

在中美经贸摩擦和新冠肺炎疫情的冲击下，能源需求大幅萎缩，能源价格大幅下跌。在这种背景下，壳牌等国际大石油公司能抵挡住冲击，主要是都采用了组合策略，增加了其天然气供应链的韧性。一是进行价值链组合。在上下游一体化中，通过上游补下游、下游配上游，或以此上游补彼下游、以此下游配彼上游等组合，完成全球布局和全球价值链组合。如壳牌收购 BG 就使得其上下游之间形成了几个较好的组合。二是进行营销地域组合。一方面，与市场需求方签合同时不限定 LNG 来源地；另一方面，与 LNG 厂签合同时不限定目标市场，由此增加灵活性，可组织全球资源，优化运输距离，降低运输费用。这种全球组合甚至可以避免制裁、贸易战等带来的额外成本。例如，中美经贸摩擦中，BP 公司就以改变 LNG 来源避免了中国对产自美国的 LNG 加征 25% 关税给交易带来的成本。三是进行合同类型组合。通过长贸与短贸、现货相结合，平衡市场风险。近年来，倾向于多短贸和现货、少长贸合同。如为减少长贸，道达尔将 2017—2022 年 50% 以上的销售合同重新谈判重新签订。四是进行价格组合。天然气价格主要采用与原油价格挂钩和与 HH、NBP 价格挂钩相结合，高斜率价格与低斜率价格相结合。例如，道达尔从萨宾帕斯（Sabine Pass）、科珀斯克里斯蒂（Corpus Christi）和 Cameron LNG 争取到 360 万吨 / 年与 HH 价格挂钩的承销量，占其 2020 年营销组合的 20% 以上。这些交易没有目的地限制，有相当的灵活性，比与油价挂钩的长贸交易好得多。一旦市场供给过剩，LNG 价格低于美国项目短期边际成本时，就利用其他合同允许少提 LNG 条款，优先从美国提取。五是进行供货时间组合。同一时间段，此处合同彼处补；不同时间段，此时合同彼时补等（刘贵洲、窦立荣，2019）。

（二）通过运输和液化能力提升在全球产业链中下游环节获得一定的竞争力

从壳牌公司在全球各地的天然气产量来看，壳牌公司在亚太地区布局的天然气项目较多，美洲其次，欧洲和非洲相对较少。但总体看来，壳牌公司在全球的天然气生产项目布局较平衡。与各地的天然气总消费量相比，壳牌在各地的产量相对较小。在天然气资源禀赋丰富的国家，一般主要由本地国家油气公司和本土公司供给天然气；而在天然气资源较少的国家,天然气进口来源也逐渐实现多元化。因此,在全球范围内,壳牌在天然气产业链上并不具有垄断控制权,对天然气下游配套产业布局影响较小。

表 6-3　　　　壳牌公司 2019 年天然气产量情况

项目 国家或地区	产量			总消费量 （百万立方米）	占比
	壳牌子公司 （百万立方米）	壳牌合资公司 和联营公司 （百万立方米）	总计（百万立方米）		
丹麦	691.45		691.45	2919.39	0.24
德国	1184.24		1184.24	88656.85	0.01
荷兰		6913.29	6913.29	36842.80	0.19
挪威	5169.93		5169.93	4493.89	1.15
英国	1759.52		1759.52	78841.70	0.02
欧洲其他	426.25		426.25	5415.96	0.08
欧洲	9231.40	6913.29	16144.70	554134.03	0.03
文莱	627.84	4546.34	5174.17		
中国	1259.63		1259.63	307333.61	0.00
哈萨克斯坦	2391.32		2391.32		
马来西亚	6403.64		6403.64	42288.24	0.15
菲律宾	1255.78		1255.78	4080.43	0.31
俄罗斯	129.13	3815.04	3944.17	444312.72	0.01
亚洲其他	11543.54	3346.56	14890.10		
亚洲	23610.89	11707.94	35318.82		
澳大利亚	19440.85	589.77	20030.63	53740.28	0.37
大洋洲	19440.85	589.77	20030.63		
埃及	2608.38		2608.38	58945.27	0.04
尼日利亚	6631.60		6631.60		
非洲其他	856.53		856.53		
非洲	10096.51		10096.51	150127.79	0.07
美国	11012.38		11012.38	846645.05	0.01

续表

项目 国家或地区	产量		总计（百万立方米）	总消费量（百万立方米）	占比
	壳牌子公司（百万立方米）	壳牌合资公司和联营公司（百万立方米）			
加拿大	6226.14		6226.14	120312.47	0.05
北美洲	17238.52		17238.52	1057624.94	0.02
玻利维亚	1372.58		1372.58		
巴西	2222.29		2222.29	35809.50	0.06
特立尼达和多巴哥	4519.45		4519.45	17541.81	0.26
南美其他	245.13		245.13	3710.86	0.07
南美洲	8359.45		8359.45	165353.36	0.05
全球总计	87977.63	19211.00	107188.63	3929243.61	0.03

资料来源：壳牌公司年报 2019。

壳牌作为五大国际油气公司之一，其注重天然气一体化发展引领能源转型的战略调整使其在全球天然气市场中占有较高的份额，2019年，全球天然气贸易量为9844亿立方米，其中，壳牌销售的天然气量为2168.15亿立方米，占全球市场的份额为22.03%；全球LNG贸易量为4851亿立方米，其中，壳牌销售的LNG量为1095.15亿立方米，占全球市场的份额为22.58%。但在资源储量上，壳牌仅占4.82%。因此，壳牌在不同市场的天然气价格指数形成中发挥了一定的作用，但并不具有较大的定价权。但由于其具有以下优势：壳牌在全球LNG行业具有领先优势，资产组合地理分布广，供给优化的能力强，拥有大量的LNG资产和购销合同；LNG生产成本相对较低，是LNG行业内有吸引力的合作伙伴，可提供多种定价模式，部分采购合同价格甚至低于美国亨利中心价格；公司的规模、品牌、人力资源和社会关系在开发新兴市场时优势明显；拥有庞大的运输船队，能对市场变化做出快速反应；液化能力世界第一，可超权益产能提供LNG。所以壳牌可以在全球以具有竞争力的价格提供LNG（张永峰、陈蕊等，2020）。

(三)我国天然气产业链战略调整启示

在产业方面,我国应该深化促进天然气体制改革,在天然气勘探、开采、进口、加工、配送环节,培育竞争中性的市场环境,促进市场主体多元化发展;在天然气输送环节,强化对国家管网公司的运营成本监管,形成相对科学合理的输送价格。加快形成我国的国际天然气交易中心,探索与煤炭价格挂钩的天然气定价方法。

在企业方面,我国能源公司应该做到以下几点:一是要以持续不断提高能源供给效率为目标,持续改进公司管理;二是要不断优化公司资产,剥离劣质资产,做强最大优质资产;三是不断完善产业链配套,打通供应链上下游环节;四是准确把握东道国能源转型方向,通过本土化发展不断提高市场份额;五是善于使用组合战略。针对壳牌的战略调整,我国能源企业应该加强与壳牌公司的合作,引进壳牌先进的技术在我国发展现代化工等产业,在海内外油气资源开发中与壳牌建立长期合作伙伴关系,共同探索我国能源转型的科学性路径。

第七章

"因时而变"与"因势而变"
——对法国电力战略调整的分析及启示

经过百余年的持续变革与发展，电力产业已经成为覆盖全球的关键战略产业之一，也是支撑一个国家实现社会经济稳定发展和获得持续竞争力的重要因素之一。如今的世界能源电力产业正处于前所未有的大变革时代，不仅面临新的机遇，也带来了一系列挑战。习近平总书记提出："要抓住新一轮能源结构调整和能源技术变革趋势，建设全球能源互联网，实现绿色低碳发展。"在这种现实情况下，我国电力跨国公司如何应对历史变革并实现持续发展，不仅关系到企业本身，而且决定着是否能够推动整个产业的结构调整和转型升级。为此，我们可以通过对世界电力产业和典型跨国公司的发展进行深入分析，总结以往其他优秀跨国公司的经验并加以借鉴，为我国电力跨国公司的未来发展提供指引。法国电力集团（EDF：Electricite De France，以下简称"法国电力"）作为全球领先的能源电力跨国公司，在发展历程中一直秉持创新与变革的发展理念，其经验是值得我国企业借鉴的，能够帮助我国跨国公司在新时代、新形势的国际市场变革中找准未来发展方向，占据主动权，努力实现"弯道超车"，塑造国际竞争力，成为具有全球影响力的世界一流企业。

一 全球电力产业链的发展现状与未来趋势

电力行业作为关系国民经济命脉的支柱产业,保障产业链稳定提升是行业发展的长期任务。近些年来,全球电力产业链在产业布局、电源结构以及技术创新等诸多方面都已经发生了深刻变革,不仅代表着未来的发展趋势,而且也孕育着新的机遇。只有进一步明确全球电力产业链中各环节的发展现状以及未来趋势,我国电力跨国公司才能紧跟全球能源变革发展并结合我国企业的现实情况,发掘出潜在的发展机遇,确定今后发展的目标和方向,支撑国家社会经济实现高质量发展。

(一) 全球电力产业链的发展现状

自从能源电力成为社会经济生产、生活的必备品以来,在科技进步与社会分工的推动下,全球电力行业已经形成了集发电设备制造、安装,电力的生产、传输、销售和使用为一体的完整产业链,并被分为上游、中游和下游三大板块。其中,产业链上游主要集中于发电设备装机,中游主要侧重于电力生产,下游则包含电力的传输、配售和消费等业务环节。

1. 产业链上游:多元化电源结构总体稳定

在社会电力消费日益增长的刺激下,全球电力市场投资一直呈现扩大趋势,相关行业的装机容量越来越大。根据电源结构,在电力产业链上游存在不同的发电设备区分,发电行业可细分为火力发电(火电)、水力发电(水电)、核能发电(核电)和其他电力生产(包括风力发电、太阳能发电、生物质能发电等)。

(1) 火力发电

火力发电是指利用煤、石油和天然气等化石燃料所含能量转换成电能的方式,又可以进一步细分为燃煤汽轮机发电、燃油汽轮机发电、燃气—蒸汽联合循环发电和内燃机发电。火力发电的主要设备系统包括燃料供给系统、给水系统、蒸汽系统、冷却系统、电气系统及其他一些辅助处理设备。目前,全球火力发电设备制造企业年生产能力合计达到

1.4亿千瓦,主要集中在美国(通用电气、西屋、燃烧工程公司、福斯特·惠勒等)、俄罗斯、日本(日立、三菱、东芝、IHI等)、德国(西门子)、瑞士(ABB)、法国(阿尔斯通)、英国、意大利(安萨尔多)等国家。《中国能源装备年鉴2017》数据显示,我国火力发电设备行业中,从事发电机及发电机组制造的企业约800家,锅炉及辅助设备制造企业约700家,汽轮机及辅助制造企业约90家,重点企业有东方电气、上海电气等,在电站锅炉、汽轮机、发电机三大主机方面不仅实现了国产化,而且一些技术和产品还处于国际领先地位。

(2)水力发电

水力发电是通过建设水电站、水利枢纽、航电枢纽等工程将水能转换成电能的方式,具有防洪、航运、供水、灌溉、生态、旅游等经济、社会、环境效益。水力作为最大可再生能源,具有技术成熟、成本低廉、运行灵活的特点,世界各国都把水力发电放在重大能源项目建设的优先位置。目前,水力发电约占全球各类能源发电比例的16.6%,超过风能、太阳能、生物质能等其他可再生能源发电量的总和。然而受地理环境和气候条件影响,全球水能资源分布很不均匀。从技术可开发量分布来看,亚洲占比为50%,南美洲18%,北美洲14%,非洲9%,欧洲8%,大洋洲1%(周建平、杜效鹄、周兴波,2020),其中瑞士、法国、意大利水电开发程度已超过80%,德国、日本、美国水电开发程度也在67%以上,而我国水电开发程度仅为37%,稍高于全球平均水平,但与发达国家相比仍有较大差距。2018年,全球新增水电装机容量排名前十的国家分别是中国(8540兆瓦)、巴西(3866兆瓦)、巴基斯坦(2487兆瓦)、土耳其(1085兆瓦)、安哥拉(668兆瓦)、塔吉克斯坦(605兆瓦)、厄瓜多尔(556兆瓦)、印度(535兆瓦)、挪威(419兆瓦)和加拿大(401兆瓦)。

(3)风能发电

风能发电是指把风的动能转为电能的方式,属于一种清洁无公害的可再生能源。自从20世纪上半叶开始,风力发电被广泛应用于美国和欧洲国家的偏远地区供电,单台风电机组的额定容量为2—3千瓦。如今,作为一种主要的清洁能源,风力发电得到全世界的广泛认可和接受。目前。在前十大全球整机制造商中，中国制造企业囊括一半席位（如表7-1所示），Enercon（德国）、明阳智慧能源、Nordex（德国）、国电联合动力及运达风电分列全球第六至第十大陆上风电整机制造商。前四大整机制造商Vestas（丹麦）、金风科技、GE（美国）、Siemens Gamesa（西班牙）囊括全球57%的新增陆上风电市场。在海上风电整机制造商新增装机容量方面，排名第一的是Siemens Gamesa，新增装机容量为1.36吉瓦，市场份额达32%，继续领跑全球海上风电市场。MHI Vestas紧随其后，2018年装机容量为1.29吉瓦，实现大幅增长，以30%的市场份额稳居第二。近些年，我国海上风电市场也在快速崛起，意上海电气、远景能源、金风科技及以明阳智慧能源为代表的企业分列全球第三至第六大海上风电制造商。

表7-1　　　　　　　2018年全球前五大整机制造商相关情况

制造商	相关情况
Vestas	2018年，陆上风机新增装机容量高达10.09吉瓦，以22%的全球陆上风电新增市场份额遥遥领先。在全球32个国家实现新增装机，其中美国为其最大的市场
金风科技	受益于中国风电市场回暖及本土市场份额快速增长，成为2018年全球第二大陆上风电整机制造商，排名较2017年提升一位。2018年，在全球陆上风电市场份额为15%，并实现智利，巴基斯坦等国的风机出口
GE	2018年，GE以4.96吉瓦的新增装机容量成为第三大陆上风电整机制造商
Siemens Gamesa	2018年新增装机容量为4.08吉瓦，相较于其他整机制造商，陆上风电市场分布均衡。美国、印度分别为前两位市场
远景能源	陆上风电装机容量达到3.28吉瓦，跻身全球前五大整机制造商行列。在全球陆上风电市场占比为7%

资料来源：彭博新能源财经。

（4）太阳能发电

太阳能发电是一种利用太阳电池半导体材料的光伏效应，将太阳光辐射能直接转化为电能的一种新型发电方式。进入21世纪，随着可持续发展观念在世界各国不断深入，太阳能发电作为一种重要的可再生能源方式，开发利用规模迅速扩大，技术不断进步，成本显著降低，呈现出良好的发展前景。在全球市场需求和各国支持政策的刺激下，自2010年以来，以光伏发电为代表的太阳能发电行业出现爆发式增长。世界各国在加大太阳能研究开发力度的同时，也在加速商业化和市场化进程，进一步扩大太阳能发电的利用领域和市场规模，取得了明显的经济效益和社会效益。例如，日本、德国、瑞士、法国等国家将太阳能作为重要的新兴产业，制订了光伏发展计划，并投入巨资进行技术开发和加速工业化进程。国际能源署（IEA）发布的2020年全球光伏市场报告显示，2000年至2019年间，全球光伏产业累计装机容量自1250兆瓦增至580吉瓦，年复合增长率高达40.98%。其中，2019年的全球光伏新增装机达到114.9吉瓦，连续第三年突破100吉瓦门槛，同比增长12%，光伏累计装机量达到627吉瓦。2019年，全球前十国家依次为中国、美国、印度、日本、越南、西班牙、德国、澳大利亚、乌克兰、韩国（如图7-1所示）。全球最大的太阳能光伏发电站为印度古吉特拉邦太阳能公园，装机容量达到600兆瓦。在国家政策的推动下，我国光伏市场也得到快速的规模化扩展，累计装机容量为204.7吉瓦，几乎占全球光伏装机容量的三分之一，年度新增装机达到30.1吉瓦。通过持续的技术创新和降本增效，我国部分光照资源丰富地区已经实现发电成本每度电0.1元。

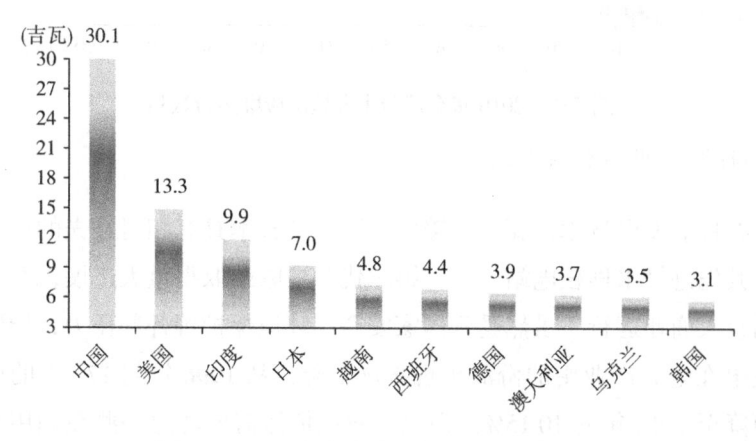

图7-1 2019年全球前十大光伏新增装机量

资料来源：国际能源署（IEA）。

(5)核能发电

核能发电是指利用核反应堆中重核裂变所释放出的热能转换成电能的方式。21世纪以来,随着世界经济的复苏以及越来越严重的能源、环境危机,核能发电作为清洁能源的优势重新显现。经过多年的技术发展,核能发电安全可靠性进一步提高,世界多国都制定了积极的核电发展规划。如今,全球共有31个国家拥有核电站(如图7-2所示)。其中,法国已将核能作为国家主要能源,拥有58座核反应堆,位居第二,发电量占总发电量的71.7%。

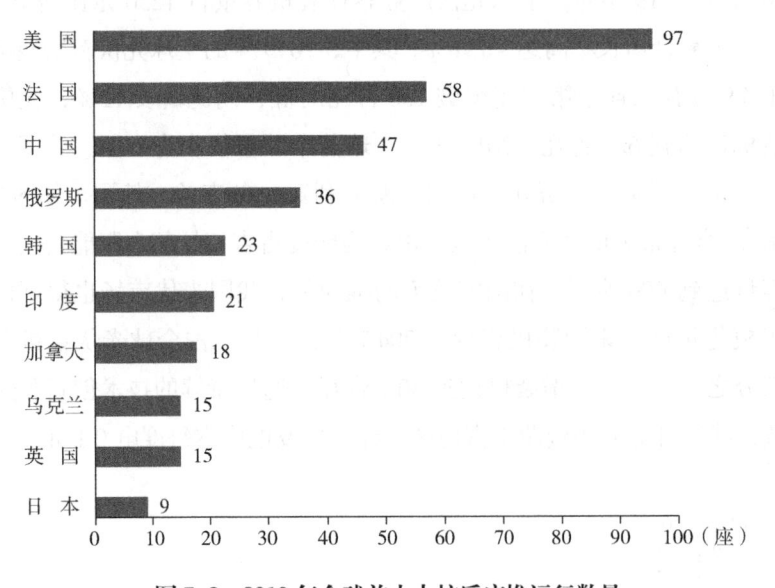

国家	数量(座)
美国	97
法国	58
中国	47
俄罗斯	36
韩国	23
印度	21
加拿大	18
乌克兰	15
英国	15
日本	9

图7-2　2019年全球前十大核反应堆运行数量

资料来源:世界核工业现状报告。

在核能发电技术创新上,美国、法国和日本具有相对领先的优势地位,其先进轻水堆核电站——"第三代"核电站取得重大进展,并逐步开始投入商业运行。虽然受到国家安全、环境保护等外部压力,导致核能发电在电力产业中的份额出现缓慢下降,从1996年约17.5%的历史峰值降至2018年的10.15%。但是,我们依然需要注意一些在利用核能方面发展较晚的国家也在陆续准备展开各自建造核电站的计划。国际能源署(IEA)数据显示,2019年,全球核电新增装机容量5.5吉瓦,永久关闭 9.4 吉瓦,总装机容量达 443 吉瓦。目前,启动的新项目约 5.2 吉瓦。在新核电并网和开工建设方面,中国和俄罗斯仍处于领先位置,全球在建核反应堆中有 20% 在中国。此外,阿根廷、巴西等国家的新建项目正处于筹备阶段,且均为典型的大型反应堆项目。近年来,我国在核电站建设方面取得了快速进展,核反应堆总数达到 47 座,位居世界第三。俄罗斯和韩国分别以 36 座和 23 座位列第四和第五。

2. 产业链中游:清洁化电力生产开始凸显

世界各国能源生产主要还是围绕满足国内用电需求,人口越多的国家电力生产量自然相对较高。由于电力传输对载体要求严格,加上传输过程又存在一定损耗,维护成本较大,使得电力跨国传输配送未能全面推行,全球多数国家目前还是以自给自足、自产自销式的电力生产模式为主。根据《BP Statistical Review of World Energy June 2019》的报告,2018 年电力产量仅比 2017 年增加 3.7%。其中,中国是世界上电力生产最多的且增幅最大的国家,2018 年发电量达 7111.8 亿千瓦时,比 2017 年增加了 7.7%,占世界总量的 26.7%(如表 7-2 所示)。

表 7-2　　2013—2018 年主要国家的电力生产量　　单位:亿千瓦时

排序	国家	2013 年	2014 年	2015 年	2016 年	2017 年	2018 年 数量	2018 年 同比(%)	2018 年 比重(%)
1	中国	5431.6	5649.6	5814.6	6133.2	6604.5	7111.8	7.7	26.7
2	美国	4330.3	4363.3	4348.7	4347.9	4302.5	4460.8	3.7	16.8
3	印度	1146.1	1262.2	1317.3	1401.7	1470.3	1561.1	6.2	5.9
4	俄罗斯	1059.1	1064.2	1067.5	1091.0	1089.6	1110.8	1.9	4.2
5	日本	1087.8	1062.7	1030.1	1042.1	1050.1	1051.6	0.1	4.0
6	加拿大	662.5	660.5	663.7	663.9	662.7	654.4	-1.3	2.5
7	德国	638.7	627.8	648.1	650.7	653.7	648.7	-0.8	2.4
8	韩国	537.2	540.4	547.8	561.0	576.4	594.3	3.1	2.2
8	巴西	570.8	590.5	581.2	578.9	588.0	588.0	—	2.2
8	法国	573.8	564.2	570.3	556.2	554.1	574.2	3.6	2.2
9	沙特	299.3	333.7	359.7	370.4	382.1	383.8	0.4	1.4

续表

排序	国家	2013年	2014年	2015年	2016年	2017年	2018年 数量	2018年 同比（%）	2018年 比重（%）
10	英国	358.3	338.1	338.9	339.3	335.1	339.9	1.4	1.3
	世界总计	23449.8	23914.6	24286.9	24956.9	25676.6	26614.8	3.7	100

资料来源：BP Statistical Review of World Energy June 2019。

在电力生产方面，水力发电依然占据最为重要的地位。在世界上前20位发电站中，中国占有5席，均为水力发电（如表7-3所示）。目前，世界上最大运行中的发电站是中国三峡水电站，该发电站采用了32台弗兰西斯水轮机（Francis turbines），每台功率700兆瓦，另外还有两台50兆瓦涡轮机发电，装机容量共计22500兆瓦。核能发电紧随其后，世界上最大的核电站是日本柏崎刈羽核电站（Kashiwazaki-Kariwa，7965兆瓦）。火力发电的地位逐步降低，风力发电和光伏发电由于单体发电规模较小，在电力生产中的所占比例依然较低。

表7-3　　世界上最大发电站TOP20

排序	发电站名称	国家	总装机容量（兆瓦）	能源类型
1	三峡大坝	中国	22500	水力发电
2	伊泰普大坝	巴西 巴拉圭	14000	水力发电
3	溪洛渡大坝	中国	13860	水力发电
4	古里大坝	委内瑞拉	10235	水力发电
5	图库鲁伊大坝	巴西	8370	水力发电
6	柏崎刈羽核电站	日本	7965	核能发电
7	罗伯特—布拉萨大坝	加拿大	7722	水力发电
8	大古力大坝	美国	6809	水力发电
9	向家坝	中国	6448	水力发电
10	龙滩大坝	中国	6426	水力发电
11	萨扬舒申斯克水电站	俄罗斯	6400	水力发电

续表

排序	发电站名称	国家	总装机容量（兆瓦）	能源类型
12	布鲁斯核电站	加拿大	6384	核能发电
13	古里核电站	韩国	6040	核能发电
14	克拉斯诺亚尔斯克大坝	俄罗斯	6000	水力发电
15	韩蔚核电站	韩国	5881	核能发电
16	韩光核电站	韩国	5875	核能发电
17	糯扎渡大坝	中国	5850	水力发电
18	扎波罗什核电站	乌克兰	5700	核能发电
19	鹿岛核电站	日本	5660	燃油燃气
20	舒艾拜燃油核电站	沙特阿拉伯	5600	燃油电站

资料来源：BP Statistical Review of World Energy June 2019。

从电源结构来看，在新能源技术和全球减排压力的推动下，全球呈现大力发展清洁能源、提升清洁能源占比的趋势，但程度各异，且不同国家的电力结构差异较大，整体电力需求所处发展阶段也不尽相同，例如，在一些国家出现了以特定新能源为主电源结构。美国能源信息管理局（EIA）数据显示，2010年以来，美国电源结构中煤电的占比显著下降，风电和光伏的占比显著提升，天然气发电的占比亦有所提升，核电占比较为稳定。截至2019年，美国风电全年发电量为300TWh，高于水电的274TWh，成为第一可再生能源。在2013年关闭了国内全部核电站后，日本为了弥补电能空缺，近些年以来火力发电（包括天然气和煤电）的发电量占比明显提升。2018年，日本政府通过了"能源基本计划"，明确将太阳能、风能等可再生能源发电定位为主力电源，使得新能源发电量占比迅速提升。在德国电源结构中，核能发电占比明显下降，火电占比也有所下降，可再生能源则快速发展，其中风电发电量占比从2010年的7.1%提升至2017年的18.8%，光伏发电量占比从2.2%提升至7.0%。在法国电源结构中，核电依然占据主导地位，超过70%，但是根据国家政策和规划，核电在今后的比例会逐渐降低。在英国电源结构中，煤电占比的大幅下降以及可再生能源电量占比的快速上升，煤电发电量占比从2010年的28.2%下降至2017年的6.7%，风电、光伏、生物质三大类可再生能源合计的发电量占比则从2010年的5.9%提升至2017年的27.6%。我国电源结构中，火电发电量占比从2010年的80.8%下降至2017年的71%，其他主要电源的发电量占比均有所提升，风电、光伏的比重提升较为明显，合计的发电量占比从2010年的1.2%提升至2017年的6.5%；2017年新增的发电量中，风电、光伏的贡献达28.6%（皮秀、朱栋，2018）。

3. 产业链下游：服务化转型日趋显著

电力产业链下游环节包括电力传输、销售以及最终客户消费等。电力传输服务分为国内传输和跨国传输。国内传输主要是依靠电网建设将电力能源从发电站输送终端客户。随着超高压输电技术的出现和成熟，远距离输电成为可能，进一步激发了电力能源市场的快速发展。世界各国除了在各自国内开展电力传输和销售以外，跨国和跨地区间的电力传输与销售也在日益发展，例如，互联互通输电工程在促进各国能源资源开发互补、加强区域间经济合作、推动本国经济发展、解决无电地区人口用电、改善当地民生等方面发挥了重要作用。当前，跨国输电业务主要集中于欧洲尤其是欧盟国家内部。例如，欧盟将电网分为两层：垂直网络是由各国的输配电网构成；水平网络是由连接各国的线路构成，线路电压等级为400kV及以上。其中，北欧电力市场是世界上唯一一个展开多国间跨区域的能源交易，电力商品品种最丰富的电力市场。此外，中国、俄罗斯等产电大国与邻国以及"一带一路"等沿线国家间也开展了输配电合作项目。其中，我国也与周边国家已建成18条跨国输电通道，例如，国家电网公司运营11条与周边国家的互联互通输电线路；俄罗斯远东地区也建设了向我国东北地区送电的线路，累计向我国送电超过300TWh。

电力基础服务主要包括售电服务和电力消费。售电服务又可以分为跨国和国内服务两种，其中跨国售电服务主要基于跨国输电网络，由电力供需双方协定电价，完成售电与购电的过程；国内售电服务分为业务和目标客户两大块，分别针对具体业务和客户来提供电力服务，例如，储能业务面向宾馆、酒店、商场、超市、写字楼等工商业用户；光伏业务面向具有楼顶资源以及稳定用电需求的工商业用户，偏远无市电地区的用户；低速车充电桩业务面向社区、厂区、商圈等居民集中区。电力消费则是面向最终客户的需求端，主要体现在人均能源消费量和人均耗电量。这在一定程度上反映国家或地区经济发展水平和人民生活水平。《BP 世界能源统计（2019 年）》数据显示，人均能源消费量和人均耗电量最多的国家是冰岛和列支敦士登。虽然我国电力产量居世界首位，但人均能源消耗量居世界第 63 位（如表 7-4 所示）。

表 7-4　　　　　世界主要国家人均能源消费和电力消费

人均量排序	发电总量排序	国家	人均能源（kWh/年·人）	人均耗电量（W/人）
	—	世界	2674	309
1	72	冰岛	50613	5777
2	149	列支敦士登	35848	4092
3	28	挪威	24006	2740
4	46	科威特	19062	2176
5	64	巴林	18130	2069
6	32	阿联酋	16195	1848
7	57	卡塔尔	15055	1718
8	7	加拿大	14930	1704
9	36	芬兰	14732	1681
10	27	瑞典	12853	1467
11	2	美国	12071	1377
30	5	日本	7371	841
63	1	中国	4475	510

资料来源：BP Statistical Review of World Energy June 2019。

（二）全球电力产业链的发展趋势

1.传统能源电力生产在变革中调整

随着全球高度重视环境污染和生态破坏以及二氧化碳排放造成的温室效应，在产业链上游的设备装机中火力发电和水力发电占据的比重依然较大。

火力发电作为一种传统的发电方式，广泛分布在世界各地，并在电源结构中占据着相当的比重。近些年，一些发达国家受制于环境保护、燃料供给以及碳减排成本等，压缩了火力发电设施建设，发电装机容量呈现降低趋势，也进一步削弱了火力发电的市场竞争力。虽然我国的火力发电装机建设也受到环境保护、电源结构改革等法律、政策的影响，例如，前些年采取的煤电"去产能"政策的实施，加上非化石能源装机快速增长，使得火电设备产量连年回落，装机容量比重和增速也呈逐年小幅下降态势。一些原来以火力发电为主要电源的能源企业也逐渐撤出该业务领域，并向水力发电、风能发电等清洁能源领域转型。但是，受能源结构、历史电力装机布局等因素影响，加上前些年度火电投资项目的陆续投产，在短期内火电装机容量将继续保持增长，仍然是我国最主要的电力能源供给之一，2019年约占国内电力装机容量的59.22%。[①] 总体来看，未来国内会加大煤电灵活性改造力度以及老旧机组改造项目的实施，推动火电行业实行转型升级，即由存量煤电逐步由电量型向电力型进行转变。

虽然水电开发会在建设过程中对生态环境造成一定影响，包括生物生存环境、植被和地貌的改变等，但是依然属于当前电力行业的主要电源之一。国际水电协会（International Hydropower Association）的《2020年水电现状报告》数据显示，截至2019年底，全球水电装机容量1308吉瓦，其中，中国的装机容量为356.4吉瓦，装机规模占技术可开发量的47.5%（冯义军，2020），继续居世界首位；巴西和美国分别以109.6吉瓦和102.75吉瓦位于2、3位。全球有50个国家增加了水电装机容量，新增装机容量达到15.6吉瓦，增加产能最多的地区是东亚和太平洋，其次是南美，然后是南亚和中亚。装机容量增长最快的国家分别是巴西（4.92吉瓦）、中国（4.17吉瓦）和老挝（1.89吉瓦）。印度取代日本成为第五大水电生产国，其装机容量现已超过50吉瓦。截至目前，我国已经是全球水电第一大国，拥有大大小小的水电站5万座左右，但是增长幅度呈现逐年下降趋势，2019年全国新增水电装机容量为近十年

---

① 《火电行业发展现状和未来趋势分析》，《世经未来》，2020。

来最低。在全球排名前20位的水电站中，我国占了11座，全球装机容量前5位的水电站中，我国占了4座。

2. 再生能源电力生产受到广泛认可

从近年的发展趋势看，全球能源发展向着更低碳更环保的目标持续迈进，加快发展低碳技术、清洁能源已经成为全球电力产业未来发展的着重点。以风能、核能和光伏太阳能为代表的新能源在社会经济中的重要性逐渐体现出来。21世纪可再生能源政策网（REN21）发布的《2020可再生能源全球状况报告》数据显示，2019年，全球对可再生能源和燃料的新投资（不包括大于50兆瓦的水电项目）总计3017亿美元，比2018年增长5%，可再生能源和燃料的新投资总额至少为3167亿美元。

在风能发电产业中，2018年全球新增陆上及海上风电装机容量分别达到45.4吉瓦及4.3吉瓦，新增风电装机遍及53个国家。在国家政策的大力支持下，我国风力发电也得到了快速发展，继续领跑全球市场，国内市场新增装机总容量为21吉瓦（包含19.3吉瓦的陆上及1.7吉瓦的海上风电装机），在全球市场中的占比达到42%。在整机技术环节，海上风电制造、建设、运维技术水平均不断提高，呈现发电成本逐年下降、装机规模不断上升的趋势。例如，在海上风电方面，随着5—6兆瓦海上风机已实现规模化应用以及东方风电、明阳智能10兆瓦海上风机陆续下线，标志着我国已经掌握了海上风电大容量机组研发制造的关键核心技术，进一步缩短了与欧洲海上风电技术之间的距离，迈入了海上风电开发世界先进行列。但是，在大兆瓦机型的快速迭代的时代，国产化的风机叶片、齿轮箱等关键设备的产业链制造能力亟待提升。

从技术研发来看，世界各国在新能源研发方面的投入日益增加，其中对于低碳能源研发的投入占据重要比例。2019年的全球公共能源研发支出中约80%用于低碳技术能源效率，CCUS、可再生能源、核能、氢能、能源存储和智能电网等跨领域问题，其中低碳技术支出增长6%，高于公共能源研发总支出，达到250亿美元。从新能源装机容量来看，全球对可再生能源装机容量的投资已超过2000亿美元，到2019年达到

2820亿美元，远超对煤炭、天然气和核能装机容量的投资，占预期新增装机容量总额的75%。其中，发展中国家和新兴经济体连续第五年在可再生能源产能投资方面超过发达国家，达到1520亿美元。从电源结构中来看，虽然化石燃料占比一直居于第一位，但是包括核能和可再生能源在内的清洁能源发电比例逐年上升。截至2018年，水力发电（15.8吉瓦）占再生能源发电（26.2吉瓦）的主导地位，占再生能源发电的60.3%，其次是风力发电21.0%（5.5吉瓦）、太阳能光伏9.2%（2.6吉瓦）和生物质发电8.4%（2.2吉瓦）（如表7-5所示）。

表7-5　　　　　　2011—2018年全球电源生产结构

	2011	2012	2013	2014	2015	2016	2017	2018
全球总发电量（TWh）	22126	22668	23322	23816	24176	24956.9	25676.6	26614.8
化石燃料（%）	68.0	67.9	67.4	66.7	66.3	65.2	64.7	63.7
核能（%）	11.7	10.4	10.5	10.5	10	10.3	8.8	10.1
再生能源发电（%）	20.3	21.7	22.1	22.8	23.7	24.5	26.5	26.2
水力发电（%）	15.3	16.5	16.4	16.6	16.6	16.6	16.4	15.8
风电场（%）			2.9	3.1	3.6	4.0	5.6	5.5
生物质发电（%）			1.8	1.8	2.0	2.0	2.2	2.2
光伏发电（%）	5.0	5.2	0.7	0.9	1.2	1.5	1.9	2.4
地热发电（%）								
聚热发电（%）			0.4	0.4	0.4	0.4	0.4	0.4
海洋能发电（%）								

资料来源：Renewable Energy Policy Network for the 21st Century。

3. 面向未来的全球电力产业链结构调整

世界电力格局的变化也表现在全球产业链的变革中，上中下游公司开始从追求大容量、高产能逐步向成本、产能、环保等多目标并重的综合效益聚焦。其中，处于产业链上游的各国电力公司将研发的重点投入到低碳发电技术上，尽可能追求水能、风能和太阳能光伏等可再生能源发电产能与CO_2排放量之比的最优结果。例如，中国、美国的光伏发电设备，英国的海上风电发电设备研发生产表现较为突出。在产业链中游，全球电力生产量排名前十的国家中，中国主要以火电为主（68.9%），可再生能源产电量占总发电量的26.4%[1]；英国以天然气为主（39%），可再生能源发电量占总发电量的37%[2]；法国以核能为主（79%），可再生能源净发电量占比11%[3]；煤炭和天然气（62.5%）是美国最常见的发电能源，可再生能源净发电量占比18.2%[4]。在产业链下游，世界各国电力生产都是满足本国电力消费的需求，多余的电量只限于邻国边境贸易。其中，化石燃料是全球能源贸易大宗品种，而能源衍生电力贸易仅为全球电力总量的2%左右。然而即便再生能源发电居主导地位，电力贸易仍然难以成为全球贸易的主要形式，合作方式主要还是以技术优势向部分发展中国家实现技术输出，为此许多企业也开始向服务化转型。

二 法国电力集团的基本情况

法国电力是一家全球知名的世界一流能源电力跨国公司，其国际化整体经营水平较高、市场竞争力强，已成为行业的领军者和标杆，具有较强的代表性。在长期的发展中，法国电力根据外部环境变化、企业现实条件和存在的问题进行战略调整，通过有效执行来促进国际化发展并获得了快速发展，如今其国际化业务收入达到41%。总体来看，法国电力在战略转型、业务变革，经营拓展、技术创新、资源整合等方面的发展经验不仅在全球范围内具有典型代表意义，可以为我国跨国公司的未来发展提供借鉴。

1. 法国电力的发展历程

法国电力成立于1946年，是一家国有综合性跨国能源公司，在核能、热能、水电和可再生能源等方面具有世界级竞争力，也是能源转型

---

[1] 数据来源：《中国电力行业年度发展报告2020》。
[2] 数据来源：根据英国Carbon Brief汇总的数据。
[3] 数据来源：EDF Performance in 2019。
[4] 数据来源：前瞻产业研究院整理。

的领军企业之一。根据1946年4月8日的法令，法国国有化了约1700家小的能源生产公司、传输公司和配电公司，整合创立了法国电力，并作为一家国有工商企业（EPIC）。自从1946年成立以来，法国电力一直处于稳步发展，先后经历多个重要阶段。进入20世纪60年代后，为适应能源需求的增长不断创新，法国电力在发电领域从水能发电转向碳氢化合物能源。尽管法国本土的石油、天然气资源贫乏，但由于拥有丰富而成本低廉的外部石油供应，法国电力着手建造燃油电站或把已有的电站改建成燃煤电站，电站装机容量也不断增加，先后建成了勒阿弗尔火电站、波什维尔火电站等多个60万千瓦的火电发电站。随着全球核能发电进入高速发展期，由于法国拥有丰富的天然铀资源，从1963年开始，法国电力从传统发电产业转向新能源产业。在石油危机的冲击下，法国电力充分认识到核电业务的竞争力，开始启动民用核电发展计划（在两年中建设13座核电站），优先发展核电，使法国电力成为世界上最大的核电运营商。1980年，投入运营的新型核电站和现代化的输电网使法国电力进入了主导法国电气化的时代。1990年，法国电力开始启动国际化战略，进行全球性扩张发展，此后逐步向欧洲和国际市场拓展，并在十几个国家拥有很多重要的投资项目。由于看到了中国改革开放后巨大的发展潜力，法国电力积极拓展中国市场的业务，成为中国电力工业领域的长期伙伴。其中，比较著名的项目是广西来宾电厂BOT项目。1999年，法国电力继续推动商业模式变革，开始运行B2B，随后在2007年转向B2C，实现了在业务层面的重要突破。

从2004年开始，法国电力迎来新一轮发展机遇。由于欧盟就开放电力市场、实行全面竞争做出了相关规定，法国开始对本国电力市场进行改革。随后，法国电力实行公司改制并在2005年成功上市，摆脱了原有的专营业务限制，扩大了商业手段，从而更好地应对市场竞争，实现了发展"质的提升"。与此同时，法国电力的国际化步伐也在进一步加快，在全世界设立了多个子公司，开始规模化运作。2018年，法国电力启动多个能源项目，降低环境排放。通过持续的战略变革，法国电力的战略布局实现突破发展，不仅解除了发展"瓶颈"，也释放了发展动能，还激活了发展动力，实现了做大做强，并成为具有世界影响力的综合能源企业，为后续的持续扩张发展奠定了现实基础。

如今，法国电力已经成为一个国际化企业集团，是世界能源市场上最大的供电服务商之一。在欧洲市场，法国电力在法国、意大利和英国等国家和地区主要从事发输配电、天然气供应、工程和咨询等业务，新能源和可再生发电装机容量已经达到25.7吉瓦，电网运营电线长度达到10.5万公里，并有47条跨国输电线。与此同时，法国电力还积极拓展国际业务，通过子公司以独资或合资形式参与亚洲、拉丁美洲和非洲的20多个国家的电力项目，在全球运营73个核反应堆，为约3000万国内客户，超过1500万海外客户提供能源服务。截至2019年，法国电力在全球拥有超过70家子公司和分支机构，投资遍布世界各地。在2019年《财富》世界500强排行榜中，法国电力位列第110位，营业收入达到802.77亿美元，同比下降1.4%；利润总额达到57.7亿美元，同比增长3.15亿美元；资产总额3404.06亿美元。

2. 法国电力在产业链结构中的业务分布

法国电力的主营业务涵盖电力工业的全产业链，覆盖了电力的每个环节，从发电到输配电到交易，形成了上游资产组合（生产、能源和燃料采购）到下游资产组合（大宗销售和市场投放），包括发电工程、电网建设以及电力销售和交易三个业务板块，可以提供包括电力投资、工程设计以及电力管理与配送在内的一体化解决方案，业务几乎涉及电力系统的所有行业。为了实现更大的国际化拓展，法国电力的业务环节分布在全球范围内（如表7-6所示），但是其利润仍然主要来自欧洲，尤其是法国本土。2019年，在法国电力税息折旧及摊销前利润（EBITDA）的167亿欧元中，法国占77%，英国占5%，意大利占3%，其他国家占2%；Framatome、Dalkia、EDF可再生能源公司（EDF Renewables）、EDF贸易公司（EDF Trading）、能源服务公司及其他公司则贡献了剩下的13%。

法国电力采取了综合能源发展模式，形成了基于核电、水电、新能源的多元化电源结构。截至2019年底，法国电力的装机容量达到1223TWh，其中核能发电730TWh，可再生能源发电295TWh，火力燃料发电 198TWh；发电总量为 5576TWh，其中 75.6% 是核电，12.7% 是可再生能源发电，3.0% 是燃料发电，8.7% 是燃气发电。近年来，法国电力强调加快低碳化发展，在其 2019 年电源结构中，90% 是不排放 CO_2。除此之外，法国电力还肩负完成公共服务事业的使命，旨在为居民、专业客户、公司企业、城市或区域的能源供应并达成最优化的利润，同时协调经济发展与环境保护等。

表 7-6　　法国电力主要下属公司的业务与地域分布

	发电环节	传输环节	配电环节	供应环节（向顾客提供电力和天然气）
法国（海岛能源系统除外）	法国电力股份有限公司（EDFSA）（100%）	RTE 公司（100%）	Enedis 公司（100%）	法国电力股份有限公司（EDF SA）（100%）
英国	法国电力能源公司（EDF Energy）（100%）	—	—	法国电力能源公司（EDF Energy）（100%）
意大利	爱迪生（Edison）公司（97.4%）	—	—	爱迪生（Edison）公司（97.4%）
比利时	法国电力 Luminus 公司（68.63%）；法国电力比利时公司（100%）	—	Piffle365.com 版权所有	法国电力 Luminus 公司（68.63%）
其他国家	—	—	Démász 公司（100%）	Démász 公司（100%）
其他业务活动	—	—	法国电力斯特拉斯堡公司（88.5%）	—
支持业务活动：贸易（Trading）：法国电力贸易公司（EDF Trading）（100%）；能源服务：达尔凯（Dalkia）公司（100%）、Citelum（100%）				

资料来源：2019 Facts & Figures of EDF。

3. 法国电力在全球电力产业中的地位

法国电力经过多次改革和转型升级之后，逐步实现了由传统发电向核能、火力、水利和可再生能源等多能合一发电模式的集成转型，拥有欧洲最大的电力生产体系。尤其是随着技术创新的溢出效应不断增强，法国电力在可再生能源发电方面获得了较大成效。截至2019年底，法国电力的装机容量中可再生能源的份额增加到25%。除水电外，法国电力在2019年的风能和太阳能净装机容量为9.3吉瓦。2019年，法国电力净可再生能源装机量达到32315兆瓦，除了法国本土承担22783兆瓦之外，剩余部分在全球各国的分布如图7-3所示。如今，法国电力已经启动可再生能源加速计划，旨在将其可再生能源设施的装机容量从2014年的28吉瓦翻一番至2030年的50吉瓦，逐渐成为可再生能源发电的全球领导者。

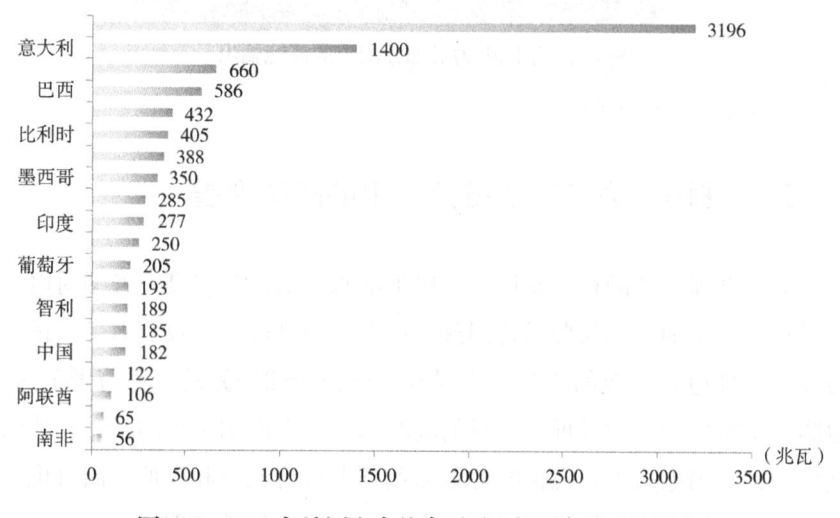

图7-3　2019年法国电力的净可再生能源容量（按国家）

资料来源：EDF performance in 2019。

为了提升全球竞争力，法国电力积极采取行动，通过出口其在核能、可再生能源和能源服务方面的技术和知识，已经成为能源转型的领导者（如图7-4所示）。例如，2019年9月，阿布扎比未来能源公司（马斯达尔）与法国电力和探索非公用事业规模的可再生能源和节能投资的发展机会。

全球价值链重构与跨国公司的战略分化

非洲	75%的人口仍然无法获得能源。法国电力销售创新的分散式发电解决方案（称为"离网"解决方案），使偏远的农村人口能够获得电力。借助这些解决方案，南非、科特迪瓦、加纳、塞内加尔和多哥的数千人现在有了照明，可以为包括在此优惠中的电视或收音机等高能效家用电器供电，并为手机充电。在肯尼亚，他们的客户可以购买农用太阳能水泵以显著提高农作物的产量。
中国	2018年，世界上第一个EPR反应堆在台山投产，仅两个月后就加入了2号反应堆。台山核电站由两个1750 MW EPR反应堆组成，是能源领域最大的中法合作项目。它能够为中国电网提供高达24 TWh的无碳电力，相当于中国500万人的年消耗量，同时每年避免排放约2100万吨的二氧化碳。
俄罗斯	法国电力正在开发一种数字能源和城市规划解决方案，该解决方案有助于创建一个新的、创新的、更加节能的地区：Rublevo-Arkhangelskoye。

图 7-4　法国电力对部分国家的能源输出

资料来源：法国电力官网。

三　法国电力在产业链变革中的战略调整

随着全球经济的稳步发展及人民生活水平的逐步提高，各国对电力的需求急速增加，不仅要求各国持续加大电力基础设施投资力度，进而带动了全球电力产业的变革。法国电力作为全球领先的优秀跨国公司，也瞄准未来发展，积极推动自身的战略调整。在面向未来的新一轮战略调整中，法国电力不仅在传统的电力业务上进行调整和延伸，而且也从重资产向轻资产进行转型，同时加大了国际化合作的范围和深度。为了有效应对未来的市场竞争，法国电力还在2015年推出了中长期发展规划——CAP 2030规划，其中就明确提出通过推动能源转型和数字转型变革，从而确定了战略变革实施重点。

（一）法国电力战略调整的重点内容

1. 立足改制上市，实施并购重组

2005年11月21日，作为大型国有企业的法国电力成功实现整体挂牌上市，成为法国历史上和欧洲 2001 年以来最大的公司上市项目，也是 2005 年全球第二大上市项目。通过上市，法国电力从国有独资企业转变为国家（持股 87.3%）、公众（即机构投资者和散户持股 10.8%）、员工（持股 1.9%）持股，并由国家绝对控股的、拥有 500 多万股东的股份制公司。在完成上市后，法国电力开始按照市场化机制来推动公司改革，进一步弱化了国有企业的内在属性，以公众公司的身份来开展市场化经营。上市后的法国电力获得来自资本市场的强有力的支持，逐步开展产融结合的发展模式，并在随后开启了通过并购加快了扩张发展的步伐。2009 年，并购英国能源（British Energy）；2010 年，出售 EnBW 及英国的网络；2011 年，全面收购 EDF Energies Nouvelles；2012 年，接管爱迪生公司（Edison）；2014 年 3 月，收购 Dalkia 在法国的业务；2017 年，收购 Framatome 资本的 75.5%。在全球多个区域，法国电力都针对当地的业务进行布局，设置了侧重点不同的研发中心。例如，在英国的研发中心偏重海上风电技术，并为核电体系的运维优化提供部分支持；德国研发中心偏重区域能源、智慧城市、欧洲能源转型、氢能。通过采取有效的并购整合措施，法国电力不仅汇聚了全球各区域的竞争力来提升企业优势，同时还在全球建立了相对完善的产业链，化解了潜在的经营风险。

2. 面对未来趋势，推动业务转型

面对未来，很多全球能源企业正在不断推动商业模式变革，将"热、冷、电、燃气、风光储"和"发、输、配、售、用"等多种类、多环节能源通过系统平台的综合集成和资源共享，实现能源供给品种、服务方式、个性化定制方案的综合能源服务。在此背景下，法国电力结合未来发展趋势，根据业务板块现状确定了三大战略支柱：开展核电和可再生能源，巩固并发展有竞争力的低碳发电技术；竞逐法国本土及全球能源系统，准备下一代电力系统；关注用户和局部用户群体，为用户开发并测试新能源服务解决方案。到 2022 年，法国电力的发展目标是：成为领先的电动汽车能源供应商，为超过 60 万电动企业（30% 的市场份额）的电动汽车供应能源；成为最大的充电网络运营商，为停车场所有的客户提供充电解决方案，包括 7.5 万个分布式充电桩和 25 万个互动式操作终端。随着信息化社会的到来，结合到具体活动层面，法国电力逐步开始面向服务化转型，加大创建新的、有竞争力的分散解决方案、新的个性化能源服务；开展综合能源服务来提升能源效率，创新服务方式、变革服务模式，不断提升服务水平和推动升级，为零售客户部署新的数字服务支持开发新的电力用途（电动汽车、建筑物等），同时加速存储、光伏、电动汽车和新网络的研发。

3. 立足核心业务，构建生态系统

从全球电力产业结构发展历程看，单一能源结构已不能满足各国内部经济和社会发展的需要，多能互补的局面应势而生。作为全球最大的核电运营商，法国电力认为，完全依赖一两种主要能源容易危及国家安全和经济稳定，为了保障电力供给、重视保护环境等，必须加快电源结构升级。法国电力除了在核电领域拥有丰富的经验，还在火电、水电和新能源发电领域都有所涉猎。为了构建面向未来的全球竞争力，法国电力提出立足于建设、运营其在全球范围内的基础设施来打造生态系统。随后，法国电力开始关注如何协同发展核电与可再生能源，巩固并发展有竞争力的低碳发电技术。为了降低碳排放，法国电力注重推动光伏发电，并通过投资250亿欧元来发展光伏发电产业。目前，法国电力安装光伏发电容量120TWh，未来准备在全球安装光伏发电容量240TWh，并期望在2020年至2035年，在法国发展300TWh光伏发电，占据30%的光伏市场份额。此外，法国电力还在加快发展可再生能源，保障现有和新建核设施的安全和性能，实现发电结构的新平衡。预期在2030年以前，法国电力将可再生能源和水电机组的装机容量翻一番，增至500TWh。在电网建设方面，法国电力是欧洲最大的发电企业，94%的新能源发电商（33万个）接入中压电网，总负荷14吉瓦，2025年将有超过一半的新能源接入配电网。预计到2020年将接入共计超过100万个发电节点，其中包括19吉瓦的风能、5.4吉瓦的太阳能，而这一数量在2030年将分别达到28吉瓦和30吉瓦，太阳能发电增长会接近5倍。在市场拓展方面，法国电力开展接电安装、抄表运维、更换智能电表、采集并管理数据，为地方配电公司和地方政府提供服务，并在此基础上实现了大量新能源接入电网，确保新能源接入后网架安全稳定和用户用电保障。

4. 面向全球市场，加大国际合作

法国电力的国际化战略发展思路是辐射欧洲，面向全球。近些年以来，法国电力的欧洲战略目标是通过增加国家开发低碳解决方案，同时巩固在欧洲的地位，成为欧洲智能充电领导者。法国电力的国际战略目标是到2030年，将公司业务扩展到新的地理区域，国际活动增加三倍，成为3—5个新兴市场的基准，并确保在十几个国家的重要存在，开展国际能源服务活动和工程服务以支持其能源转型。例如，在欧洲经济持续低迷的情况下，友好的中国市场无疑更具吸引力。除了技术输出协助建设广东台山的核电机组外，法国电力正在结合属地能源需求，发挥自身优势，与中国政府开展密集合作，包括在河南三门峡市与大唐合作的供热系统、贵州双龙航空港经济区热电冷三联供及配套管网项目、在三亚海棠湾的集中制冷及生活热水供应区域能源系统，在济南加快推进华山燃气热电联产、新旧动能转换先行区综合能源利用等项目，并拓展在全国范围内能源领域的合作。未来，法国电力将以在中国示范项目为出发点，进一步扩大其在中国的业务布局。

（二）法国电力实施战略调整的内外部因素分析

法国电力的战略调整并不是贸然行事，而是基于其对外部环境和内在基础等内外部因素的综合分析来开展的重大决策。

1. 能源环境发展促使产业升级

2014年以来，在国际化石能源价格下跌、能源需求增速放缓和可再生能源稳步发展等多重作用下，欧洲电力产能过剩问题加剧，电企间的竞争日趋激烈，电价也出现大幅下滑。与此同时，随着巴黎气候大会的成功召开，低碳发展已成为所有能源企业的必由之路。减少排放保护环境与压缩成本保持竞争力成为电力企业同时面对的两大挑战。在这一背景下，法国电力开始慎重考虑未来的发展方向。2015年，法国电力明确了三个优先发展方向。一是为消费端的能源变革提供助力，发展更具竞争力的能源解决方案，推广智能电网产业模式，从而适应新的能源生产和消费变革，并加强储能技术、太阳能、电动机车、新型电网等相关技术研发。二是以核能与可再生能源为主导打造低碳发展冠军企业,维护升级在用核电站,研发更安全的新型核能技术,并加快可再生能源发展,借助绿色债券等创新融资方式,将可再生能源装机容量由2014年的28吉瓦提升至2030年的50吉瓦。三是重视国际化发展,继续保持法国电力集团在欧洲电力市场所扮演的关键角色,在保障能源安全的同时,加强欧洲经济的竞争力和低碳化。2018年,法国电力启动多年能源项目,强调通过在战略层面的持续变革和创新,推动做大做强,并成为具有世界影响力的综合能源企业。

2. 围绕价值增值来实现重点业务突破

从电力行业产业链整体发展趋势看,可再生能源投入及产能比重会逐年提升,化石燃料发电量则会逐年递减。目前,电力行业正在加大电力结构调整力度,合理发展可再生能源,提高电力绿色低碳发展水平;同时,加快建设能源互联网,提高终端能源电气化水平,加快推进电力市场建设;电力科技创新加快推进,标准化建设取得显著成效。作为一家致力于向更多消费者提供便宜且清洁电力的公司,法国电力认为实现这一目标必须具备足够的市场份额和品牌效应,为此拓展业务领域成为关键一步。除此之外,法国电力还设有专门的品牌形象管理部门,并允许临时项目和机构采用临时LOGO。例如,在宣传策略上,紧密结合产品和服务本身的特点,采用贴近生活的传播方式,以人性化、陪伴者的角度出现,包括赞助体育活动、请法国足球队做能源广告、连续剧广告、服务弱势群体等。随着业务价值的不断提升,法国电力由传统单一型转变为多能综合型发电模式,由立足法国到辐射欧洲直至全球化发展。

3. 通过内部管理创新支撑战略调整

战略调整必须依靠强有力的内部管理活动提供支撑,其中最为典型的管理变革是改制上市。法国电力的改制上市,是基于多方面的原因和需要:一是需要大量资金来应对未来法国及欧洲的巨大电力需求;二是为了适应欧盟要求面对所有用户竞争;三是政企分开和改善公司治理的需要;四是保持国有控制和私营资本灵活的结合,实现国有资本对企业的控制是有效推行产业政策的保障,尤其是政府需要法国电力来执行国家的核电政策和能源政策,而私人股东的引入可以带来经营的压力和灵活性，有助于提高企业的生产率水平。从法国电力的自身发展来看，进行改制可以实现在国际资本市场上市，扩大融资来源，从政府之外获得发展所需的资金；可以打破经营限制，电力公司可以销售煤气，煤气公司可以销售电力，有利于持续发展；同时，建立健全公司治理体系，改进经营模式，适应国际竞争，不断提升其市场利益。虽然法国电力属于国有企业，但是与其他具有政府职能的工业企业（如电信）不同，有着自己的稳定的产业结构、经营与管理文化，有相对独立于国家预算的资产负债表和损益表，其良好的企业文化、规范的管理以及全球化和独立的业务模式保证了改制之后的快速整合，为企业成功改制创造了良好的条件。

4. 结合国家战略推动公司对外合作扩张

从20世纪90年代中期开始，法国政府意识到，国有企业必须适应新的时代要求，即从垄断到竞争的欧洲新格局，以及从法国到欧洲和世界的市场领域扩大，随后开始了电力体制改革。1996年，法国政府颁布了96/92号法令，推动法国能源市场逐步向竞争性市场放开；2003年，法国政府颁布了03/54号法令，要求能源市场完全放开。在法国政府推行的改革压力下，法国电力也启动了一系列的战略变革。为了实现通过电力和创新的解决方案与服务来构建净零能源的未来，以帮助拯救地球并推动福利和经济发展，法国电力在全球范围内不断拓展其业务，低碳能源的推广逐年增效。法国电力在不断提升其技术优势和业务价值的同时，十分重视同其他国家尤其是发展中国家的合作。法国电力的2019年绩效报告数据显示，与法国电力有业务合作的国家由2007年的10个欧洲国家、4个其他国家共14个，增长至2019年的9个欧洲国家、5个美洲国家、7个亚洲国家、3个非洲国家共计24个国家。其中，法国电力在新增合作国家的业务绝大部分均为可再生能源发电，用实际行动践行着在全球范围内推广低碳模式的目标。

（三）法国电力在战略调整中的经验和启示

1. 利用政府支持，维持国有垄断地位

为了推动法国电力行业市场机制的建立，法国政府根据欧盟相关法案进行了一系列的电改配套工作,对法国电力进行了拆分和改制,结束了其上下一体化的垄断地位。虽然发电和售电环节都处于市场竞争环境,实行输配分离,但是仍然受到严格监管,实现真正的"放开两头、管住中间"。一方面,法国政府通过降低监管价格等手段,长期使国有的法国电力公司保持市场垄断。例如,法国电力售电公司业务量占全国市场的95%。另一方面,政府又控制着市场化的进程。其中,2000年允许用电量超过16GWh的用户自由选择供电商,2003年对3200家用电量超过7MWh的用户开放电力市场,2004年所有非居民用户可自由选择供电商,2007年电力市场才对所有居民开放。与此同时,法国法律还允许供应商将成本转嫁到消费者身上。例如,2016年6月行政法院取消政府命令,允许法国电力向全国2800万电力调控价格用户补涨电费,让用户在18个月内每月多缴1.5欧元的电费。

2.运用市场机制,拓展业务覆盖范围

法国电力的业务转型立足于将核能与可再生能源相结合的能源组合,努力成为法国和其经营所在的欧洲核心国家的能源计划的关键参与者。按照欧洲法案规定的电力市场规则(从财务和管理上将输电网分离)和国际发展的需要采用多部门集团制结构的要求,法国电力开放了20%的业务给其竞争对手。通过充分利用欧盟市场规则,法国电力的业务范围不断拓展至波兰、希腊、葡萄牙等国家。截至2019年底,法国电力向欧洲3830万消费者供应电气热能,在欧洲净装机量达115356兆瓦(如表7-7所示)。

表7-7　　　　　　法国电力集团净装机量(欧洲)　　　　　　单位:兆瓦

国家	净装机量	核能	可再生能源	燃料	燃气
法　国	953033	63130	22783	5791	3329
英　国	10846	7138	388	1987	1333
意大利	5855	—	1400	—	4455
比利时	2002	768	405		829
希　腊	645		250		395
荷　兰	435	—	—	—	435

续表

国家	净装机量	核能	可再生能源	燃料	燃气
葡萄牙	205	—	205	—	—
德国	185	—	185	—	—
瑞典	122	—	122	—	—
波兰	28	—	—	12	16
总计	115356	71036	25738	7790	10792

资料来源：EDF performance in 2019。

3. 发挥技术优势，引领全球低碳计划

加大技术创新是法国电力一直秉持的发展原则。法国电力完备的研发团队、充足的研发经费、积极的内部创新机制不仅带动了企业的技术创新，也为其战略调整提供了强大的技术支撑。截至2019年，法国电力研发中心共有1870名员工（法国），其中包括156名博士、160名教师研究人员；共有9个研究中心、16个联合实验室、300多个学术和工业领域合作伙伴、628项专利创新，研发预算达到7.13亿欧元。在技术优势的支持下，法国电力开始引领全球在新能源方面的发展，在欧洲以外的投资选择集中于低碳项目，尤其是水电、风能和太阳能等。截至2019年底，法国电力的全球净装机量达128658兆瓦（如表7-8所示）。

表7-8　　　　　　　　法国电力净装机量（全球）　　　　单位：兆瓦

国家	净装机量	核能	可再生能源	燃料	燃气
法国	95033	63130	22783	5791	3329
英国	10846	7138	388	1987	1333
意大利	5855	—	1400	—	4455
比利时	2002	768	405	—	829
希腊	645	—	250	—	395
荷兰	435	—	—	—	435
葡萄牙	205	—	205	—	—
德国	185	—	185	—	—
瑞典	122	—	122	—	—
波兰	28	—	—	12	16

续表

国家	净装机量	核能	可再生能源	燃料	燃气
美国	5216	2020	3196	—	—
巴西	1523	—	586	—	937
加拿大	660	—	660	—	—
智利	505	—	189	131	185
墨西哥	350	—	350	—	—
中国	3232	1050	182	2000	—
老挝	432	—	432	—	—
越南	402	—	—	—	402
印度	277	—	277	—	—
土耳其	285	—	285	—	—
以色列	193	—	193	—	—
阿联酋	106	—	106	—	—
埃及	65	—	65	—	—
南非	56	—	56	—	—
总计	128658	74106	32315	9921	12316

资料来源：EDF performance in 2019。

四 对中国跨国公司发展的启示与借鉴

法国电力不仅是法国的国有控股上市公司，也是一家在电力产业经营 70 多年的世界级领先电力公司之一，在核能、热能和可再生能源方面具有绝对优势竞争力。在其发展历程中，依靠其优秀的战略思维、稳定的业务经营、良好的治理实践以及领先的技术创新在全球市场获得了较好的发展，逐渐成长为具有全球影响力的优秀企业。这些经验可以为我国跨国公司今后的发展提供有益的借鉴。与此同时，我国跨国企业还可以根据电力行业国际产业链调整的机会，在未来的发展中依靠自身的优势资源和能力实现重点突破，进一步提升在全球市场的竞争力。

（一）实施企业战略动态调整

战略思维决定了企业的未来发展，能够帮助企业"走好每一步，走稳每一步"。法国电力之所以一直能够保持持续竞争力，其中的重要原因之一是能够及时根据内外部环境变化来推动进行战略动态调整。如今，全球电力产业开始逐步改变单一以煤为主的能源格局，开发利用其他能源资源，如石油、天然气和核能；与此同时，不断提高新能源和可再生能源的比重，如水电、太阳能、风能、海洋能、生物质能、地热能和氢能等的开发利用。在欧洲，由于各国的核电政策各有不同，受到欧洲推行无煤化政策的影响，各国都因地制宜地选择确定主能源和辅能源，旨在能源结构配置合理、风险对冲和互补发展。在法国电力高效、低碳的混合能源结构不能缺少核能，且核能是目前唯一既低碳又能够大规模稳定发电的重要手段，同时风电、太阳能等可再生能源具有不稳定性，必须与其他稳定的发电来源相配合。根据法国政府在2015年出台的《绿色增长能源转型法案》，到2025年，法国将核能发电量占电力生产的比例从75%削减到50%；到2030年，可再生能源占最终能源消费量的比例从2012年的13.7%提高到32%。针对外部环境的变革，法国电力从依靠核能发电业务转型进入多能互补发展模式，从而获得了新的业务基础，并塑造出能够支撑公司持续发展的核心竞争力。

　　对我国跨国公司而言，虽然近年来我国政府也多次出台政策推动电能替代工作，推进能源生产和消费革命，构建清洁低碳、安全高效的能源体系，将清洁能源，特别是风能、太阳能等新能源转化为电能已成为当前全球能源清洁低碳转型的重要趋势。但是，相关企业对此重视程度还存在不足。我国的能源企业需要积极围绕国家战略目标和世界能源发展趋势，保持战略的灵活性，一定要做到"未雨绸缪，因时而变"，及时调整公司的发展重点，制定中长期规划，例如，以清洁能源为重要抓手，加快能源清洁低碳转型来打造持续竞争优势。同时，在保证国家整体能源安全和稳定发展的同时，继续加快自身战略转型升级与全球电力行业发展趋势保持一致，通过多能互补来化解可能存在的能源供给危机。其中不仅要加大增量替代力度，实现火电规模达峰和布局优化，新增能源需求主要由清洁能源满足；同时，还要实行存量替代，加速存量化石能源的清洁替代和电能替代，加快煤电退出，加大对清洁能源的投资和发展力度。此外，还可以结合我国当前正在高度重视绿色发展战略，需要围绕这些内容来实现新突破，形成能够支撑未来发展的竞争优势。

（二）实现产业协同一体发展

在全球化进程中通过产业链分工能够充分利用区域优势，推动全球资源配置，并加以整合可以提升跨国公司的整体竞争力。但是，其前提在于能够对全球产业链、价值链和供应链具有一定的影响力或控制力，而不至于受制于后续出现波动。在法国电力的发展历程中，也将其相关产业链环节进行全球配置，并推动全球合作，其中最为关键的内容是将实行产业协同一体化发展作为其核心战略思想一直没有改变。法国电力不仅形成了核电、水电、新能源的多元化电力结构，还致力于为客户提供包括电力投资、工程设计以及电力管理与配送在内的一体化解决方案，先后成立了输电公司、配电部门、配电网公司，打造出完整的产业链条。同时，还为上游资产组合（生产、能源和燃料采购）和下游资产组合（大宗销售和市场投放）提供企业级平台，几乎涉及电力系统的所有行业，实现了多板块协同发展，从而化解了潜在的市场风险。

我国的跨国公司出于产业分工的考虑，很少出现集上下游各环节为一体的综合性能源公司。这也导致在后续的全球发展中，很难去整合产业各环节的优势来实现重点突破。为此，今后的能源跨国公司需要进一步加大整合力度，立足于自身来构建出完整的产业链、价值链和供应链，而不能完全依靠外部力量和市场。虽然全球价值链可以根据比较优势来进行分工，例如，通过购买交易或制造、服务外包等形式将部分环节分离出去，但是也是需要对这些外部业务环节保持强有力的控制以及随时替代的能力，如此才能更好地化解潜在风险。此外，在全球价值链和产业链中，能够实现产业协同一体化发展的跨国公司通常会在链条中占据主导地位，不仅决定这链条的重构、优化和配置，而且还引导着整个链条的转型、升级以及未来发展方向。然而相比较于具有国际竞争力的跨国公司而言，我国企业在这些方面还比较薄弱，需要补短板，进一步提升对产业链条的治理能力，如此才能在全球市场环境中掌握主动权，而不至于受制于人。

（三）增强企业国际市场拓展能力

高度不确定的国际环境给跨国公司的持续发展带来更大的压力，跨国公司必须结合国际市场环境变化来进行迅速的变革从而适应变化并推动业务发展。法国电力在这方面具有很好的示范性，在全球战略布局调整中一直寻求最优秀的区域或国家来开展业务，寻求其中的最大利润增长。例如，法国电力在前期欧洲经济持续低迷的情况下，开始在部分市场出售海外资产，但是仍然通过其子公司继续支持当地能源市场的经营，为后续重新进入当地市场奠定基础。与此同时，法国电力发现友好的中国市场更具吸引力，并进行重点开拓。自1986年以来，法国电力开始成为中国核工业领域的长期伙伴。2019年9月，中法两国能源领域在华最大的合作项目——台山核电一期工程全面建成。该项目由中国广核集团、法国电力和广东省能源集团共同投资组建的台山核电合营有限公司负责建设和运营，建有两台采用EPR（European Pressurized Reactor，由法国电力及其子公司法马通共同开发）三代核电技术的压水堆核电机组，每台机组的单机容量为175万千瓦，是世界上单机容量最大的核电机组。

我国跨国公司不仅要稳定国内的"基本盘"，保证国内市场的覆盖率，也要积极开拓国际市场，提高国际市场份额。为此，我国跨国公司不仅要精准地判断国际形势和变化，而且还要适应这种变化，通过进入新的市场来获得新的发展机遇，不仅要扩大国际产能合作的力度、广度和深度，而且进入相应的市场实现"深耕细作"，通过本土化来实现持续发展。在具体的操作实施过程中，我国跨国公司必须立足于现有的基础，例如，我国目前电力行业的火力发电和水力发电相对于全球而言，还是具有一定的技术优势，虽然不一定能达到欧美发达国家的技术标准，但是相对于一些发达国家而言，还是具有比较优势。可以从这些优势技术作为切入点来实行全球业务拓展，例如，在水电业务上积极参与非洲、南美洲的中小型水电项目建设，可以考虑采取BOT、PPP等形式的建设，进行业务拓展。针对风电、光伏发电等新能源项目，加大技术创新，瞄准欧洲、北美洲等国家进行业务拓展，力争做到战略调整合理有序。

(四)瞄准未来趋势加速战略转型

随着技术的快速进步,特别是大数据、云计算的飞速发展,企业经营的大环境发生了很大变化,在带来创新机遇的同时,也带来了未来外部市场环境和技术环境的不确定性。可以说,未来能源企业发展方向是瞄准清洁化、智能化、数字化和服务化进行转型。法国电力根据未来趋势提出,发展清洁能源,推广低碳模式,在能源运营基础上,法电发挥自身的平台优势、技术优势、服务优势,在电力投资、工程设计、项目管理、销售、能效管理和能源大宗贸易等各个环节来提供集成解决方案,从而推动了企业的战略转型。例如,2020年7月,法国电力与浙江远算云计算有限公司达成战略及技术全面合作,双方将基于各自优势共同打造SaaS模式(软件即服务)的本土化的智能仿真与工业应用协同平台。

我国跨国公司需要充分研判行业未来发展趋势,通过不断开发创新产品来适应并引导市场需求,建立核心竞争力。例如,建立以"客户为中心"的核心价值,构建一个满足客户需求的服务体系。通过主动迎接新能源发展趋势,持续关注安全、绿色、环保、生态,改善能源结构,保障能源安全,走可持续发展之路,更好地满足本行业乃至全社会可持续发展的要求(王聪生,2011);形成经营市场全球化、经营业务服务化、发展手段外包化、发展途径集成化、管理架构网络化、管理平台信息化、人才使用国际化、资源配置资本化、治理理念责任化和治理结构多元化的发展模式(罗虎,2017)。同时,还可以学习跨国公司的战略眼界,结合自身发展来推动转型升级,通过"数字化转型、智能化运行、智慧化管理",借助云计算、大数据、物联网、人工智能等先进技术,开展包括开展"5G技术+智慧企业"建设项目,以智能化代替人工化,助力"云平台"架构建设,实现智能化应用场景,逐步改变传统生产管理模式,从而打造和提升企业竞争优势,为进入国际市场寻求发展机会奠定基础。

第八章

归核化战略久久为功
——马士基发展战略转型启示

马士基作为航运行业当之无愧的"霸主",近年来致力于成为全球综合的集装箱航运和物流公司,强调根据客户供应链需求,提供灵活、快捷、便利的服务,以链接和简化客户供应链。马士基一直努力从在不同行业拥有独立业务的多元化企业集团转变为引领交通运输业转型的综合性公司。马士基归核化战略的实施,尤其是2020年马士基应对全球新冠肺炎疫情的应急响应措施,赢得了客户的充分信任。可以说,马士基在全球的布局与战略上的最新动向,对全球产业链或供应链上下游企业产生了重要的影响。本章将结合航运行业特征,深入分析马士基的发展历程、战略转型和最新动向及其对产业链和供应链企业的影响,探究新冠肺炎疫情下的马士基发展战略及应对措施,最后提出中国企业面临马士基战略调整的应对之策。

一 世界航运业的发展现状与产业链特征

航运业承载着90%的国际贸易运输,处于全球贸易市场的最前沿,能够充分反映国际经济的走向。本小节主要对近年来世界航运业的发展现状进行分析,并对航运行业的产业链特征进行阐述。

(一)世界航运业的发展现状

由于全球新冠肺炎疫情的影响,全球经济尤其是全球贸易深受打击,全球贸易持续受挫,全球经济不确定性激增。根据世界贸易组织(WTO)预测,2020年第二季度全球贸易同比下滑幅度可能达到历史性的18.5%左右。从主要国家(地区)商品贸易出口来看(如图8-1所示),2020年5月,美国、欧盟、德国、日本、中国商品贸易出口额当月同比分别下降36.27%、30.90%、31.61%、3.32%和26.45%,全球贸易形势仍然不容乐观。新冠肺炎疫情全球大流行后,各国实施一系列限制和封锁措施,由此导致经济和商业活动减少,服务贸易需求受损,全球贸易往来的活跃度大幅下降,全球贸易正遭受自2008年国际金融危机后的最严重的冲击,在疫情影响下,航运业面临船员被困、货轮无法靠港、运输成本激增、运单缩水等多方面的打击。

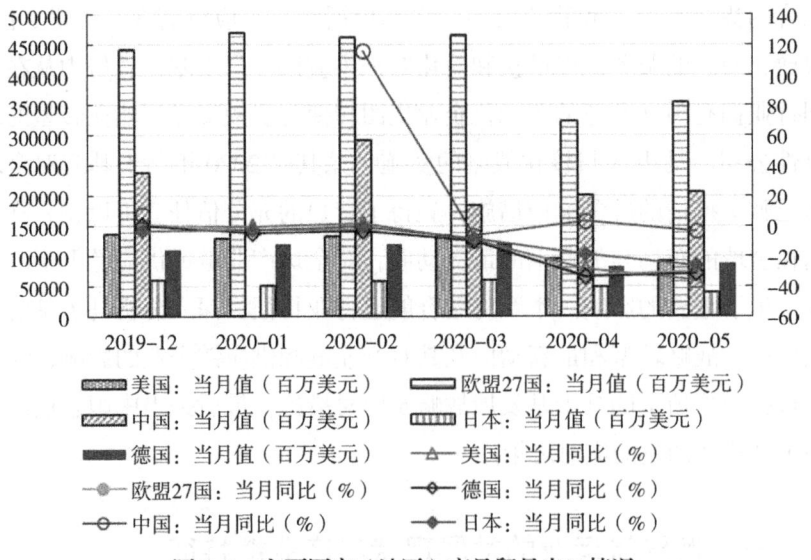

图8-1 主要国家(地区)商品贸易出口情况

资料来源:WTO数据库。

随着全球贸易的放缓,世界航运业也进入了新常态。从总体来看,2020年,由于新冠肺炎疫情的全球大流行和各国贸易政策的不确定性增高,全球经济下行风险严重,世界航运业的增速放缓,加之全球港口的货物装卸作业也受到了波及，集装箱港口吞吐量严重下降，全球航运业发展面临变革，企业开始在逆境中寻求变革，通过产业链和供应链调整谋求新的发展机遇，未来充满挑战。

（1）全球货物增量连续放缓。2020年以来，几乎所有的海运细分领域均出现了增长放缓的情况。2019年全球集装箱贸易在巨大的不确定性中展开，包括全球新冠肺炎疫情流行、国际海事组织（IMO）2020法规对船用燃料含硫量上限的规定、贸易摩擦、中国的经济发展趋势、消费市场疲软以及全球经济的种种不利发展。这些因素叠加在一起，阻碍了集装箱贸易的展开，货运量增长幅度较2019年进一步下跌。Alphaliner最新数据显示，截至2020年8月28日，全球集装箱总运力为23941881 TEU，其中，跨大西洋140382 TEU，跨太平洋516204 TEU，跨欧洲507252 TEU。相比2019年，全球集装箱总运力增速仅提高1.38%，全球集装箱总运力增速相比2018年已经连续两年下降。如图8-2所示。

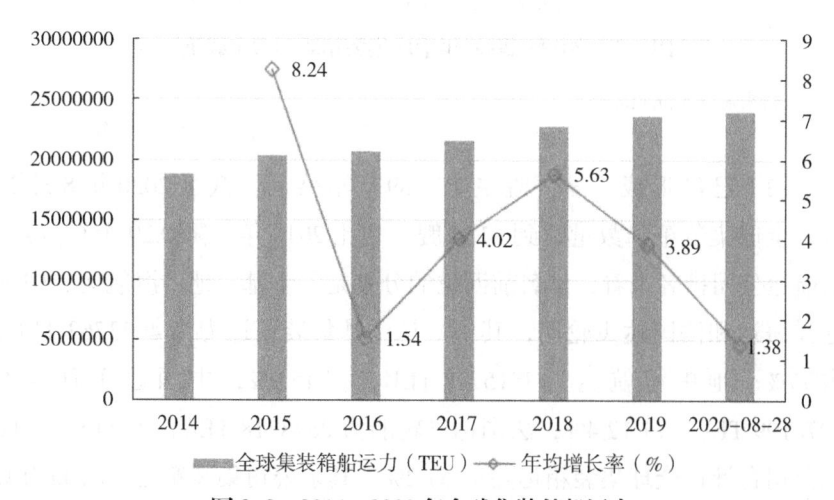

图8-2　2014—2020年全球集装箱船运力

资料来源：Alphaliner。

从全球集装箱载重量来看，Alphaliner最新数据显示，截至2020年8月28日，全球集装箱总载重为288850313 TDW，相比2019年增速提高1.12%，但总载重量增速已连续下降，如图8-3所示。根据联合国贸易和发展会议（UNCTAD）发布的《2019年海运报告》，仅就2018年来说，新交付的船舶主要是散货船，以载重吨计算，占比26.7%，其次是油轮占25%，集装箱船占23.5%。此外，运力超过15000 TEU的超大型船，在2018年增长了33%。在货量增长面临考验的同时，运力过剩的局面并未能得到根本性的改善。

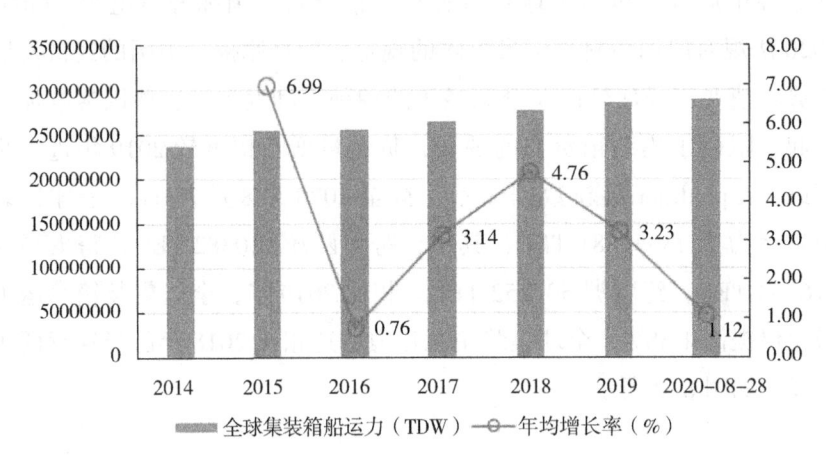

图8-3 2014—2020年全球集装箱船运力（载重）

资料来源：Alphaliner。

（2）已经形成"三联盟主导"的基本格局。截至2020年8月28日，全球集装箱船数量达到6134艘，相比2019年下降0.29个百分点。从航运公司排名来看，排名前四位的分别是马士基、地中海航运、中国远洋海运和法国达飞轮船，其中，马士基集装箱运力为4073763 TEU，占17%；地中海航运为3815778 TEU，占15.9%；中国远洋海运为2978199 TEU，占12.4%；法国达飞轮船为2848718 TEU，占11.9%。四家公司合计占全球集装箱运力的57.2%，其余公司集装箱运力份额均低于10%。从综合实力来看，马士基无论从企业业绩还是市场份额，毫无疑问地占据航运业的霸主地位。

过去十年航运业经历大规模并购整合以及货运联盟的形成，也能有效避免价格战的形成。2018年以来，全球主要航运公司逐渐形成了三大联盟，内部在运力调配、班轮交接等领域有更密切的协同合作。三大航运联盟分别是 2M 联盟、Ocean Alliance 联盟和 The Alliance 联盟。其中，2M 联盟主要由世界第一、第二的航运公司马士基航运和地中海航运组成，运力约占全球的 33%；Ocean Alliance 联盟包括法国达飞轮船、中国远洋海运等，运力约占全球的 30%；THE Alliance 联盟由赫伯罗特、阳明海运、阿拉伯轮船、日本邮船、商船三井、川崎汽船等组成，运力约占全球的 15%。

（二）航运行业的产业链特征

产业链是各个产业部门之间基于一定的技术经济关联，并依据特定的逻辑关系和时空布局关系客观形成的链条式关联关系形态。产业链的实质就是不同产业的企业之间的关联，而这种产业关联的实质则是各产业中的企业之间的供给与需求的关系。航运产业链是产业链研究领域的一个分支。随着航运产业对带动区域经济增长的重要性得到广泛认识，航运产业链的发展受到越来越多的重视。但是，到目前为止，交通运输领域涉及产业链的研究，大多面向港口、铁路、航空等运输方式，学术界尚未对航运产业链的内涵做出明确的定义。根据金嘉晨和真虹（2013）以及结合航运行业的特征，航运产业链主要可以划分为以下四个组成部分。

（1）航运产业链上游环节，主要包括船舶、燃油和港口。上游环节主要为航运公司提供"原材料"和"补给"，影响航运公司的主要运营成本和支撑航运公司发展。例如，船舶主要包括船舶设计、船舶建造，其质量、承载力高低直接影响了航运运输的承载能力。

（2）航运产业链中间环节，主要指航运公司。航运公司是航运产业链的中间环节，是航运产业链的链核。航运公司主要包括船舶经营人、所有人和承租人，是海上运输服务的提供者，是影响航运产业链上下游发展的关键环节。目前，马士基长期占据航运业的霸主地位，我国的中国远洋海运也在国际市场占有重要位置，长期排名世界前四。

（3）航运产业链下游环节，主要包括房地产、汽车、能源、贸易等行业。以国际贸易、房地产和汽车为代表的制造业发展程度和繁荣程度直接影响航运业的发展速度，也对辅链环节产生根本性影响。

（4）航运产业链辅链环节。辅链是产业链中不可或缺的重要组成部分，主要加强各部分的关联性，是产业链中的支撑和服务部分。航运产业链辅链主要由船舶辅链和航运辅链组成。其中，船舶辅链直接服务于航运公司，主要由船舶登记、船舶经纪、船舶管理等组成，包含船舶配备阶段和营运阶段的各项环节，为货物流通提供运输载体，是航运产业链有效运转的基本条件，具有较高的附加值，其发展程度直接影响航运产业链发展的效率。服务辅链是面向社会的所有产业，是随着航运产业链的发展，向微笑曲线两端的延伸，主要包括金融保险、教育培训、咨询评估、信息技术、法律仲裁等内容。服务辅链决定了区域航运发展的潜力和影响力，进一步协调航运产业与其他产业的关联关系，对航运产业链发展具有带动作用。

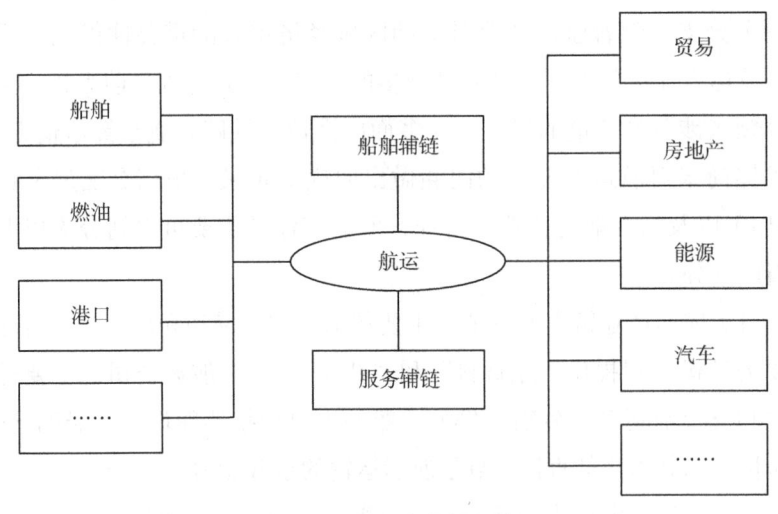

图 8-4　航运产业链架构

资料来源：笔者绘制。

二　马士基的发展战略调整

本节首先介绍马士基公司的基本情况，包括公司的市场排名和近年来财务状况。然后，将对马士基的发展战略调整进行详细的分析，具体涉及围绕供应链实施一体化战略、围绕产业链的多元化战略和降低产业链风险的剥离战略。最后,将结合 2020 年新冠肺炎疫情来分析马士基的最新发展战略。

(一)马士基的基本情况

1. 马士基简介

作为航运行业当之无愧的"海上霸主",马士基(A.P. 穆勒—马士基)成立于 1904 年,总部设在丹麦哥本哈根,目前员工数 8.4 万人,覆盖全球逾 120 个国家和地区的 300 多个港口。作为集团的集装箱海运分支,马士基是全球最大的集装箱承运人,服务网络遍及六大洲。在 2019 年世界 500 强企业中排名第 294 位。2019 年,马士基营业收入 389 亿美元,息税折旧及摊销前利润(EBITDA)利润率增长至 14.7%。截至 2020 年 8 月 28 日,马士基集装箱运力为 4073763 TEU,占全球集装箱运输市场份额的 17%。马士基发展史如表 8-1 所示。

表 8-1　　　　　　　　　　马士基发展史

1904 年	轮船公司由 A.P. Moller 和 Peter Maersk Moller 在丹麦成立
1912 年	A.P. Moller 建立另一个运输公司。轮船公司和运输公司一直平行管理,直到 2003 年与轮船公司合并为马士基
1918 年	A.P. Moller 建造船厂
1919 年	在海外(纽约)设立第一个办事处
1928 年	第一次航行从美国的巴尔的摩出发,经由巴拿马运河和美国西海岸到达亚洲港口。在 1947 年之前,美国至远东的航线是马士基航运公司提供的唯一航线,并在 1947 年建立了新的航线。第一批基地货物是福特汽车公司的汽车零件
1940 年	丹麦被德军占领,在战争期间,46 艘船中的 36 艘被交战国征用并用于战争;150 名海员和 25 艘船失踪
1955 年	马士基商标使用淡蓝色背景色
1962 年	获得丹麦 50 年的独家特许勘探和开采原材料。该合资项目开启了马士基涉足油气行业以及为离岸行业提供服务的大门
1962 年	丹麦地下联合体(DUC)成立。1962 年,A.P. Moller、壳牌和海湾公司成立了一家合资企业。DUC 将协助在该领域没有经验的 A.P. Moller 进行勘探活动和可能从地下提取原材料。海湾公司最初在 DUC 中扮演操作员的角色。到 1974 年,马士基拥有了在北海共享运营权的能力。1986 年,马士基石油成为 DUC 负责海上勘探的唯一运营者

续表

1965 年	1965 年，A.P. Moller 去世，享年 88 岁。马士基舰队由 88 艘船（总计 170 万载重吨）组成，几乎占丹麦商船队总数的一半。A.P. Moller 和他的业务从事不同的行业，从造船、油轮贸易和零售业、制造业，拥有一个糖料种植园和启动一个石油和天然气公司。Maersk McKinney Moller 接替了父亲的公司
1967 年	马士基供应服务公司成立。马士基的供应服务是在该公司交付了两艘供应船后开始的，这两艘船是为租用的马士基探索者石油钻井平台提供所需的各种类型的材料。1974 年，马士基供应服务成为马士基集团的一个独立业务部门
1972 年	1972 年夏天，合资企业 Dansk Undergrunds Consortium（DUC）在该油田发现了第一个油田，并开始生产
1975 年	涉足集装箱运输。20 世纪 60 年代中期标准集装箱的发展引发了一场世界贸易革命。马士基并不是集装箱运输的先驱，但随着客户需求的增长，从 1928 年到 1975 年开始将原始航线集装箱化
1977 年	涉足货物拼装。随着集装箱运输在 20 世纪 70 年代的扩张，对集装箱空间优化利用的需求也随之增长（货物合并）。由于客户的服务要求，在台湾、香港和新加坡成立了货运代理公司 Mercantile。这些活动继续在马士基物流，Damco 和现在作为一个集成的供应链服务提供
1979 年	收购 SVITZER。该公司成立于 1833 年，1979 年被 A.P. Moller – Maersk 收购。SVITZER 从事专业海事活动，例如港口、海岸、码头/液化天然气、离岸和远洋拖船、打捞作业、船员船和应急响应服务
1979 年	搬到位于哥本哈根市中心的 Esplanaden 的新总部
1991 年	MCI 成立。该公司成立的目的是为航运业开发和制造集装箱。公司的第一个干集装箱工厂于 1991 年在丹麦的廷列夫建立。到 1995 年，生产还包括冷藏集装箱，1998 年和 2004 年在中国建立了新的集装箱工厂。最终，丹麦的集装箱生产将会停止，而 MCI 目前只专注于从其位于中国青岛的工厂生产冷藏集装箱
1993 年	Mærsk McKinney Moller 辞职。继任者 Søderberg 掌舵时间是 1993—2007 年
1993 年	收购 EACBen 集装箱公司。使马士基航运公司成为世界上最大的集装箱航运公司
1999 年	收购 Safmarine 和 Sea-Land。Safmarine 集装箱公司被收购，并继续以 Safmarine 品牌经营。随后，Sea-Land 被收购。在这方面，马士基航运在 2000—2006 年将其品牌名称改为马士基海陆
2001 年	APM 终端建成。自进入集装箱业务以来，马士基航运投资了世界各地的码头设施。随着 1999 年收购海陆码头（Sea-Land），码头的数量大幅增加，公司决定设立 APM 码头，作为一个独立的业务单位，提供港口和内陆基础设施
2003 年	造船厂和轮船公司合并，起名 A.P. Moller-Maersk A/S

续表

2005年	1995年，英国P&O和荷兰Nedlloyd集装箱船公司合并为P&O Nedlloyd。2005年，该公司被马士基集团收购。在整合过程中，Maersk-seaLand品牌又回到了Maersk Line（2000年以前）。事实证明，将一个大型的全球组织整合到另一个大型的全球组织是困难的，但最终为马士基航运提供了一个规模，这是通过有机增长无法实现的
2007年	Nils Smedegaard Andersen成为新的首席执行官，并担任至2016年
2009年	物流品牌并购。当Sea-Land在1999年被收购时，收购的业务包括集装箱码头和物流业务。商业部（成立于1977年）于2000年初以马士基物流的新名称整合海陆物流。丹科海空公司（成立于1905年，原名C.W.H van Dam & Co）是P&O Nedlloyd物流公司的运输子公司，2005年收购了P&O Nedlloyd的集装箱运输业务。4年后，马士基物流和Damco合并为Damco品牌
2012年	Maersk McKinney Moller去世，享年98岁
2013年	第一艘三E级集装箱船交付
2015年	APM码头技术最先进、最自动化、最可持续的Maasvlakte Ⅱ集装箱码头正式启用。Maasvlakte Ⅱ完全依靠风力涡轮机发电，是世界上第一个零碳排放的终端
2016年	Soren Skou被任命为首席执行官
2016年	成为全球集装箱物流集成商。9月22日，马士基宣布了重组公司的战略决定，从一个综合企业集团转型为一个集中的、综合性的运输和物流公司。成为集装箱物流全球集成商的新战略和愿景，也意味着该公司将剥离石油和天然气相关业务
2017年	Jim Hageman Snabe成为新任董事长
2017年	马士基油轮公司销售。马士基油轮公司成立于1928年，当时首批五艘油轮进入马士基船队。时任CEO意识到这个新的商业机会在20世纪20年代初对石油产品的需求增加，在1927年他把五个新兴的油轮的订单。1950—1975年期间，原油运输是马士基的主要业务
2017年	收购汉堡南美。当时该公司是全球第七大集装箱航运公司
2018年	出售马士基石油。2018年3月，马士基石油公司（Maersk oil）被出售给道达尔公司（TOTAL S.A.），这是将石油和与石油相关的活动分离出来、创建一个综合运输和物流公司的战略中的重要一步
2019年	马士基钻井公司在哥本哈根纳斯达克上市。在2019年4月，A.P. Moller-Maersk开始分离和分拆马士基钻井和其活动。随后，马士基钻井公司在哥本哈根纳斯达克独立上市。马士基钻井公司成立于1972年，其目的是为从事石油勘探的公司拥有和运营钻井平台

资料来源：笔者整理。

马士基为客户提供各种"一站式"的服务，包括出口物流、仓储和配送服务、内陆运输、报关代理、海运代理和拖车服务等。马士基根据客户的具体要求，量身定制各种服务，不断根据客户供应链需求，为其提供更大的灵活性，客户可以选择铁路和海运等不同马士基运输解决方案。作为公司海运及物流与服务的综合性产品，相信这能够助力客户快速响应不断变化的市场需求。在整个运输供应链中，马士基的航线物流网络、货物可视化追踪和专业的运营能力，将使客户从中受益。马士基标语是"马士基始终致力于成为全球综合的集装箱航运和物流公司，以链接和简化客户供应链"。

马士基与中国的关系可谓渊源流长。1924年3月，马士基航运的"萨莉·马士基号"船第一次挂靠中国，揭开马士基在中国的业务经营序幕；1984年，马士基在广州设立第一家办事处；1994年3月，马士基（中国）航运有限公司成立，成为马士基在中国成立的第一家有限公司，在中国的服务赢得了广大客户的高度赞誉。

2. 市场排名

从全球集装箱运力排名来看，仅四家公司全球运力市场份额超过10%，分别是马士基、地中海航运、中国远洋海运和法国达飞轮船（达飞国际）。截至2020年8月28日，马士基集装箱运力为4073763 TEU，占全球集装箱运输市场份额的17%，高于地中海航运1.1个百分点。从运输集装箱的船舶数量来看，马士基共拥有运输船682艘，占全球的11.11%，总运力达到4073763 TEU，其中，自有船舶307艘，自有船舶运力达到3318742 TEU。排名第二的地中海航运拥有运输船575艘，占全球的9.37%，总运力为3815778 TEU，其中，自有船舶138艘，自有船舶运力为953739 TEU。相比之下，无论在运力还是船舶规模来看，马士基毫无疑问在市场上独树一帜，长期占据航运业的榜首位置。

3. 财务经营情况

在2019年，尽管市场环境趋弱，全球集装箱货量增长仅为1.4%，马士基在业务盈利能力及自由现金流方面表现有所提升。息税折旧及摊销前利润（EBITDA）为57亿美元，比2018年增长14%，EBITDA利润率增长至14.7%。营收389亿美元，略低于2018年393亿美元。自由现金流达到68亿美元，而2018年同期为51亿美元。2019年资本支出下降12亿美元至20亿美元。

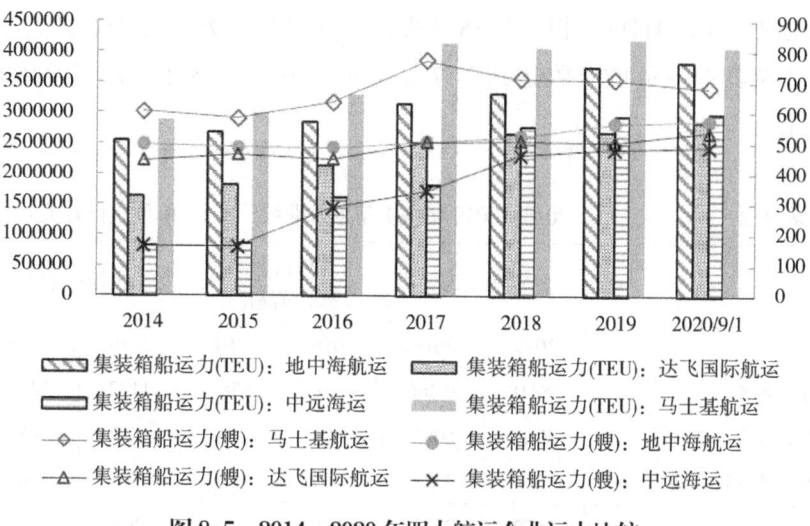

图 8-5　2014—2020 年四大航运企业运力比较

资料来源：Alphaliner。

从业务结构来看，马士基主要包括海运业务（Ocean）、物流及服务业务（Logistics & Services）、码头及拖轮板块业务（Terminals & Towage）和制造及其他业务（Manufacturing & Others）。其中，2019 年，海运业务（Ocean）息税折旧及摊销前利润（EBITDA）增长 15% 达 44 亿美元，EBITDA 利润率增长 2%—15.3%。海运业务的营收达到 284 亿美元，货量小幅降低至 1330 万 FFE（40 英尺集装箱）。受益于运力管理提升及汇率变化，在固定燃油价格下计算的单箱成本下降 1.7%。物流与服务业务（Logistics & Services）息税折旧及摊销前利润（EBITDA）增长 24% 至 2.38 亿美元，EBITDA 利润率为 4%，但营收与 2018 年 61 亿美元相比略有下降，为 60 亿美元。虽然仓储配送业务有所增长，但部分收入被海运和空运货代业务营收下降所抵销。码头及拖轮业务（Terminals & Towage）息税折旧及摊销前利润（EBITDA）增长 11% 至 11 亿美元，EBITDA 利润率为 28.4%。营收增长了 3.2% 达 39 亿美元。主要门户码头息税折旧及摊销前利润（EBITDA）增长了 17% 至 9.02 亿美元，EBITDA 利润率为 28%。营收增长 4.1% 至 32 亿美元。业绩增长得益于哥斯达黎加莫因码头货量增加、堆存收入增加以及销售及行政管理费用的减少。制造及其他业务（Manufacturing & Others）息税折旧及摊销前利润（EBITDA）相比 2018 年提高了 0.42 亿美元，达 2.05 亿美元。制造及其他业务的营收达到 21.7 亿美元，相比 2018 年下降了 6.15 亿美元。

表 8-2　　　　2018—2019 年马士基主要业绩　　　　单位：百万美元

	营业收入		息税折旧及摊销前利润		总资本支出	
	2019	2018	2019	2018	2019	2018
海运业务	28418	28366	4356	3782	1172	2279
物流及服务业务	5965	6082	238	191	128	47
码头及拖轮板块业务	3894	3772	1107	998	530	556
制造及其他业务	2172	2787	205	163	204	358
未运营及正在剥离业务	−1559	−1750	−194	−136	1	−21
持续运营业务	38890	39257	5712	4998	2033	3219

资料来源：根据马士基 2019 年年报整理。

（二）马士基的发展战略分析

"打造行业领先的客户体验不仅是我们的愿景，更是我们的热情。"马士基的战略目标是：始终致力于成为真正的集装箱物流综合供应商，通过全球端到端解决方案连接和简化客户供应链，为客户打造轻松便捷的物流体验。能够在客户整个产品周期中提供高质量的服务，包括内陆服务、报关代理、海运、仓库管理和分销、供应链管理等。为践行战略目标和愿景的实现，自 1904 年成立到 2020 年，马士基在战略上围绕产业链和供应链的战略调整包括三个特征：从多元化战略向一体化战略转变；由差异化战略向收缩型、集中型转变；由集装箱航运向集装箱物流综合供应商转变。

1. 围绕供应链实施一体化战略

（1）成立造船厂。从马士基的发展史不难看出，马士基 1912 年开始建立运输公司，由于船舶的购置需要大量的资金，为保证船舶供应及时且成本降低，这使得马士基开始向产业链的上游船舶延伸，1918 年建立了自己的造船厂，将船舶制造这一上游产业纳入经营范围，用企业的内部管理机制代替外部市场机制,降低交易成本,是企业经营的内部化优势显现(Coase,1937;Williamson,1985)。

(2)投资码头。1928年,马士基第一次建立了自己的航线,开始进行全球航运服务,由此意识到了码头对航运企业的重要性,继而开始投资码头。码头与航运公司的融合,不仅可以为航运公司提供稳定的货源,而且可以确保船队安全靠港,降低码头营运的风险。APMT码头公司的全球布局使得其在全球航运的网络布局更加完善,经营成本降低。2018年马士基在码头方面采取了一系列的举措,对意大利瓦多、科特迪瓦、加纳特马、哥斯达黎加等地新建或者扩建码头,同时对巴西巴拉那瓜等地的码头进行撤资,旨在提高码头的生产率。马士基积极布局码头业务,目前马士基的运输网络覆盖全球121个国家或地区的343个港口。

(3)打造完备的物流链。在战略上除了向上游港口、船舶等业务扩展,为了加强运输效率,降低营运成本,马士基通过并购,在对集装箱业务空间优化利用的基础上,成立丹马士物流(DAMCO)。2019年,马士基将丹马士物流并入马士基航运,转型成为全球综合的航运与物流公司,旨在为客户提供更广泛、无缝连接的各种物流产品和服务,马士基迈出了成为全球一体化的集装箱运输和物流公司的第一步(张文君,2019)。2018年,马士基集装箱制造业做出了战略调整,由原来的普通集装箱制造业转型为专注冷藏集装箱制造业务,通过优化制造业业务,满足客户对温度的要求,从而完善物流链体系。众多货主尤其是跨国大货主看中马士基完备的物流链和运输效率,纷纷与其建立合作伙伴关系,比如宜家、米其林、阿迪达斯、耐克等各行业巨头,由此马士基可以获得庞大的业务和货源,促进其进一步发展。

(4)做强做长产业链。在马士基的诸多海运客户中,仅有不到1/4的客户选择马士基完成港口运输到仓库或配送中心的内陆服务,导致货运流程中部分环节的利润流失,也进一步加大了马士基货运流程的复杂度,增加了企业经营的复杂度和成本(李振福,2019)。为了为客户提供端到端的供应链解决方案,开展全链条的供应链服务,马士基近年来致力于做强做长产业链,将战略调整的重点放到扩展内陆运输板块,"腾出两脚上岸",增加货运代理服务功能,争取更多的门到门业务,以便从集装箱海运业务中挣得更多。近几年战略转型中,马士基进行了大刀阔斧的改革,包括整合运输和物流业务,重点发展非海上业务,以降低对海运价格的依赖,关注更高、更稳定的利润率业务的增长。2016年,马士基宣布与德国欧特克集团达成协议,收购欧特克集团旗下的汉堡南美。汉堡南美是全球第七大班轮公司,通过收购,一方面,马士基大型班轮公司运力规模得以进一步扩大,市场集中度得以提升;另一方面,班轮公司通过分拆重组成新的联盟,在联盟层面进一步提升了市场集中度。2019年,马士基收购美国Vandegrift海关经济公司,旨在提供更多的报关行专业知识和更广泛的解决方案,来帮助客户取得成功。2020年初,马士基5.45亿美元拿下北美物流仓储配送公司Performance Team。2020年7月6日,马士基与桥点发展资本(Bridgepoint Development Capital)达成协议,以收购总部位于瑞典的专注于欧洲贸易和报关管理服务的公司KGH(KGH Customs Services)。马士基通过围绕产业链进行的一系列并购,进一步增强了物流链上的业务能力,努力打造综合的集装箱航运物流服务,为客户提供端到端的供应链解决方案。

可以看出,马士基通过开展上下游的纵向产业链合并,加强供应链的协同效益,降低资金成本和提高运输效率,最终实现了竞争力的提升。进一步,为了实现为客户提供端到端、点到点的供应链解决方案,马士基近年来通过一系列的大规模并购,围绕供应链打造完备的物流链,做强做长产业链,为客户提供内陆服务、报关代理、海运、仓库管理和分销、供应链管理等全方位服务。

2. 围绕产业链的多元化战略

第二次世界大战以后,随着西方国家的工业化发展,为抵御外部经济风险,马士基在战略上开始向产业链的多元化调整,用以开拓新的盈利增长点。

(1)进入石油开采业。1962年,马士基、壳牌和海湾公司(Sealand)成立合资企业参与北海油田的开发,自此开始涉足石油开采业。1986年,马士基石油成为DUC公司负责海上勘探的唯一运营者。马士基进入石油开采业的原因主要在于,船用燃油一般占航运企业成本的

1/3—1/2，是影响航运企业盈利的关键，但在影响航运业的诸多因素中，原油价格的波动难以预测，并决定船用燃油的价格波动，因此，为了对冲原油价格波动带来的高风险，马士基在产业链布局上选择进入石油开采业。

（2）进入零售、机械等其他产业。为不断扩展产业链的布局，马士基多元化触角延伸到了零售、航空、塑料、橡胶、机械设备、医疗设备甚至IT。这些种类繁多的业务在一定程度上提供了新的利润增长点，平抑了整个集团的业绩波动。

3.降低产业链风险的剥离战略

20世纪90年代以来，随着新型市场制造业的崛起，欧美等国在造船、橡胶、塑料、机械设备等传统制造业的优势地位正逐步被替代，马士基利润率降低，甚至导致在2009年出现建企百年来第一次亏损。与此同时，除零售业务外，其他业务投资回报率整体偏低，显著低于航运和石油等业务，从而压低了马士基整体的回报率水平。

（1）剥离IT、医疗、航空等非主营业务。由于投资回报率差异和集团整体回报率下降，马士基于2006年开始剥离和缩减医疗、IT、航空、部分制造业，到2007年马士基的主营业务只剩下航运、造船、石油和零售。2011年，马士基以14亿美元的价格出售期液化天然气运输业务。

（2）出售造船厂。随着造船业的重心由欧洲不断转移到亚洲的中日韩三国，马士基核心产业中的造船业开始出现了接单量不足、亏损严重的问题。为此，2012年马士基宣布正式关闭有91年历史的奥登塞造船集团（Lindoe），并将立陶宛巴尔基亚船厂挂牌出售。这是马士基纵向多元化变革的重要标志。

（3）聚焦航运和能源业务。2016年9月22日，马士基宣布了重组公司的战略决定，从一个综合企业集团转型为一个集中的、综合性的运输和物流公司。将业务重组为两个独立的板块：航运物流板块和能源板块。马士基能源将以独立的企业或以联合的方式通过合资、并购或上市等方式从马士基分离出来。在马士基能源从马士基分离出来之后，马士基今后的增长重心将是打造一家提供海运及物流综合服务的企业，致力于建立在集装箱航运、港口运营业务上的独特地位以及在供应链管理和货代业务的重要地位。马士基航运是马士基的核心部门。

（4）剥离石油相关业务。2018年3月，马士基石油公司（Maersk Oil）被出售给道达尔公司（TOTAL S.A.），这是将石油和与石油相关的活动分离出来、创建一个综合运输和物流公司的战略中的重要一步。2019年，为了分离和分拆马士基钻井业务，马士基钻井公司在哥本哈根纳斯达克独立上市。

目前，从业务结构来看，马士基主要包括海运业务、物流及服务业务、码头及拖轮板块业务和制造及其他业务四大板块，其中，海运业务占73%，物流及服务业务、码头及拖轮板块业务、制造业及其他业务分别占15.33%、10.01%和5.58%。可以看出，剥离后的马士基主要聚焦于运输和物流主业，致力于践行成为全球综合的集装箱航运和物流公司。

4. 区块链下的数字化战略转型

2017年以来，马士基开始全面实施数字化战略，通过数字化信息化开发新型无缝服务和航线产品，其目标是减少国际供应链中的壁垒，促进全球贸易的增长，降低供应链中各方的成本。在全面实施数字化战略后，马士基可以在成本上节省亿万美元，全面提高企业效率。

航运物流方面，2018年1月，马士基与IBM组建合资公司，旨在创建一个联合开发的全球贸易数字化平台（Global Trade Digitization Platform，GTD），即TradeLens，这个平台建立在开放的标准基础之上，全球航运生态系统中的各方均可使用。它将解决在跨境和贸易区内货物运输方面的需求，使信息流更透明、更简化。通过区块链技术的应用，为全球供应链实现"门到门""端到端"的数字化服务，该新公司计划将两个核心功能商业化。一是建立一个海运信息通道，能够提供端到端的供应链可视性，使供应链管理的所有参与者能够实时、安全无缝地交换运输信息。二是无纸化贸易将使终端用户能够在整个架构范围内安全地提交、验证和批准文件，使单证文件备案数字化和自动化，最终帮助减少清关和货物运输的时间和成本。基于区块链的智能合约确保所有所需批准都能及时获得，有助于提高批准速度并减少错误。

服务客户方面，2019年，马士基推出全新在线产品Maersk Spot，能够打破超额订舱的恶性循环,并提供一种更简单的、有舱位保证的方式来运输集装箱,从根本上简化了客户的订舱体验。如果不是线上订舱,线下的流程最多可以包含13个单独的步骤,通常涉及从运费表、条款以及附加费等大量的沟通和文书工作。使用 Maersk Spot,这个繁琐的流程在线上经过优化,精减为5个简单的步骤。2020年8月,马士基全新上线 Maersk Spot Flex 为疫情期间更为灵活地安排船期、延航等服务。

可以看出,马士基在核心业务上进行数字化转型,将客户交易网络化及资产运营方面数字化。马士基推出了一系列数字化举措,从航运业传统的以纸质化为基础的服务转变到以客户为中心的数字化服务流程,并推出了全新的数字化服务产品,旨在使与贸易有关的信息数字化及便于交换,使世界贸易的参与方能享受贸易便利化的益处。基于区块链技术的全面应用,不仅提高了马士基的运行效率,降低了经营成本,而且通过提供可视化的订单、物流追踪、物流网络等服务,简化了客户供应链,使客户从中受益。

(三)新冠肺炎疫情下的马士基发展战略

疫情期间,马士基保障全球供应链运转且一季度报表亮眼。2020年一季度营收同比增长23%、息税折旧及摊销前利润同比增长23%。虽然运输货物量有所下降,但营收提高至96亿美元。预计2020年第二季度的息税折旧及摊销前利润(EBITDA)将略高于2020年第一季度15亿美元的水平。从当前全球贸易发展来看,2020年第二季度的市场需求比此前预期略有改善。因此,疫情下的马士基战略调整值得关注。

1. 保证供应链的连续性

在新冠肺炎疫情流行后,马士基在战略上的核心是保证供应链的连续性。马士基建立了一个由各职能部门组成的执行团队,主动与客户合作,执行具有针对性的业务连续性计划(ECP),主要包括规划和验证替代路线及运输模式,创新利用各种设施,与供应商及各相关方联系,定时取得生产状态,并规划优先采购的订单。通过持续定期更新物流及相关方的信息,确保所有客户对其供应链状况始终一目了然。马士基做到与供应商每天进行交流,确保由于疫情影响的任何变动都能及时纳入业务连续计划（ECP）。

马士基还实时跟踪不同国家和地区的法规工厂/供应商生产状态的变更，到码头、仓库、航运公司、海关和货运路线的运营及运力状态的最近进展，确保供应链的连续性。

在运输方案方面，如果有多种采购策略，在可行的情况下，可与其他备选供应商合作/或转移订单。通过建立灵活的运输方案调整体系，保持货畅顺流通，例如，增加分销店或采取本地配送、将全程海运方案替换成多式联运及陆路运输，通过加快交货期，从而延长供应链。

2. 以客户为供应链核心

马士基在始终将客户作为供应链的核心，疫情期间更是如此。马士基在客户众多的供应链合作伙伴和工厂之间进行协调，及时提供清晰、透明的订单影响情况，从而可以优先处理主要订单，减少销售损失。相比远洋运输，国内驳船和洲际铁路具有交货期优势，通过积极的替代运输方式，加快目的地之间的货物运输。

为了保证产品准时到达目的地市场，充分了解所有零售商的采购订单和货运安排是关键一环。马士基在疫情暴发之初，就提供每日供应链情况，保持透明度，并计划各种方案来替代运营和运输方式。与客户密切合作，计划在不同国家寻找备用采购工厂，并为新供应商制订首次合作计划，以面对恢复运营有可能延迟而带来的影响。在马士基的全球综合的供应链网络中进行协调，承诺短时间内（2—3周）确保在东南亚的运力。

对于关键的季节性产品线，马士基密切跟各供应商、每日市场动态的最近进展，积极主动提出货物出运的解决方案，提出通过空运、快递、跨境拖车解决方案，为客户提供灵活高效的运输组合。

三 马士基发展战略调整的影响

马士基以解决客户需求为重点的发展战略调整，势必会对全球产业链和中国相关产业链上的企业产生深远的影响，本节将重点分析马士基发展战略调整对全球产业链、供应链的影响以及中国相关企业的影响。

（一）对全球产业链、供应链的影响分析

2016年9月，马士基宣布了重大战略调整计划，将集团划分为能源和航运物流两大板块，明确将未来的增长重点聚焦于集装箱航运、港口和物流方面。随后该集团相继出售了能源板块旗下的马士基石油（Maersk Oil）并"内售"了马士基油轮（Maersk Tanker），独立了马士基钻井（Maersk Drilling）并正在谋划处理剩余的能源板块其他业务，更好专注航运物流板块。这一战略调整显著影响了同行业、上下游行业企业，近年来，马士基和IBM成立合资公司，致力于通过区块链技术改善全球贸易、实现供应链数字化，对航运物流行业产生了革命性影响。

1. 对行业、上游贸易商、下游码头企业的影响

马士基目前整体采用的是"归核化"战略，集中收缩至航运和物流核心环节，在此基础上，进一步强化与地中海航运的"2M"联盟，因此，直接的影响主要是对同行业其他航运企业，例如法国达飞轮船、中国远洋海运、长荣等将面临更加严峻的挑战。间接的影响是航运联盟面临重新洗牌，2016年中国远洋与中国海运合并以来，原有的航运联盟面临解构重组的基本态势，受到马士基强化航运物流主业的影响，预期中国、韩国、日本的主要航运公司将打造新的联盟进行市场竞争。航运产业链上游环节中主要包括船舶、燃油和港口，马士基聚焦于航运物流将进一步提升对船舶公司的产品需求量。例如，2013年起马士基已分两批连续订购47艘3E级集装箱船，自2015年7月起，马士基航运就没有新订造船舶交付。新船订单占马士基航运现有船舶运力的11%，显著低于行业整体新集装箱船订单15%的占比。马士基航运将拆解船龄较长、效率较低的船舶。在2017年第一季度，马士基航运拆解了7艘巴拿马型集装箱船。未来一段时间，马士基仍将采取"效率优先、适度扩张"的船舶订购策略，进一步将公司战略与上游船舶订购相结合，由于区块链等新一代信息技术的集成应用，将会进一步增加对船舶内部信息系统集成能力的需求。从世界贸易的趋势上看，未来一段时间以东亚为主要目的地的亚太和欧亚海运航线将成为运力的主要增长点，以马士基为首的世界各大航运公司将会通过订购新型货运船舶提升运力，促进区域内整体竞争力提升，这将极大强化对造船公司产品数量和质量的需求。从

具体企业来看，目前全球领先的造船公司有现代重工、三菱重工、大宇造船、中船重工，在市场竞争上，除了比较成本、运力和效率外，重点将比拼信息化集成能力和数字化、网络化能力，推动远洋航运与内陆物流运输有机结合，打破远洋航运的"信息孤岛"。马士基发展战略调整对燃油行业的影响主要是提振了市场信息和总体需求量。

受到中美经贸摩擦和新冠肺炎疫情影响，2019年以来世界贸易呈现曲折下滑的基本格局，对燃油行业也构成了较大负面影响。2020年，新冠肺炎疫情影响下主要发达经济体均受到较大影响，世界贸易下滑程度超过了2007—2008年国际经济危机时期，国际原油价格从2020年3月开始大幅下降至每桶不足20美元，目前小幅回升至40—45美元区间，2020年受到全球范围内船用燃料油硫含量限制在0.5%以下环保政策的影响，燃料油成本仍将是航运成本中占比较大的一部分。马士基聚焦航运和物流行业，《中美第一阶段经贸协议》签订有利于稳定燃油行业信心，增加燃料行业产品需求量。从具体企业来看，目前全球领先的石油公司有英国石油公司、壳牌石油公司和埃克森美孚等，以英国石油公司为例，受到低油价和新能源产业冲击，近年来业绩下滑较为严重。马士基公司战略转型和环保燃料政策的推行，将带给上述石油企业业务新增长点，提升上游行业的市场活跃度与竞争度。马士基发展战略调整对港口发展提出了新要求、催生了新动力、扩展了新市场。目前世界港口的发展趋势是集装箱化、深水化、高科技化、信息网络化等，从2019年集装箱港口总吞吐量上看，上海港、新加坡港、宁波舟山港、深圳港和广州港分列前五名，中国港口已成为世界重要的航运集散地，长三角和珠三角是主要的航运中心。马士基战略转型和"门对门""端对端"物流网络的构建，基于区块链技术的新一代信息技术对业务流程再造，将对港口这一航运和陆运重要节点的信息化、智能化和网络化提出更高要求，未来港口市场竞争除港口吞吐能力外，更为关键的是信息化集成能力和提供航运业全产业链转型模式配套设施的能力。

航运产业链的下游主要是房地产、汽车、能源和贸易等行业。受到马士基战略转型的影响，对世界主要港口建设提出了新的更高的要求，预期主要港口城市在这一利好下会进一步实施港城一体化战略，同步推进港口建设与城市建设有机互动融合，吸引更多高素质人力资本集聚于上述港口城市，进而对房地产行业形成更多高质量需求。马士基目前转型的重点是从重点聚焦远洋航运转向远洋航运与内陆物流有机融合，因而未来一段时间将会进一步提升对内陆物流车队的建设力度，增加对货运汽车的需求量。同时，受到马士基战略转型的影响，其他主要航运公司预期也会进一步提升物流运输能力，强化与境内物流企业的合作建设"门对门""端对端"的一体化、信息化和网络化平台。对下游贸易企业的影响主要是"去中介化"，随着跨境电商等数字贸易的快速发展，原有的通过货运代理间接运输的方式逐步被直接运输方式取代，贸易的中介职能将进一步被打破，未来发展方向是由单纯的贸易中介向综合类咨询服务企业转型，特别是提供基于区块链等新一代信息技术背景下的数字贸易解决方法，更好地服务于广大制造业企业，提升服务产品的种类和质量。

2. 对船舶辅链、服务辅链、物流、陆路运输的影响

航运产业的辅链包括船舶辅链和服务辅链。其中，船舶辅链主要包括船舶登记、船舶经纪和船舶管理，上述行业均属于第三方生产性服务业部门。船舶经纪和船舶管理主要是接受船舶所有人或者船舶承租人委托，提供租船、买卖或是管理等相关服务。由于马士基"归核化"战略转型，这部分辅助性业务将会进一步外包给相关生产性服务业公司，但是受到区块链等新一代信息技术使用的影响，服务中介的需求量将有所下降，平台化、在线化和网络化趋势将更为显著，相关服务类企业亟须实施信息技术变革下的业务流程再造。服务辅链主要包括金融保险、教育培训、咨询评估、信息技术、法律仲裁等内容，目前马士基提供基于综合物流领域的金融和赔付解决方案，主要包括保值服务、贸易金融、运输保险等。马士基作为全球领先的物流航运企业，业务流程、管理技术和经营模式均较为成熟和先进，伴随供应链管理、仓储和配送等相关业务将会大量引致对高素质人力资本教育培训，业务流程和战略规划等咨询评估，区块链等新一代信息技术和法律仲裁服务等需求量。

未来基于新一代信息技术将会形成由马士基为代表的航运龙头企业为核心，教育、咨询、信息和法律等相关流程生产性服务业配套为外围

的航运物流产业生态系统。对上述配套性服务类企业提出了更高的技术标准要求，预期形成行业资源重置效应和竞争加剧效应，进而有利于上述行业资源向少数优质企业集中。

（二）对中国企业的影响分析

马士基战略转型的重点在于聚焦航运物流业，逐步实现"门对门""端对端"业务模式，全面革新现有远洋航运业的基本业务流程，这将对国内集装箱航运企业、内陆物流企业和港口等形成显著影响和巨大冲击效应。这部分结合马士基（中国）在境内开展的具体业务及市场合作，深入分析对行业内关键企业和港口等配套设施的影响。

（1）马士基战略转型将显著冲击国内航运巨头市场份额，对境内企业形成显著溢出效应。根据美国《财富》杂志发布的 2019 年世界 500 强榜单，中国远洋海运公司营业收入达到 426.08 亿美元超过了马士基集团（412.56 亿美元），但是从营业利润率和人均营业收入来看，马士基集团分别为 7.68% 和 48.88 万美元，中国远洋海运分别为 3.65% 和 38.25 万美元，从生产效率来看，中国远洋海运与马士基仍存在较大差距，整体上呈现出"大而不强"的基本特征。目前，中国远洋海运业务主要包括集装箱运输、干散货运输、油气运输、客轮运输及码头运营等方面，相对而言仍然集中于传统的航运业务范畴，在国内物流、区块链管理、供应链管理和电子商务业务等方面发展较为滞后，业务全产业链化水平相对较低。马士基战略转型的重点在于"归核化"，未来增长的重点聚焦于集装箱航运、港口和物流方面，追求效率优先和信息化变革，这将对国内的航运巨头中国远洋海运形成实质性市场冲击，国内市场份额可能将明显下降。2020 年以来，党中央和国务院提出进一步扩大开放稳外贸稳外资等相关举措，结合当前营商环境优化和竞争中性市场竞争原则的确立，未来一段时间，马士基将会进一步提升中国集装箱航运市场份额，不断强化国内市场的平台化、智能化和网络化建设水平，持续对国内航运企业形成显著的溢出效应。目前，马士基已与网易考拉等跨境进口电商平台签订了战略合作协议，未来通过马士基与 IBM 合作构建的全球贸易数字化平台将进一步发挥首创效应，打破现有的基于客户关系和运力成本的既有航运体系。

（2）马士基战略转型将革新国内物流行业业务范畴，重塑物流行业竞争新优势。2019年1月，马士基航运产品和丹马士的供应链管理服务实现整合，以统一品牌马士基面向市场进行产品和服务销售，2019年8月，马士基码头公司的内陆服务业务整合至马士基物流与服务业务。基于上述业务重整，马士基物流与服务业务调整为全球供应链管理及电子商务物流、全球冷链物流、全球仓储及配送、全球第四方物流、全球多式联运及保险、全球清关、航线产品、产品卓越管理与贸易金融。相比而言，国内领先的物流公司德邦快递目前业务包括快递、国内物流、跨境物流和仓储与供应链，其中，德邦快递的优势领域仍然是在国内物流部分，依托强大的国内运力和物流网点形成了较为精准、快速、廉价的物流服务。在跨境物流、仓储与供应链、多式联运等新型市场领域，德邦快递与马士基物流仍有较大差距，未来一段时间随着马士基物流深耕国内市场和"双循环"战略的全面展开，中国依靠超大规模国内市场优势采购全球产品趋势，将为马士基物流提供更为广阔的"门对门"和"端对端"服务情景，进一步强化对国内相关企业的竞争效应。目前，马士基物流与"运去哪"官网合作，共同打造在线订舱平台，这一建设将显著提升物流企业的效率，降低违约成本和风险管理费用，进一步促进国内物流与国际海运有机融合发展。

（3）马士基战略转型将倒逼港口提升信息化集成能力，推动港口向全产业链重要节点转变。"十四五"时期中国推进港口建设的重点是以交通强国战略为指引，全面推进平台化、信息化、国际化，促进多种运输方式融合发展，港产城融合发展，沿海腹地与内陆腹地融合发展，主营业务与非主营业务融合发展，重点在打造以香港为中心，深圳和广州为副中心的珠三角国际航运中心和以上海为中心，江浙为两翼的上海国际航运中心，将天津、辽宁、山东、厦门和北部湾等建设为区域性国际航运中心。如表8-3所示。未来一段时间，信息化将成为港口的主要竞争力之一，实现智能化、自动化和网络化将成为各大港口转型升级的重要方向。目前，马士基已经与国内多个重要港口签订了合作协议，例如宁波舟山港、上海临港集团、青岛港、天津港、大连港和广州港等，上述合作协议内容主要包含了港口码头建设、信息化平台建设和航运金融、法律等相关业务，一方面有利于实现强强联合发挥马士基在上述业务上的先进经验，另一方面有利于提升中国主要港口的国际化水平，赋能国际航运中心和区域性国际航运中心建设。马士基通过促进中国港口的现代化、信息化和平台化转型，有力地支撑了自身航运物流全产业链发展的战略转型，将港口资源转化为连接内陆运输和远洋航运的重要节点。

表8-3　　　　　　马士基（中国）的业务分布与合作项目

年份	合作方	主要业务
2016	宁波舟山港	马士基把宁波舟山港作为马士基航运在东北亚的重要中转分拨中心，并进行相应的布局。在资本合作方面，双方将共同经营梅山港一期集装箱码头项目3号至5号泊位，其中宁波舟山港持股67%，马士基持股33%；同时开展物流方面的全方位合作，设立马士基在宁波舟山港的物流基地，并加强国际和国内码头项目的合资合作
2019	上海临港集团	双方将共同推动临港新片区建设，打造数字化、自动化和创新化的国际航运物流经济体，通过发展进出口物流、国际中转集拼、跨境电商、航运金融、海事法律服务等业务，全面提升临港新片区在航运、贸易、金融等领域的竞争力和影响力，推动上海国际航运中心的建设
2015	青岛港	马士基码头公司在与青岛港成立的码头合资公司中拥有20%的股份，双方在青岛港董家口港区建设多用途码头，马士基通过此举持续向集装箱码头以外的港口及码头运营领域拓展业务，并进军中国快速增长的粮食进口市场
2006	天津港	2006年6月6日，由天津港集团公司、A.P 穆勒马士基集团码头公司和中远太平洋公司合资建设北港池集装箱码头合资合同在荷兰海牙签署。三方共同投资36亿元人民币，建设和经营天津港3个集装箱专用泊位
2014	大连港	马士基航运与大连港集团在集装箱码头运营、外贸航线市场开发、水中转业务拓展、集疏运网络建设等方面开展全面合作。马士基航运是全球集装箱运输排名第一位的领军企业，大连港集团重要的战略合作伙伴之一
2011	广州港	加强广州港口基础设施建设和国际集装箱海运业务方面的长期合作。马士基集团旗下航运企业、世界最大的集装箱航运公司也与广州港集团签署业务合作协议，将进一步加强在广州港南沙港区的合作

续表

年份	合作方	主要业务
2020	山东省港口集团	聚焦建设全链条贸易综合服务新平台、打通生活消费品进口物流大通道、培育进口生活消费品产业生态链
2018	网易考拉	全球航运及物流领军企业马士基与中国领先的跨境进口电商平台网易考拉正式签署全球运输与物流战略合作协议,将携手为满足全球消费者不断增长的消费升级需求提供强大的支持。今天,该协议签署仪式在网易考拉杭州总部园区举行
2011	鞍钢集团	双方正式建立战略合作伙伴关系,强化在集装箱箱板领域的合作
2017	运去哪	用户可通过"运去哪"官网,直接向马士基航运订舱,支付保证金后,可100%确保舱位、确保用箱、确保拖车、锁定价格
2017	晶澳太阳能	晶澳与马士基建立直签合作模式,双方一直保持着良好的合作关系。晶澳物流中心引入全球最先进的管理模式,保证了产品顺利销往全球100多个国家和地区。通过与马士基的合作,为海外客户提供了更加周到便捷的服务

资料来源:笔者整理。

四 对中国企业的启示与借鉴

马士基的每一次战略转型都是以降低成本、提高效率和服务客户为最终目的。本节将对马士基发展战略调整的启示进行总结,并提出促进中国相关企业发展的对策建议。

(一)研究结论

通过对马士基战略发展的深入研究,本文认为其成功主要归纳为以下三个方面。

第一,追求极致主业。多年来,马士基的多元化发展得有声有色,对上下游产业进行大刀阔斧的运作,但是却从未放松以航运业为主的发展战略。每一次马士基都能根据公司发展的实际情况,及时地进行战略调整,目前的马士基致力于成为全球综合的集装箱航运和物流公司,"腾出双脚上岸",通过收购报关公司、仓储配送公司、港口公司等,延长供应链、完备供应链,未来重点形成"航运"+"物流"双驱动发展模式，打造全链条供应商服务。

第二，不断响应客户的市场需求。马士基的战略发展始终以客户为中心，根据客户供应链需求，为其提供更大的灵活性，根据客户的不同要求、偏好调整运输方案。无论是在金融危机时，还是面对新冠肺炎疫情时，马士基总能根据客户的需求快速响应，为客户提供个性化服务，在整个运输供应链中，提供航线物流网络、货物可视化追踪和专业的运营能力，使客户从中受益。

第三，区块链催生新动能。马士基在核心业务上进行了数字化转型，将客户交易网络化及资产运营数字化，通过运用区块链，实现"门对门""端对端"的供应链可视性，使供应链管理者可以实时、安全、无缝地交换运输信息，通过统一数字化的开放平台，帮助减少清关和运输成本，提高供应链效率，彻底改变了马士基甚至国际航运业的面貌和发展方向。

（二）对策建议

1. 总体建议

（1）以聚焦主业为战略核心，不断提升企业核心竞争力。2016 年之前，马士基追求纵向多元化与横向多元化相结合，充分运用远洋航运资源优势，推动航运和能源两个事业部协同发展，一段时间内给集团业务提供了必要的风险缓冲和利润回报。与此同时，马士基仍然坚持成为全球综合的集装箱航运和物流公司的基本定位，以链接和简化客户供应链作为基本目标。为更好地实现基本定位和基本目标，首先，马士基提升自身运力水平，通过订购 3E 级商船更新商船存量，逐步减少和淘汰相对落后的商船，以此树立"效率优先、适度扩张"的内涵式发展模式。其次，通过与地中海航运形成战略联盟构筑更为坚实的主业支撑，优化竞争合作关系，抵御中小型潜在进入的威胁和挑战。再次，通过跨国并购物流仓储企业实现纵向一体化，推动产业链由远洋航运为主向远航航运和境内物流、供应链管理全流程运输解决方案转型。最后，实现内部的业务流程再造，将马士基航运产品与丹马士供应链管理服务实现整合，以统一品牌马士基进行产品和服务销售，促进了企业内部核心环节之间的融合共通,提升了管理和运营效率。

(2)以及时转型为战略重点,不断适应内外部环境变化。2012年之后,世界油价出现波动式下滑趋势,能源产业作为战略性对冲的作用日趋弱化。在此基础上,马士基于2016年及时将业务重组为两个独立的板块,实现了企业治理结构由事业部制向矩阵制转变,有效提升了管理效率,突出了主业,马士基选择纵向一体化和横向一体化相结合的扩张战略,"归核化"发展的收缩战略均是基于对内外部环境的充分分析,以提升企业竞争力作为最终评价标准选择不同战略,而非一味地选择大而全的规模化发展方向。其他企业可以借鉴马士基从内外部环境分析为基础,结合自身发展的优势、劣势和外部环境的机遇与威胁,采用PEST和SWOT分析相结合的模式不断提升科学管理能力。

(3)以新型数字化为战略支撑,不断赋能客户供应链发展。马士基提出以链接和简化客户供应链作为基本目标,现有的航运物流存在信息化水平较低、中间环节较多和使用环境相对复杂等诸多问题。从国际贸易的发展趋势看,跨境电子商务等数字贸易新模式、新业态层出不穷,不断调整原有国际贸易的基本格局,贸易脱媒和电商化运营模式下要求航运物流企业实施业务流程再造和加快自身转型。马士基依托自身在航运物流主业上的竞争优势,积极与IBM和微软等互联网信息公司合资、合作,共同建设面向新技术应用的区块链平台,催生了基于该技术的国际贸易数字化平台。在此基础上,通过与"运去哪"等国内互联网货运平台合作提升中国市场渗透率,依托自主建设平台和加盟入驻平台实现细分市场精耕,不断赋能各种类型客户供应链管理管理,提升产品的服务化、数字化和信息化水平。

2. 中国企业面临马士基战略调整的应对之策

(1)同行业国内航运龙头企业应加快数字化转型,提升效率优先型集约化发展水平。国内航运龙头企业如中国远洋海运可借鉴马士基的战略调整模式,在现有规模优势基础上,进一步提升集约化发展水平,重点聚集航运物流业数字化转型升级。依托中国超大规模国内市场优势和电子商务等信息技术应用优势,联合阿里、京东、网易等电商平台类企业,重点聚焦扩大进口战略和"一带一路"建设,推动与天猫国际、网易考拉等跨境电子商务平台战略合作，加大主业数字化、信息化和平台化改造项目经费投入力度，适度精减与主业关联度低、盈利能力较弱和发展趋势较差的边缘产业，延伸航运物流主业上下游长度，通过并购或者新建方式弥补境内物流和快递行业缺口，逐步实现"门对门""端对端"的全产业链运营模式，增强企业核心竞争力。

（2）内陆物流行业企业应提升国际业务水平，促进国内物流与国际航运融合式发展。国内内陆物流行业企业应提升国际业务水平，例如德邦快递等龙头企业应依托现有国内网点和陆路运输优势，进一步提升产业链和供应链协同能力，弥补跨境物流建设的不足，提升海外仓和海外线路布局能力，推动业务由国内陆路货运为主向境内境外双市场融合发展转变，不断适应当前"双循环"战略下国内国际双循环相互促进的新发展格局，增强与物流主业相关的金融保险功能，在深耕国内市场的同时结合"一带一路"建设适时"走出去"，在东南亚、南亚、中亚等重要周边节点地区构建物流网点，优化物流运输解决方案，推动境外业务与中国远洋海运等超大型航运物流企业对接，以自身发展和战略联盟构建并举，逐步实现国内物流与国际航运融合式发展新格局。

（3）中小型上下游企业应强化供应链治理能力，强化全产业链生态系统节点功能。航运物流行业还存在大量上下游企业，例如船舶、燃油、港口等上游行业，贸易、房地产、能源和汽车等下游行业，上述行业通过投入产出的产业链关联对航运物流行业构成影响，直接或者间接决定主业的市场竞争力。目前，中国国内航运物流龙头企业的产业链生态协同能力相对较弱，应该以上下游企业间并购重组和战略合作等方式相结合，不断提升中小型企业对领军企业的配套建设能力，培育上下游行业"隐形冠军"，不断提升中国航运物流业上下游行业竞争力，打造一批具有世界级影响力的全产业链生态系统重要节点。

参考文献

第一章参考文献

Dunning J., Fujita M., and Yakova N., "Some Macro-data on the Regionalisation/globalisation Debate: a Comment on the Rugman/Verbeke Analysis", *Journal of International Business Studies*, 2007, 38(1).

高峰:《发展理论全球化转向的分析范式及启示》,《江海学刊》2002 年第 6 期。

马丁·沃尔夫:《全球化大潮正在转向》,《领导决策信息》2017 年第 5 期。

宋朝龙:《全球化转向时代社会主义市场经济对新自由主义的制度竞争力——第二届世界马克思主义大会"经济学"专题评析》,《海派经济学》2018 年第 4 期。

李策划、李臻:《美国金融垄断资本全球积累逻辑下贸易战的本质——兼论经济全球化转向》,《当代经济研究》2020 年第 5 期。

吕乃基:《特朗普当选:全球化转向第二只靴子落地》,《东北大学学报》(社会科学版)2017 年第 2 期。

徐坚:《逆全球化风潮与全球化的转型发展》,《国际问题研究》2017 年第 3 期。

Alfred D. Chandler, Jr., and Bruce Mazlish, eds. Leviathans, *Multinational Corporations and the New Global History*, New York: Cambridge

University Press, 2005.

Joseph E.Stiglitz, "Regulating Multinational Corporations: Towards Principles of Cross-border Legal Frameworks in a Globalized World Balancing Rights with Responsibilities", *American University International Law Review*, 2008, (3): 557-558.

胡强:《全球化的结局如何》,《国际经济评论》1992 年第 9 期。

Cadestin C., Backer K. D., James I. D., Miroudot S., Ye, Ming, *Multinational Enterprises and Global Value Chains: New Insights on the trade-investment nexus*, OECD, 2018: 7.

Gary Gereffi, *Global Value Chains and Development: Redefining the Contours of 21st Century Capitalism*, New York: Cambridge University Press, 2018.

Martin Hart-Landsberg, *Capitalist Globalization: Consequences, Resistance, andalternatives*, New York: Monthly Review Press, 2013.

UNCTAD, World Investment Report 2011, Geneva, 2013.

OECD, MNEs in the Global Economy: Heavily Debated but Hardly Measured, May 2018.

Hopkins, Terence K., and Immanuel Wallerstein, "Patterns of Development of the Modern World-System", *Review (Fernand Braudel Center)*, 1977, 1(2).

Porter M. E., *Competitive Advantage: Creating and Sustaining Superior Performance*, New York: The Free Press, 1985.

Gereffi G., "The Organization of Buyer-Driven Global Commodity Chains: How U. S. Retailers Shape Overseas Production Networks", in G. Gereffi and M. Korzeniewicz (eds.), *Commodity Chains and Global Capitalism*, London: Praeger, 1994.

Antràs, Pol., *Global Production: Firms, Contracts, and Trade Structure*, Princeton: Princeton University Press, 2015.

Christine Lagard, Making Globalization Work for All, International Monetary Fund Sylvia Ostry Lecture, Toronto, September 13, 2016, https://www.imf.org/en/News/Articles/2016/09/13/sp09132016-Making-Globalization-

Work-for-All.

世界银行：《2020年世界发展报告》，https://www.worldbank.org/en/publication/wdr2020.

Constantinescu, Cristina, AadityaMattoo, and Michele Ruta, The Global Trade Slowdown. Cyclical or Structrural?, *World Bank Policy Research Working Paper* No.7158. WPS 7158. Washington, DC, 2015.

WTO Report Shows Slowdown in G20 Trade Restrictions as COVID-19 Impacts World Economy, https://www.wto.org/english/news_e/news20_e/trdev_18nov20_e.htm, 2020-11-18.

Branko Milanovic, "The Two Faces of Globalization: Against Globalization as We Know It," *World Development*, 2003, 31(4).

佟家栋、刘程：《国际经济保护主义与经济全球化的调整期》，《南开学报》(哲学社会科学版)2013年第2期。

钱俊君、苏杨：《经济生态演化过程中的全球化及其可逆性》，《改革》2009年第4期。

Ana Swanson, "The world today looks a bit like it did before World War I – but what does that mean?", https://www.weforum.org/agenda/2017/01/why-the-world-looks-a-bit-like-it-did-before-world-war-i.05 Jan 2017.

Jaime Malet, International Trade is Slowing. What does this Mean for Globalization?, https://www.weforum.org/agenda/2017/11/international-trade-is-slowing-what-does-this-mean-for-globalization.17 Nov 2017.

Karen Lynch, Trends Driving the Slowdown in Global Supply Chain Growth, https://www.americanexpress.com/us/foreign-exchange/articles/global-supply-chain-trends/. July 2017.

James Manyika, Susan Lund, Jacques Bughin, Jonathan Woetzel, Kalin Stamenov, and Dhruv Dhingra, Digital globalization: The new era of global flows, https://www.mckinsey.com/business-functions/mckinsey-digital/our-insights/digital-globalization-the-new-era-of-global-flows#. February 24, 2016.

乔纳森·哈斯克尔：《无形经济的崛起》，中信出版社2020年版。

World Intellectual Property Report 2017 – Intangible Capital in Global Value Chains, https://www.wipo.int/edocs/pubdocs/en/wipo_pub_944_2017.pdf. 2017.

UNCTAD, World Investment Report 2020, Geneva, 2020.

Hymer S.H., *The International Operation of National Firms: A Study of Foreign Direct Investment*, Cambridge, MA: MIT Press, 1976.

Palmisano S.J., "The globally integrated enterprise", *Foreign affairs*, 2006, Vol.3.

Buckley P. J., *The Multinational Enterprise and the Emergence of the Global Factory*, Houndsmill, UK: Palgrave Macmillan, 2014.

Gereffi G., Humphrey J. and Sturgeon T., "The Governance of Global Value Chains", *Review of International Political Economy*, 2005, Vol.1.

Buckley P. J., "Stephen Hymer: Three phases, one approach?" *International Business Review*, 2006, Vol.2.

Rennie M. W., "Born global", *The McKinsey Quarterly*, 1993, Vol.4.

Adi Ignatius, "The Truth About Globalization", *Harvard Business Review*, 2017, Vol.4.

Verbeke A. and Kano L., "An internalization theory perspective on the global and regional strategies of multinational enterprises", *Journal of World Business*, 2015, Vol.1.

Matysiak L., Rugman A.M. & Bausch A., "Dynamic capabilities of multinational enterprises: The dominant logics behind sensing, seizing, and transforming matter", *Management International Review*, 2018, Vol.58.

Buckley P. J., "International Integration and Coordination in the Global Factory", *Management International Review*, 2011, Vol.58.

吕越、黄艳希、陈勇兵:《全球价值链嵌入的生产率效应:影响与机制分析》,《世界经济》2017年第7期。

张宇燕:《新冠肺炎疫情与世界格局》,《世界经济与政治》2020年第4期。

苏楠:《三大变量将全球产业链带入深度调整期》,《科技中国》2020年第 2 期。

Lyndsey Zhang., Manufacturing Is On The Move In Asia, https: //www.gfmag. com/magazine/june-2020/manufacturing-move-asia, 2020-06-17.

彭苏平、付超杰：《特斯拉的未来在中国？二季度在华营收增长 103%》，《21 世纪经济报道》，http: //www.21jingji.com/2020/7-30/ yOMDEzODFfMTU3OTQyOQ.html, 2020-7-30.

Danchi Tan, Weichieh Su, Joseph T. M. and Yasemin K., "A Review of Research on the Growth of Multinational Enterprises: A Penrosean lens", *Journal of International Business Studies*, 2020, Vol.4.

第二章参考文献

Quirk M. and Serda J.：《半导体制造技术》韩郑生等译，电子工业出版社 2020 年版。

曹旭特：《疫情之下　材料崛起——半导体材料行业深度报告》，《申港证券研究报告》，2020 年。

建投华科投资股份有限公司：《中国智慧互联投资发展报告 (2018)》，社会科学文献出版社 2018 年版。

李鹏飞：《全球集成电路产业发展格局演变的钻石模型》，《财经智库》2019 年第 4 期。

连一席、谢嘉琪：《全球半导体产业启示录》，《恒大研究院研究报告》，2018 年。

徐涛、胡叶倩雯、晏磊：《先进制程，路在何方录》，《中信证券研究报告》，2018 年。

虞小波、张兴宇、莫凯文：《日本新材料产业优势及经验启示》，《财通证券研究报告》，2020 年。

张馨元、钱海、陈莉敏、胡健：《全球半导体周期的 60 年兴衰启示录》，《华泰证券研究报告》，2020 年。

第三章参考文献

恒大研究院：《全球新能源汽车发展报告》，2020 年。

恒大研究院：《中国新能源汽车发展报告 2019》，2019 年。

刘祯：《丰田（中国）公司的市场进入策略研究》，硕士学位论文，电子科技大学，2015 年。

彭至然：《我国新能源汽车产业竞争力分析》，硕士学位论文，中共中央党校，2019 年。

平安证券研究所：《丰田汽车电动化战略转型启示录》，2019 年。

前瞻产业研究院：《中国新能源汽车行业市场前瞻与投资战略规划分析报告》，2019 年。

石川庆悟：《丰田汽车公司的发展经验及其对中国的启示》，硕士学位论文，河北大学，2013 年。

王静：《电动汽车产业基础技术能力提升的政策研究》，硕士学位论文，大连理工大学，2019 年。

王汝萍：《丰田汽车公司企业创新研究及对中国的启示》，硕士学位论文，东北财经大学，2011 年。

杨阳：《丰田公司全球化经营分析》，硕士学位论文，东北财经大学，2010 年。

一览众咨询：《2018—2022 年新能源汽车电驱动系统市场及企业调研报告》，2019 年。

招商银行研究院：《新能源汽车之动力电池（2020）——市场拐点将至，抓住二线企业崛起机会》，2020 年。

中国汽车技术研究中心：《中国新能源汽车产业发展报告》，社会科学文献出版社 2018 年版。

中商产业研究院：《2019 年中国氢能源汽车行业市场前景研究报告》，《电器工业》2019 年第 6 期。

第四章参考文献

程凯：《小型电动车的春天来了吗？》，《汽车之友》2020 年第 23 期。

蔡运磊：《特斯拉：德国汽车工业的"鲶鱼"》，《看世界》2019 年第 25 期。

陈昭锋：《新能源汽车产业创新的特斯拉模式》，《中国社会科学报》2017 年 8 月 8 日。

陈伟、李浩、刘思江：《浅析新能源汽车供应链管理——以特斯拉电动车为例》，《价值工程》2019 年第 35 期。

杜莎：《平安证券：蔚来、小鹏、理想，这些造车新势力们到底把钱花到哪了？》，《汽车与配件》2020年第23期。

李佳师：《特斯拉降价能否带动产业链同行？》，《中国电子报》2020年1月10日。

李佳琦：《对特斯拉公司经营模式的研究与探讨》，《管理观察》2017年第15期。

李雪峰：《"特斯拉们"的使命》，《证券时报》2020年8月27日A05版。

刘晓林：《"特斯拉威胁"与自我突破：新能源汽车告别"童年"》，《经济观察报》2020年6月29日。

迈克尔·瓦伦丁、陈明浩：《特斯拉模式 从丰田主义到特斯拉主义 埃隆·马斯克的工业颠覆》，《经济学动态》2019年第8期。

欧吉：《特斯拉独资建厂的策略研究》，《营销界》2019年第52期。

赛迪智库：《面对特斯拉进逼 我国新能源车自主品牌如何应对》，《新能源汽车报》2020年6月8日。

宋杰：《中国市场能否成为特斯拉的"救星"》，《中国经济周刊》2017年第47期。

谢一青、徐灏龙、董星：《全球价值链下跨国直接投资对区域经济的影响——以特斯拉超级工厂进入上海为例》，《世界经济文汇》2020年第4期。

许亚岚：《寻找中国"特斯拉"》，《经济》2020年第11期。

闫锴：《新能源汽车企业在中国经营模式研究》，硕士学位论文，中国人民大学，2015年。

杨忠阳：《特斯拉是鲶鱼，还是鲨鱼》，《经济日报》2020年10月16日。

俞国军、沈燚佳：《"特斯拉来华"和"亚马逊撤退"的启示》，《浙江经济》2019年第17期。

王东宾、崔之元：《开放协作与自主创新：特斯拉开源与中国电动汽车产业的战略机遇》，《经济社会体制比较》2015年第3期。

吴蔚：《特斯拉从"狼"到"鱼"倒逼中国车企技术升级》，《经济参考报》2020年9月18日。

张晓亮：《特斯拉的疯狂和传统的悲伤》，《经营者（汽车商业评论）》

2020 年第 4 期。

赵红霞、田萌:《特斯拉进入中国市场的 SWOT 分析及启示》,《中国商论》2020 年第 21 期。

正楷:《特斯拉"上海速度"的几点启示》,《人民日报海外版》2020 年 1 月 8 日。

周新:《特斯拉:用全新理念设计汽车》,《中国工业评论》2015 年 1 期。

朱珉迕:《让"特斯拉速度"变成"上海速度"》,《解放日报》2019 年 8 月 9 日。

第五章参考文献

吕晓东、肖冰、赵睿、杨桂英、杨秀霞:《2018 年世界和中国石化工业综述及 2019 年展望》,《国际石油经济》2019 年第 5 期。

袁晴棠:《应对世界石化产业格局重大变化的对策思考》,《当代石油石化》2013 年第 7 期。

中国石油和石化工程研究会:《中国石油石化产业链系统汇编(2018 版)》,中国市场出版社 2019 年版。

白颐:《我国石化和化工产业转移及新兴产业投资战略》,《化学工业》2017 年第 1 期。

李敏、郭江江:《把握"十三五"发展战略机遇期》,《中国石油和化工经济分析》2015 年第 5 期。

李寿生:《未来十年石化工业的战略机遇》,《中国石油石化》2014 年第 14 期。

李寿生:《向石油和化学工业强国跨越》,《化工管理》2015 年第 28 期。

《埃克森美孚世界级石化项目落户广东惠州》,《乙烯工业》2018 年第 3 期。

綦宇:《百亿美元投资湛江,巴斯夫打造化工一体化基地》,《21 世纪经济报道》2018 年 7 月 13 日。

《埃克森美孚上市年报》2018、2019 年。

《西南证券海外巨头系列研究报告》之《埃克森美孚——油界翘楚,行业领军》。

方正证券:《石油化工行业化工巨头商业研究和分析报告》之《埃克森

美孚的合并与成长战略解析》。

第六章参考文献

张永峰、陈蕊等：《大型国际石油公司液化天然气资产配置趋势分析》，《国际石油经济》2020年第6期。

刘毅军等：《天然气产业链及其价格研究》，石油工业出版社2019年版。

邱丽静：《国外地下储气库建设运营现状与经验启示》，北极星储能网，2019年11月19日。

张皓洁：《壳牌公司发展战略及经营趋势研究》，《当代石油石化》2020年第3期。

罗佐县、梁慧：《BP和壳牌发展战略比较分析》，《当代石油石化》2013年第11期。

马新杰、江星燕、魏文栋：《我国天然气产业现状及未来展望》，《生产力研究》2018年第4期。

高振宇、周颖、高鹏等：《天然气产业链和谐化发展研究》，《天然气技术与经济》2019年第2期。

郜婕、徐文满、田瑛：《从"底气不足"到"气象万千"——中国天然气工业改革开放40年回顾与展望》，《国际石油经济》2019年第3期。

刘剑文、杨建红、王超：《管网独立后的中国天然气发展格局》，《天然气工业》2020年第1期。

刘贵洲、窦立荣：《国际大石油公司发展LNG业务的启示》，《国际石油经济》2019年第8期。

第七章参考文献

王聪生：《从未来能源发展看电力企业的战略转型》，中国电力工程顾问集团公司2011年。

罗虎：《新时代中国特色社会主义国企深化改革新思想》，《现代企业研究》2017年第11期。

皮秀、朱栋：《从全球大国电力结构演变看风电、光伏发展》，平安证券报告，2018年8月7日。

冯义军：《从生态保护的角度推进水电开发，水电开发进入战略目标调整期》，《中国电力报》2020年6月12日。

周建平、杜效鹄、周兴波：《全球水电开发现状及未来趋势》，中国电力新闻网，2020年8月14日。

国际水电协会（International Hydropower Association）：《2020年水电现状报告》。

中国电力企业联合会：《中国电力行业年度发展报告2020》，中国建材工业出版社2020年版。

第八章参考文献

赵毅：《区块链背景下马士基的数字化战略与启示》，《中国远洋海运》2018年第7期。

李振福：《马士基的综合航运物流大整合》，《中国船检》2019年第3期。

洪丽君：《中国远洋和马士基的财务分析与发展战略比较》硕士学位论文，厦门大学，2014年。

张文君：《马士基搭建全程物流的战略变化与管理措施》，《青岛远洋船员职业学院学报》2019年第3期。

邢丹：《马士基的多元化布局》，《中国船检》2012年第11期。

金嘉晨、真虹：《航运产业链的内涵和基本构成》，《中国航海》2013年第9期。

Williamson O., *The Economic Institutions of Capitalism: Firms, Markets, and Relational Contracting*, New York: The Free Press, 1985.

Coase R. H., "The Nature of the Firm" *Economica*, 1937, Vol.4.

后　记

本书为中国社会科学院登峰战略企业管理优势学科建设项目的一项集体研究成果。我们的研究工作定位于研究全球化的最新变化趋势以及在此背景下的全球价值链重构与跨国公司战略选择的最新动向。

在2020年初，我们便酝酿启动这项研究工作。受到新冠肺炎疫情影响，研究工作的实际启动时间为2020年4月。在前期的集体研究阶段，我们先后举行了三次在线研讨会，确定了这项研究设计的两个基本点。第一，在研究思路上，从产业经济层面的研究入手，深入聚焦研究一家跨国公司的全球战略布局与调整，进而探讨跨国公司的战略选择对我国相关产业企业发展的影响与应对之策。第二，在研究对象上，要选择有代表性的跨国公司，而且它们应该来自对未来全球价值链重构有举足轻重的影响的行业领域，基于这一标准，我们选出了能源、汽车、电子信息、物流等行业领域的七家跨国公司。

书中第一章的作者为史丹、余菁，这一章从跨国公司发展视角回顾和分析了全球化的历程进程与最新趋势，提出了"全球化转向"的形势判断，并基于此探讨了全球价值链重构中的跨国公司的不同的战略分化选择。结合中国情境下的跨国公司战略分化的实践活动，我们分别考察了跨国公司实施聚焦收缩战略、组合迁移战略和集成编排战略的情况。第二章的作者为王海兵，他分析了半导体产业的三星电子战略调整动因，提出了我国政府与企业应对该行业跨国公司战略调整的对策建议。

全球价值链重构与跨国公司的战略分化

第三章的作者为王欣，她对新能源汽车领域的丰田汽车公司战略调整情况进行了研究，对该领域跨国公司战略调整对我国汽车产业链的影响与借鉴意义进行了探讨。第四章的作者为赵剑波，他研究分析了特斯拉公司的发展历程和全球产业链布局情况，提出了促进我国智能汽车产业发展的建议。第五章的作者王蕾以埃克森美孚为研究对象，分析了跨国公司战略布局调整对我国石油化工行业的影响。第六章的作者袁柱分析了天然气行业的壳牌集团全球产业链布局战略调整对我国中国天然气产业发展的影响。第七章的作者王涛研究了法国电力在全球电力产业链变革中的战略调整动向，给出了对我国跨国公司发展的启示与借鉴。第八章的作者为许明，他分析了世界航运业的领头羊跨国公司马士基的发展战略转型情况，提出了对我国企业的启示。

这项研究是我们工经所围绕跨国公司这个研究主题形成的第一项集体研究成果，从这项研究工作中，我们深切感受到，在当今世界百年未有之大变局下，跨国公司作为全球市场上最有活力的企业主体，他们正在积极实施战略调整和寻求在未来竞争中制胜的突破点。我们发现，七家跨国公司不论它们在产业特征上有何差异，都有三个方面的战略共同点：一是高度重视确保自身对全球产业链供应链价值链的掌控，这有助于提高跨国公司应对市场风险与不确定性的能力；二是高度重视前沿技术创新活动，紧密关注技术因素对产业发展前景的方向性影响；三是高度重视数字化转型，给企业组织方式和业务形态带来的新变革。

当然，在跨国公司这个研究领域，我们的研究工作仅仅是刚刚起步的。我们希望，日后能够继续相关的研究工作，做出更高质量的研究成果，为我国有志于向世界一流方向发展的企业提供更多可供学习与借鉴的知识。

史　丹

2020 年 12 月 29 日